L'ÉVALUATION DU LANGAGE

Jean-A. Rondal

L'évaluation du langage

Deuxième édition

MARDAGA

© 2003 Pierre Mardaga éditeur
Hayen 11 - B-4140 Sprimont (Belgique)
D. 2003-0024-36

*Mais il n'y a pas de paix.
Il n'y a peut-être pas de victoire.
Il n'y a pas d'arrivée définitive
de tous les courriers.*

Saint-Exupéry

Préface

Nous avons écrit ce livre de façon à répondre à la demande des praticiens concernant la façon dont il convient d'évaluer et de mesurer le langage, particulièrement le langage oral. Il est frappant de constater combien les idées sont peu précises à ce sujet malgré son importance indéniable. Examinant l'éventail des tests d'utilisation courante en langue française, on ne peut manquer de réaliser combien peu parmi ces instruments sont valides et susceptibles d'apporter des informations pertinentes quant au fonctionnement et au développement langagier. Ayant procédé à cet examen, nous appelons de nos vœux l'émergence d'une nouvelle génération de tests correspondant mieux aux réalités structurales mises en lumière par la psycholinguistique et davantage satisfaisants quant aux objectifs métriques et aux contraintes méthodologiques; ainsi qu'une plus grande utilisation des productions spontanées dans l'évaluation de nombreux aspects du langage. Nous espérons que les réflexions qui suivent aideront les cliniciens du langage et les psychométriciens à mieux prendre conscience de la grande complexité de la fonction langagière et des exigences techniques de son évaluation. Le lecteur trouvera en bibliographie les ouvrages cités à l'exception des principaux tests de langage en langue française lesquels figurent en annexe sous la forme d'un *Catalogue annoté*.

Nos remerciements vont à Annick Comblain pour son aide précieuse dans la préparation du manuscrit et la collecte des textes, documents, et publications qui ont servi de base à l'ouvrage, ainsi qu'à Brigitte Théwis pour la vérification de la bibliographie. Bénédicte Morsomme a effectué un important travail de revue et de première analyse des tests et épreuves de langage en langue française. Nous l'en remercions vivement. Anastasia Piat-Di Nicolantonio s'est chargée avec son habituelle rigueur de l'informatisation du manuscrit et de la gestion des mille détails intervenant dans une entreprise de publication comme celle-ci. Qu'elle trouve ici l'expression de notre gratitude. Pierre Mardaga et son équipe, ainsi que Marc Richelle, Directeur de collection, ont bien voulu encourager notre initiative, prolongeant ainsi une longue et fructueuse collaboration. Nous leur en sommes particulièrement reconnaissant. Enfin, nous remercions notre excellente collègue Marie-Thérèse Le Normand, Directeur de Recherche à l'INSERM, Paris, ainsi que Marie-Pierre Poulat, Rédactrice en chef de la revue *Glossa*, d'avoir autorisé la reproduction des Figures 5-3, 5-4 et 5-5 dans le présent ouvrage, originellement les Figures 1, 2 et 3 dans l'article de M.-T. Le Normand, «La démarche de l'évaluation psycholinguistique chez l'enfant de moins de trois ans», paru dans *Glossa*, 1991, *26*, p. 14-21.

Jean-A. RONDAL

Introduction

Une évaluation précise du langage dans son fonctionnement, son développement, et ses usages est aujourd'hui chose possible. Elle est indispensable dans nombre d'activités cliniques, d'expertise, et de recherche. Les cliniciens et les experts du langage ont besoin de procédures d'évaluation valides, fiables, et sensibles de façon à guider leur pratique. Les chercheurs concernés par le fonctionnement du langage et son développement chez l'enfant utilisent couramment des techniques de quantification pour préciser leur démarche et tester leurs hypothèses.

Il n'existe pas à notre connaissance d'ouvrage systématique sur l'évaluation du langage, bien qu'on puisse trouver de nombreux tests et épreuves visant à fournir des mesures de tel ou tel aspect langagier. La qualité de ces instruments reste à peu près totalement à établir. Cela ne peut se faire sans un rationnel définissant ce qu'il faut évaluer, pourquoi, et de quelle manière. Quelques ouvrages généraux existent en langue anglaise. On peut citer le texte de M. Kersner (Londres, Whurr, 1989) sur *Tests of voice, speech, and language*; celui de J. Beech et L. Harding (Londres, Routledge, 1992) sur *Assessment in speech and language therapy*; et celui de C. Weir (Englewood Cliffs, New Jersey, Prentice-Hall, 1990) sur *Communicative language testing*. On signalera également en langue française, la *Bibliographie analytique des tests de langue* compilée par J.G. Savard (Québec, Presses de l'Université Laval, 1977), qui reprend des épreuves en langue maternelle et en langue seconde dans une dizaine de langues. Ces ouvrages sont principalement des catalogues de tests. Ils ne comportent pas d'analyse de la procédure d'évaluation elle-même. Ce que nous avons voulu faire au premier chef, c'est envisager la démarche d'évaluation du langage dans son rationnel et sa complexité. Nous fournissons certes en fin d'ouvrage un Catalogue des Principaux Tests de Langage en usage pour la Langue Française. Mais ce n'est pas notre objectif principal. Il convient de préciser ce dernier et la façon dont nous avons organisé ce livre.

Nous ne nous intéressons qu'au *langage oral*, c'est-à-dire au langage réalisé dans sa modalité de parole, négligeant les modalités écrite et gestuelle, lesquelles présentent des caractéristiques spécifiques qui appellent une évaluation particulière au moins à certains points de vue, dont nous ne nous préoccuperons pas ici.

Il s'agit en premier lieu de *définir le langage oral*. Quels en sont les composantes structurales majeures ? Cette question nous retiendra au Chapitre 1. Les deux grands volets fonctionnels du langage, à savoir la production et la compréhension, seront examinés au Chapitre 2 dans la perspective de l'évaluation. Au Chapitre 3, nous préciserons le statut métrique et statistique des épreuves et des unités utilisées pour quantifier les phénomènes langagiers. Nous envisagerons également les qualités exigibles des tests de langage, c'est-à-dire la façon dont ces outils doivent répondre à des critères de validité, de fiabilité, et de sensibilité. Le Chapitre 4 est dévolu à l'analyse de la pratique du testing. Nous y examinerons la façon dont il convient d'évaluer les différents sous-systèmes langagiers. Nous illustrerons les principaux problèmes qui se posent dans les procédures courantes de mesure du langage. Une question délicate, par exemple, est celle de la « randomisation » de l'ordre des sous-épreuves dans un test et des items dans une épreuve. Par randomisation, terme anglo-américain aujourd'hui à la mode en statistique et en psychologie mais non reconnu encore par nos dictionnaires, il faut entendre l'assignation au hasard des entités dans les différents groupes constitués pour une étude expérimentale [groupe(s) contrôle(s), groupe(s) expérimental(aux)] de telle manière que chaque entité parmi un univers théorique possible d'entités, ait en théorie la même probabilité d'être assigné à un groupe qu'une autre entité toutes autres choses étant égales par ailleurs. La même notion de randomisation concerne également la présentation dans un ordre au hasard des items et/ou des sous-épreuves d'un test, et c'est cette extension particulière de la notion de randomisation qui nous intéresse particulièrement ici. Faute de randomiser l'ordre de présentation des items, on s'expose à de sérieuses difficultés dans l'interprétation des résultats d'un test. Nous les examinerons au Chapitre 4.

Le Chapitre 5 concernera l'analyse du *langage spontané* (le recueil de données linguistiques produites spontanément par des sujets dont on cherche à évaluer le langage) par opposition au langage «provoqué» (celui obtenu en situation de testing). Comme on le verra, il ne peut s'agir d'une vraie opposition mais de modalités d'évaluation différentes susceptibles d'apporter des informations complémentaires. Nous mentionnerons également les outils actuellement disponibles pour une analyse informatisée des corpus de langage. Restera à envisager, au Chapitre 6, la question de l'interprétation des données langagières et celles des connaissances nécessaires pour procéder correctement à cette interprétation.

Chapitre 1
Évaluer quoi
ou qu'est-ce que le langage ?

La première question qui se pose est évidemment de savoir ce qu'il y a à évaluer. Qu'est-ce que le langage et au-delà de la définition habituelle en termes de fonction de communication basée sur un système de correspondance forme-sens, quelles sont les composantes structurales dont il est impératif de tenir compte ? Le Tableau 1-1 présente les indications nécessaires pour donner une réponse suffisamment complète à cette question.

Tableau 1-1 — Composantes structurales du langage et aspects métalangagiers.

Phonologie	Morpho-lexicologie	Morpho-syntaxe	Pragmatique	Discours
1. Phonèmes	1. Lexèmes et organisation sémantique lexicale	1. Organisation sémantique structurale	1. Types illocutoires de phrases	1. Macro-structures discursives
	2. Morphologie inflexionnelle	2. Structuration syntagmatique	2. Adéquation interpersonnelle et situationnelle	2. Cohésion discursive
	3. Catégories lexico-grammaticales	3. Structuration phrastique	3. Deixis	
	4. Structures hiérarchiques et sémiques	4. Structuration paragraphique	4. Emphase	
	5. Morphologie référentielle et dérivationnelle		5. Ellipse	
			6. Pratique de la conversation	
Métaphonologie	Métalexicologie	Métamorpho-syntaxe	Métapragmatique	Métadiscours

On peut définir les composantes structurales du langage du plus élémentaire au plus intégratif, de la façon suivante : *l'étage ou le niveau phonologique* regroupe les sons propres à une langue déterminée, appelés phonèmes. Ils sont au nombre de 37 en français. *L'étage morpho-lexicologique* reprend les éléments lexicaux ou mots de la langue lesquels constituent le lexique ou vocabulaire. C'est le «dictionnaire mental». Une différence notable entre les dictionnaires mentaux et les dictionnaires imprimés que nous connaissons, est que les premiers ne sont pas «naturellement» organisés par ordre alphabétique. Un dictionnaire usuel comme le Petit Larousse Illustré (1990) comprend environ 50.000 mots, si l'on excepte les noms propres. Un dictionnaire complet de la langue française ferait sans doute plusieurs centaines de milliers de mots. L'ampleur des dictionnaires mentaux varie selon les personnes (selon l'âge, le niveau culturel, la profession, etc.). Ils comportent en moyenne quelques dizaines de milliers de mots. *L'étage morpho-syntaxique* concerne la réalisation des structures complexes de sens sous forme de séquences organisées de mots. Le *niveau pragmatique* regroupe une série de sous-fonctions à finalité principalement sociale (visant à agir sur ou à influencer l'interlocuteur) et informationnelle (présenter l'information contenue dans le message linguistique sous une forme pertinente et appropriée à l'interlocuteur et à la situation selon l'objectif de l'échange communicatif). Reste *le niveau du discours* (au sens d'énoncé supérieur en taille à la phrase et considéré du point de vue de son organisation interne). Les contenus des composantes structurales ne nous concernent pas immédiatement. Ils seront définis dans le cours du Chapitre 4.

Le Tableau 1-1 comporte également, dans sa partie inférieure, une mention de la *dimension métalinguistique* qu'il convient de définir. Par activité ou connaissance métalinguistique, on entend la prise de conscience que l'on peut effectuer de tel ou tel aspect de l'organisation d'une langue (*cf.* Brédart & Rondal, 1982, et Gombert, 1990). S'il s'agit plus particulièrement de phonèmes, on parle de *métaphonologie* (par exemple, pouvoir épeler correctement un mot). S'il s'agit de lexèmes, on parle de *métalexicologie*. La *métamorpho-syntaxe* regroupe les connaissances qui portent sur les règles d'organisation des syntagmes (ou groupes de lexèmes centrés autour d'un noyau qui les régit), des phrases, et/ou des paragraphes (ensembles organisés de phrases, de plus petite taille que le discours). La *métapragmatique* concerne les connaissances conscientes qui se rapportent aux usages formels permettant d'agir sur l'interlocuteur (par exemple, les façons de requérir une information, une action, ou une permission, l'emphase, le maniement de l'ellipse, les dispositifs conversationnels, et l'usage correct de la deixis — cette caractéristique des langues naturelles qui assure l'ancrage du locuteur dans son propre message). Enfin, les aspects *métadiscursifs* concernent les connaissances conscientes qui se rapportent aux différents types de discours, à l'organisation de l'information dans la trame discursive, et aux dispositifs visant à maintenir la cohésion discursive. Nous avons laissé en blanc les rubriques de la partie inférieure du Tableau 1-1 parce qu'*en principe* toute sous-composante langagière peut faire l'objet d'une prise de conscience par l'utilisateur ou l'analyste de la langue. C'est l'essentiel du travail des linguistes et des psycholinguistes. Dans la pratique, cependant, c'est loin d'être le cas pour les utilisateurs habituels chez qui les caractéristiques structurales des langues et du fonctionnement langagier restent largement en dehors du champ de la conscience.

Dans ce qui suit nous ne traiterons que très brièvement et en passant de certains aspects métalinguistiques. Il importe cependant de distinguer clairement entre fonctionnement langagier et connaissance métalangagière. On peut fonctionner correctement au plan langagier, c'est-à-dire produire et comprendre une infinité d'énoncés, sans guère de conscience des mécanismes psycholinguistiques impliqués et sans guère de connaissance consciente des niveaux d'organisation de la langue. C'est le cas, comme on l'a dit, de la plupart des locuteurs-récepteurs dans les différentes langues, lesquelles ne disposent pas d'une formation en linguistique. Inversement, le fait de disposer de connaissances métalinguistiques ne garantit nullement un fonctionnement langagier qui serait supérieur à la moyenne en termes de clarté articulatoire, de correction grammaticale, ou de richesse expressive. Cette double dissociation établit l'autonomie relative des niveaux langagier et métalangagier. Par ailleurs, d'une façon générale, les prises de conscience métalinguistiques sont plus tardives, lorsqu'elles interviennent, que le développement des capacités fonctionnelles (celles qui permettent à tout un chacun de parler et de comprendre sa langue maternelle ou une autre langue). Or la distinction entre capacité langagière et connaissance métalangagière est loin d'être toujours maintenue dans les procédures de testing du langage. Nous aurons l'occasion de revenir sur ce problème plus loin dans l'ouvrage.

Au début du chapitre, nous posions la question de savoir ce qu'est le langage. Nous sommes à présent en mesure de répondre à cette question. *Le langage est le produit de l'intégration de plusieurs sous-systèmes* : le sous-système des phonèmes, celui des lexèmes, le sous-système grammatical, c'est-à-dire, au sens propre, celui de la morpho-syntaxe, les régulations pragmatiques, et l'organisation discursive. Chaque sous-système dispose d'une certaine autonomie par rapport aux autres sous-systèmes, comme le montrent les considérations actuelles sur la modularité neurofonctionnelle du langage et comme en attestent les dissociations observées dans les pathologies du langage, et particulièrement dans les dysphasies génétiques (*cf.* Rondal, 1995a,b, pour une revue détaillée de la littérature sur ces points). Le calendrier de développement varie également de manière substantielle selon le sous-système langagier envisagé. On peut, cependant, tracer une sorte de ligne de démarcation entre certains sous-systèmes langagiers et d'autres. Les aspects sémantiques (lexicaux et structuraux) du langage sont davantage dépendants des systèmes conceptuels de l'esprit que les aspects phonologiques et morpho-syntaxiques. Pour cette raison et pour marquer une différence de nature entre les deux séries d'aspects, le linguiste américain Chomsky (1981) a suggéré d'appeler *conceptuels* les premiers aspects et *computationnels* les seconds. Il serait sans doute plus approprié encore d'effectuer une répartition correspondante mais selon trois catégories, à savoir : les aspects *computationnels*, les aspects *conceptuels* (sémantiques), et les aspects *socio-informationnels* du langage ; ces derniers regroupant les régulations pragmatiques (proprement sociales) et l'organisation informationnelle du langage au niveau des macrostructures discursives.

L'autonomie relative des sous-systèmes langagiers oblige à les évaluer séparément. Il ne saurait être question d'une évaluation indifférenciée où l'on ne pourrait préciser quel aspect langagier on cherche à mesurer au profit d'une notion globale, et donc nécesairement confuse, de « langage ». L'évaluation de chaque sous-système langagier doit se faire selon des modalités spécifiques correspondant aux caractéristiques structurales et fonctionnelles du sous-système envisagé. Certes, on ne perdra pas de vue *l'intégration* des composantes dans le système général (« fédéré ») du langage. Cette intégration présente deux propriétés remarquables : elle procède par auto-emboîtement et selon un principe d'économie. Les sous-systèmes langagiers sont en quelque sorte emboîtés les uns dans les autres. Les types de discours et les modalités pragmatiques d'organisation supposent des paragraphes et des phrases qu'ils disposent selon des règles propres. Les paragraphes regroupent des phrases. Les phrases combinent des syntagmes et les syntagmes des lexèmes selon des dispositifs syntaxiques précis. Les lexèmes sont constitués de morphèmes, et ces derniers de phonèmes. On peut descendre plus loin dans l'analyse et identifier dans la formation des phonèmes des traits distinctifs (par exemple, le caractère voisé ou sonore d'une consonne, le timbre nasal d'une voyelle ou d'une consonne, le type constrictif ou occlusif d'une consonne, etc.). Le principe d'économie est évident. Il suffit d'une dizaine de traits distinctifs pour produire les 37 phonèmes du français. Avec ces derniers, on constitue les quelques centaines de morphèmes de la même langue. En combinant les morphèmes, on produit les centaines de milliers de lexèmes existant. En organisant les lexèmes séquentiellement, on peut élaborer quantité de syntagmes et au moyen de ces derniers produire une infinité de phrases grammaticales lesquelles peuvent être disposées de façon à donner une infinité de paragraphes et de discours. Avec une dizaine de traits articulatoires, on peut donc produire tous les énoncés possibles du français. Un très ingénieux dispositif! La situation des autres langues n'est pas différente au même point de vue.

Une question d'importance pour les cliniciens du langage, et souvent posée, est celle qui concerne le *temps* nécessaire pour évaluer le fonctionnement langagier d'une personne. Les indications qui précèdent et l'examen du Tableau 1-1 impliquent qu'un examen complet du langage, même en laissant de côté les aspects métalinguistiques, ne saurait être correctement mené en quelques dizaines de minutes. Comme on l'a noté, le langage est un «objet» de grande complexité. Il est multicomponentiel, multifonctionnel, et multimodalitaire. Sa facilité et sa simplicité sont de trompeuses apparences liées au fait que la plupart des mécanismes langagiers sont naturellement inconscients («encapsulés», selon l'expression du philosophe américain Fodor, 1983) et largement automatisés (au moins chez l'adulte). En fait, c'est l'aptitude (spécifiquement) humaine de loin la plus complexe, à laquelle est dévolue une partie très importante de notre cerveau (particulièrement de l'hémisphère gauche chez la grande majorité des individus). Les constructeurs de tests qui prétendent mesurer le langage en quelques minutes soit sont de mauvaise foi, soit ignorent ce qu'est réellement la fonction langagière. Les responsables administratifs et/ou politiques qui cautionnent de tels simulacres d'évaluation, voire obligent les praticiens à entrer dans une morale comptable de ce type, sont de dangereux irresponsables qui gaspillent les deniers publics en prétendant, comble d'ironie, en être de bons gestionnaires. Il est évident qu'on doit nécessairement consacrer plusieurs heures à un examen relativement complet du langage chez une personne, idéalement en plusieurs séances, et en ayant recours à une batterie d'épreuves et à diverses tâches. Certes, parfois la demande est précise (une difficulté articulatoire, un retard lexical, une difficulté de production et/ou de compréhension de certaines structures morpho-syntaxiques, etc.). Dans de tels cas, et lorsqu'on a pas de raison sérieuse d'élargir le cadre de l'évaluation, celle-ci peut évidemment être effectuée en un temps plus court.

Chapitre 2
Fonctions langagières

Par *fonctions langagières*, nous entendons ici non les usages généraux du langage appelés parfois fonctions (par exemple, la fonction descriptive, la fonction instrumentale — consistant à se servir du langage comme d'un instrument pour agir sur autrui —, la fonction autorégulatrice — consistant à se servir du langage, le plus souvent en modalité de parole à voix basse ou intérieure, pour organiser ses propres pensées ou ses activités —, etc.), mais bien les deux grands volets de l'activité langagière que sont la *production* et la *compréhension* des énoncés.

2.1. PRODUCTION ET COMPRÉHENSION LANGAGIÈRES

Dans un sens général, la *production* d'un message linguistique consiste à aller de l'idée à la réalisation vocale d'une séquence canonique de lexèmes. La *compréhension* est la série d'opérations qui à partir d'un énoncé permet de retrouver l'idée de départ. Contrairement à ce qui peut paraître à première vue, la compréhension du langage n'est pas simplement l'opération inverse de la production. Les deux fonctions sont asymétriques bien que partageant de nombreux éléments d'une même trame. De façon à concrétiser notre propos, nous nous référons à un schéma simplifié des opérations impliquées dans la production du langage oral (Figure 2-1), schéma inspiré de Levelt (1989) mais avec plusieurs modifications importantes qu'il n'est pas indispensable de discuter ici.

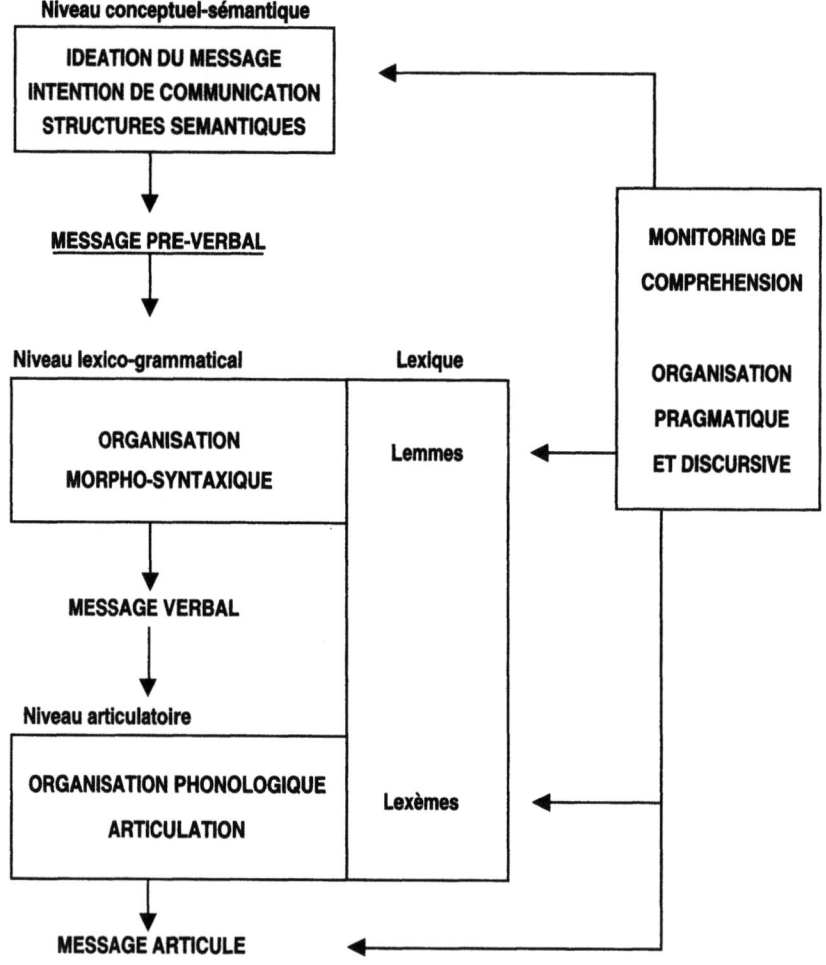

Figure 2-1 — *Modèle de production du langage oral.*

Le point de départ d'un message langagier réside dans une intention de communication, la sélection d'une ou plusieurs informations à communiquer, l'ordonnancement de ces informations à fin d'expression, leur mise en rapport avec ce qui a été dit précédemment et, éventuellement, avec la situation d'échange, les interlocuteurs présents et certaines de leurs caractéristiques. On peut appeler ce premier niveau *conceptuel-sémantique*. Les informations à communiquer font également l'objet d'une élaboration sémantique. C'est là que se situe le passage du conceptuel au linguistique. En effet, les structures sémantiques encodent un certain nombre de relations, dimensions, et propriétés de la réalité qui sont retenues par une langue déterminée. Par exemple, en français, comme dans nombre d'autres langues, on reconnaît l'existence d'agents (entités responsables d'actions), de patients (entités réceptrices ou «victimes» d'actions), d'actions, d'états, de processus, d'instruments, et d'autres catégories sémantiques comme les indications de temps et de localisation dans l'espace. Le produit du fonctionnement conceptuel-sémantique est un *message préverbal* constitué de structures sémantiques mises en rapport les unes avec les autres (mais non nécessairement séquentialisé linéairement).

Un deuxième niveau d'élaboration productive est *lexico-grammatical*. Des éléments lexicaux non-articulés (à ce stade), et que Levelt (1989) nomme *lemmes*, sont sélectionnés à même le lexique mental de façon à réaliser un *message verbal*. Les lemmes sont ensuite disposés et marqués selon les règles morpho-syntaxiques du langage, avant d'être réalisés sous forme de mouvements articulatoires au niveau *phonologique* (*message articulé*). D'autres réorganisations des lemmes, ou plus tard des lexèmes, peuvent intervenir selon les caractéristiques pragmatiques et discursives des messages. De même, parallèlement à l'élaboration du message, du préverbal au verbal articulé, prennent place plusieurs contrôles par des instances de monitoring incluant des analyseurs, des dispositifs de vérification de compréhension, des comparateurs du produit de ces analyses avec les intentions de communication et les informations de départ, ainsi que l'intégration du message dans le contexte pragmatique et, éventuellement, discursif de la communication. Nous n'avons pas élaboré ces aspects dans le schéma de la Figure 2-1 de façon à lui conserver un caractère de simplicité. On ne peut donc séparer trop nettement les fonctions de production et d'auto-compréhension du langage. La production d'un message requiert un monitoring basé sur la capacité de comprendre son propre message à mesure qu'il prend forme et de le comparer avec ce qui était projeté et avec ce qui convient selon la situation. Ce n'est pas habituellement cette activité d'auto-compréhension qui est mesurée dans les évaluations du langage mais bien celle qui porte sur un message ou une série de messages nouveau(x) proposés au sujet, une compréhension extérieure à la production en quelque sorte. Et c'est de ce dernier type de compréhension qu'il sera question exclusivement dans ce qui suit.

2.2. TYPES DE COMPRÉHENSION LANGAGIÈRE

En se référant aux étapes de la production d'un message linguistique présentées à la Figure 2.1, on peut situer et définir différents «types» de *compréhension langagière*. Une première forme de *compréhension (non-linguistique ou plus exactement, en situation de testing, non nécessairement linguistique)* consiste à deviner le sens d'un message à partir du contexte situationnel, éventuellement de l'intonation utilisée par le locuteur, et de suppositions sur ce qu'il a pu vouloir signifier dans un tel contexte. Une deuxième forme de compréhension est linguistique mais limitée au lexique (*compréhension lexicale* ou, plus exactement, *non nécessairement morpho-syntaxique*). Elle s'efforce de deviner le sens du message à partir de la signification des mots individuels ou de certains d'entre eux. Une troisième forme de compréhension procède par analyse morpho-syntaxique et lexicale. Les lexèmes sont analysés dans leurs relations grammaticales (*compréhension linguistique complète*). Les considérations précédentes ont la plus grande importance pour l'évaluation de la compréhension. Prenons le cas d'un test grammatical. Si l'on veut s'assurer que les mesures effectuées portent effectivement sur les structures morpho-syntaxiques, il est impératif de circonscrire toute possibilité que le sujet puisse donner les bonnes réponses à partir d'une stratégie non-linguistique ou simplement lexicale. Il convient également de proposer des énoncés construits à partir de lexèmes dont on est certain qu'ils sont compris correctement. Le principe selon lequel on ne peut évaluer correctement qu'une «chose à la fois» doit avoir valeur absolue dans toute démarche évaluative. Inversement, si on propose une épreuve lexicale, on présentera des lexèmes isolés ou inclus dans des énoncés dont on est certain qu'ils peuvent être compris sans difficulté quant à leur structuration morpho-syntaxique. Les principaux tests de vocabulaire disponibles en langue française (voir le catalogue en fin d'ouvrage) présentent généralement des lexèmes isolés. Ils se conforment ainsi à la recommandation ci-dessus. Il n'en va pas de même pour nombre d'épreuves visant à évaluer le fonctionnement grammatical. Nombre de tests grammaticaux (*cf.* le Chapitre 4) proposent des phrases à compléter ou à interpréter sans prévoir une épreuve lexicale spécifique de façon à établir que les lexèmes intervenant dans les énoncés qui servent à l'évaluation morpho-syntaxique, sont effectivement bien connus des sujets. Dans la négative, il conviendrait en préalable à l'administration de l'épreuve morpho-syntaxique, de faire acquérir les connaissances lexicales en question par une séance d'entraînement lexical approprié. Faute de pouvoir être sûr que les épreuves grammaticales ne sont pas parasitées par des difficultés de compréhension des lexèmes impliqués ou de certains d'entre eux, on ne peut conclure en toute rigueur à partir des réponses obtenues à un test portant en principe sur les connaissances grammaticales des sujets.

Bien qu'il ne s'agisse pas de compréhension, dans la mesure où aucune signification conventionnelle n'est transmise à ce niveau, il faut également faire une place à la *perception de la parole* (au sens étroit du terme). Celle-ci est, comme on sait, centrée sur la syllabe dans les langues à claire structuration syllabique comme le français, et sur des entités quasi-syllabiques dans d'autres langues, comme l'anglais, qui ne présentent pas de structuration syllabique stricte. On situera ici les tests et épreuves dévolus à l'évaluation de la discrimination des phonèmes de la langue (*cf.* le Chapitre 4).

2.3. TYPES DE PRODUCTION LANGAGIÈRE

Parallèlement aux types de compréhension, il existe également différents types de *production du langage* qu'on peut ranger par degré décroissant de contrainte exercée sur les comportements verbaux des sujets. On peut distinguer *l'imitation provoquée immédiate* d'un élément langagier ou d'un énoncé composé de plusieurs lexèmes à la suite de la production «modèle» du même élément ou du même énoncé par l'examinateur. Ce type de tâche productive est celui qui présente le degré maximum de contrainte pour le sujet. Il peut être utilisé dans l'évaluation de l'articulation et de la co-articulation (répéter des syllabes, des mots mono- ou polysyllabiques avec ou sans signification, ou des énoncés à plusieurs mots), comme dans l'épreuve déjà ancienne dite des logatomes de Borel-Maisonny. Ce même type de tâche est utilisable également dans l'évaluation de la capacité morpho-syntaxique chez l'enfant. Si on propose à un jeune enfant de répéter un énoncé dépassant en longueur le niveau de ses productions, l'enfant réduit la longueur de l'énoncé imité. Ce faisant, il élimine habituellement les éléments formels qui font défaut dans son langage spontané. Les exemples suivants sont repris à l'étude de Slobin et Welsh (1973). Prié de répéter «The pencil is green (Le crayon est vert)», un enfant nommé commodément Echo, âgé de 2 ans et 5 mois, et fonctionnant à un niveau de langage dit télégraphique (Brown, 1973; Rondal & Brédart, 1983), produit «Pencil green», éliminant de sa répétition l'article et l'auxiliaire; ce qui correspond aux caractéristiques formelles du stade télégraphique. Le même enfant plus âgé, s'étant vu proposé «Mozart who cried came to my party (Mozart qui pleurait est venu à mon anniversaire)», répète «Mozart came to my party», éliminant de sa répétition la proposition relative à un stade de développement où il ne produisait spontanément aucune relative. Dans un travail mené avec Lambert et Sohier (Rondal, Lambert & Sohier, 1981), nous avons montré que le même phénomène de suppression sélective est observable en situation d'imitation provoquée immédiate avec des enfants et des adolescents retardés mentaux légers, modérés, et sévères. A condition d'être correctement interprétées, les tâches d'imitation verbale sont de nature à fournir d'intéressantes indications sur les niveaux de développement morpho-syntaxique des enfants, et ce à peu de frais, pour ainsi dire. En effet, une épreuve d'imitation ne requiert aucun matériel particulier. On note simplement les réponses du sujet ou mieux on les enregistre de façon à pouvoir les analyser ultérieurement. Les remarques précédentes montrent que les tâches d'imitation immédiate sont de même nature que les tâches de production spontanée en ce qui concerne les mécanismes morpho-syntaxiques impliqués. Les tâches d'imitation sont, cependant, à la fois un peu plus difficiles et un peu plus faciles que les tâches correspondantes de production spontanée. On peut s'en convaincre en examinant la Figure 2-1 ci-dessus. La répétition imitative d'un énoncé implique que cet énoncé soit pris en charge et traité par le sujet au moins quant à ses caractéristiques formelles. C'est un aspect qui n'intervient pas de la même manière en production spontanée. Le sujet est y est plus libre de son énonciation. Cependant, à la différence de la production spontanée, la production imitative s'appuie sur l'architecture grammaticale et sur les formes lexicales présentes dans le modèle. Cela constitue évidemment un élément de facilitation.

Une deuxième forme de production singularisable est celle qui procède par *complètement d'énoncé*. Les contraintes sur la production y sont plus faibles. Elles sont cependant loin d'être nulles. La partie pertinente de l'énoncé peut être restreinte à un ou à quelques lexèmes, comme dans l'épreuve morphologique grammaticale dite de Berko (Berko, 1958), où il s'agit de compléter des énoncés du type «Here is a wug; here we have two of them, two...». L'épreuve utilise des mots avec ou sans signification qui sont mis en rapport avec un matériel imagé. La même technique est exploitée dans la sous-épreuve dite de «Closure» Grammaticale de l'Illinois Test of Psycholinguistic Abilities (Pareskevopoulos & Kirk, 1969). Il est aisé dans ce type de tâche d'établir si la réponse est correcte ou non et si non en quoi consiste l'erreur. Dans l'exemple ci-dessus, la bonne réponse consiste à dire «... two wugs». Elle atteste, à condition d'être confirmée à d'autres items de l'épreuve, de la capacité du sujet de marquer la forme plurale sur les radicaux anglais terminés par une consonne sonore.

On peut demander au sujet de compléter des phrases où les contraintes formelles et de contenu sont moindres. C'est le cas dans nombre d'épreuves productives de langage, comme, par exemple, la Batterie d'Evaluation de la Morpho-Syntaxe — BEMS — (Comblain, 1995) et le Test de Closure Grammaticale (Deltour, 1992). Dans un des sous-tests productifs de la BEMS, on demande aux sujets de compléter des phrases où il manque un ou plusieurs mots : «C'est moi qui... mangé le gâteau», «Pouvons-... jouer dehors?», «Tu joueras... tu auras fait tes devoirs», «Elle est malade et doit aller... le docteur», «Les animaux sauvages... dangereux», «L'homme... je te parle est en prison», etc. Deux problèmes principaux se posent avec ce type de tâche. Comme il n'y a pas de contrôle direct sur la compréhension que le sujet a de l'énoncé proposé, il est malaisé d'établir dans quelle mesure ses réponses reflètent une capacité (ou une incapacité relative) de compréhension ou une capacité (incapacité relative) de production, ou encore les deux capacités (incapacités) en proportions égales ou inégales. Le second problème concerne le statut des réponses et des «erreurs» commises par les sujets dans les tâches de complètement. Si le sujet fournit la réponse attendue par l'examinateur, il est crédité d'une bonne réponse et à partir de là d'une certaine capacité linguistique. Mais si le sujet produit une réponse jugée inadéquate par l'examinateur, le statut de cette dernière n'est pas aisé à établir. Elle pourrait, en fait, être le produit d'une démarche fondamentalement correcte d'un point de vue linguistique mais ne pas entrer dans le schéma d'interprétation établi a priori par le constructeur du test. Dans certaines épreuves de complètement de phrases (par exemple, dans une autre tâche proposée à la BEMS), on procède à un amorçage de productions langagières. Le sujet est prié d'élaborer verbalement à partir d'une incitation du type «Quant il pleut, ...», «Demain, ...», «Hier, nous sommes...», «Ta sœur et toi...», etc. Dans ce type de tâche, on est très proche de la technique consistant à recueillir du langage spontané, à la différence qu'un élément de compréhension est impliqué et qu'il aboutit à restreindre, dans certains cas considérablement, la liberté expressive du sujet.

La troisième forme de production langagière envisagée est celle qui se rapporte au *langage dit spontané*. Les contraintes formelles et de contenu exercées par l'examinateur sur le langage productif du sujet y sont en principe minimales, ce qui complique l'interprétation des données. Nous aurons l'occasion de revenir sur cette question. L'analyse du langage spontané est une tâche qui exige des connaissances approfondies en psycholinguistique, et s'il s'agit d'enfants ou de jeunes adolescents, de connaissances approfondies quant au développement du langage. Principalement pour cette raison, sans doute, le langage spontané figure rarement dans les «tâches» proposées par les tests courants de langage. Il s'agit, cependant, d'une source importante, et en fait pratiquement indispensable, d'informations sur le développement ou le fonctionnement langagier. L'analyse du langage spontané sera présentée au Chapitre 5.

Chapitre 3
Principes de mesure, d'inférence et qualités des tests de langage

3.1. STATISTIQUE DESCRIPTIVE, INFÉRENTIELLE ET ÉCHELLES DE MESURE

L'évaluation du langage fait un large usage de la statistique. Celle-ci est utilisée en première analyse, dans le domaine du langage comme dans d'autres domaines, pour mettre de l'ordre, dans les données. La *statistique descriptive* exploite des notions comme la moyenne arithmétique, le mode (la note la plus fréquente dans une distribution), ou le médian (la note en position centrale dans une distribution rangée par ordre de grandeur), qui sont des indices de tendance centrale d'une distribution. De même, on peut relever l'intervalle de variation des notes et calculer un indice de dispersion (ou de variabilité) autour de l'indice de tendance centrale (par exemple, la déviation standard encore appelée écart type autour de la moyenne). On considère que la moyenne et la déviation standard suffisent à définir une distribution statistiquement. On peut également établir un relevé de la fréquence d'apparition des différentes notes dans la distribution ou encore calculer des percentiles, c'est-à-dire les notes à hauteur desquelles ou en dessous desquelles sont situés des pourcentages donnés d'autres notes de la distribution. Les courbes ou les graphiques distributionnels, les histogrammes, et les polygones de fréquence sont utilisés pour représenter les distributions de notes.

Cependant, la fonction la plus importante de la statistique concerne les procédures d'inférence. La *statistique inférentielle* intervient essentiellement dans deux types de problèmes : l'estimation des paramètres au niveau de ce qu'on appelle les populations de données, et le testing d'hypothèses (test statistique). Le groupe entier d'entités dans une catégorie (par exemple, les enfants francophones âgés de 5 ans) constitue une *population*. Les termes *testing et test* sont utilisés ici dans un sens différent de celui se rapportant aux tests psychologiques. Par *inférence*, on entend le fait de tirer une conséquence, une conclusion, ou d'établir une probabilité à partir d'un ensemble de données. Dans l'évaluation du langage, comme dans celle d'autres aspects du fonctionnement psychologique, on est souvent amené à proposer une conclusion portant sur un nombre important de sujets potentiels à partir d'un nombre limité, parfois restreint, d'observations, ce qu'on appelle techniquement un *échantillon*. La statistique inférentielle fournit un cadrage notionnel et une formalisation des procédures permettant de passer de l'échantillon à la population (opération dite de généralisation), en quantifiant les biais d'échantillonnage (variations liées au hasard dans la sélection des échantillons). Un exemple illustrera la problématique.

Supposons qu'on s'intéresse à la longueur moyenne des productions verbales (LMPV) dans le langage spontané d'enfants âgés de 3, 6 et 9 ans. On procède pour ce faire à l'enregistrement d'un groupe d'enfants dans chacune de ces tranches d'âge et on calcule le LMPV (voir le Chapitre 5). Sans guère de doute, les estimations varieront d'un groupe d'enfants à l'autre et elles varieront également selon l'âge. Pouvons-nous en inférer que tous les enfants de trois ans produisent des énoncés plus courts en valeur moyenne que les enfants de 6 ans et de 9 ans. La faisabilité de ce type d'inférence dépendra des différences observées entre les trois groupes de sujets et de la représentativité des échantillons par rapport aux populations cibles d'enfants de 3, 6 et 9 ans. Une variante du même type de problème est de déterminer en termes de probabilité dans quelle mesure une (ou plusieurs) différence(s) observée(s) entre deux échantillons signifie(nt) que les populations dont on a tiré les échantillons diffèrent au(x) point(s) de vue considéré(s). Des différences observées au niveau des échantillons peuvent ne correspondre qu'à d'inintéressantes fluctuations au hasard concernant telle ou telle variable. Choisissant d'autres échantillons dans les mêmes populations cibles, on pourrait ne pas retrouver les mêmes fluctuations. La statistique inférentielle permet d'établir dans quelle mesure, dans quelles conditions formelles, et avec quelle probabilité d'erreur, des différences au niveau d'échantillons sont révélatrices de différences existant réellement au niveau des populations correspondantes. *L'hypothèse dite nulle* est la supposition que toute relation entre *la ou les variables dites indépendantes* (celles dont on évalue l'influence sur les données mesurées; par exemple, l'âge chronologique dans la mesure du LMPV ci-dessus) et *la ou les variables dites dépendantes* (les mesures effectivement faites; par exemple, le LMPV dans l'exemple mentionné) est entièrement due au hasard. Si on est amené, au terme de la procédure statistique, à rejeter l'hypothèse nulle, cela signifie qu'on accepte comme corroborée par les faits, l'hypothèse selon laquelle la relation entre variable(s) indépendante(s) et variable(s) dépendante(s) n'est pas le fruit du hasard et donc correspond à quelque chose de «solide» au niveau des populations correspondantes. Une telle décision est prise en tenant compte d'une marge d'erreur possible établie *a priori* (c'est-à-dire avant le recueil des données). Le seuil de signification statistique est souvent fixé à .05 (5 chances sur 100 de se tromper en rejetant à tort l'hypothèse nulle), mais il n'y a rien là d'immuable et des seuils différents (plus ou moins contraignants peuvent être utilisés selon les nécessités empiriques et logiques de la recherche).

Les techniques de calcul de la corrélation concernent un autre type de problème, celui relatif au degré de relation ou d'association statistique existant entre deux ou plus de deux séries de notes. Une corrélation peut être positive ou négative selon que les séries étudiées varient dans le même sens arithmétique (corrélation positive) ou en sens opposé (corrélation négative). Les indices de corrélation varient de zéro (pas d'association entre les séries de notes) à un (association parfaite). On s'intéresse également à la question de savoir dans quelle mesure des corrélations observées au niveau d'échantillons sont généralisables aux populations correspondantes. Il s'agit du même problème de statistique inférentielle que celui discuté précédemment à propos des données non corrélatives.

A notre point de vue, *l'arsenal des techniques tant de la statistique descriptive que de la statistique inférentielle est applicable sans restriction aux données langagières.* Celles-ci ne diffèrent pas quant à leur nature métrique des autres données recueillies en psychologie ou plus généralement dans les sciences cognitives. On y considère de la même manière, lorsqu'on établit une correspondance entre des nombres et des observations, qu'il existe un *isomorphisme* entre le système qui permet de donner des valeurs numériques à des observations et les structures numériques (par exemple, celles de l'arithmétique). Isomorphisme signifie identité ou similarité de forme. En théorie de la mesure, la question générale posée est celle de la correspondance rationnelle et empirique entre les mesures et la réalité en certains de ses aspects. En termes plus simples, la thèse fondamentale est que la mesure est (ou devrait être) un moyen de faire correspondre des nombres avec des objets de manière à révéler par les nombres d'intéressantes relations empiriques entre les objets. Il s'agit, en fait, d'un problème complexe. On ne dispose pas toujours de suffisamment d'indications pour être sûr que les mesures correspondent suffisamment bien aux éléments de la réalité qu'on cherche à évaluer. Mais, il convient de s'efforcer autant que possible de mettre en place des mesures isomorphiques avec ces derniers.

Si on reprend *les quatre niveaux généraux de mesure* les plus communément admis — ceux proposés par Stevens (1946) — (laissant de côté les échelles dites absolues qui correspondent directement aux systèmes de comptage), et les théories métriques correspondantes, on peut montrer qu'ils s'appliquent en toute rigueur aux données langagières, ce qui comporte d'importantes implications pour l'interprétation des tests statistiques effectuables sur ces données. Les quatre niveaux de mesure en question sont respectivement : les échelles nominale ou catégorielle, ordinale, à intervalles, et à proportions ou de rapport. La présentation qui suit est forcément succincte. Pour des informations additionnelles sur les variables et la mesure, le lecteur intéressé verra l'ouvrage dirigé par Robert (1988), et pour une analyse plus technique ceux de Kerlinger (1986) et de Siegel et Castellan (1988).

Il est correct de remarquer liminairement que les spécialistes de la théorie de la mesure n'ont pas toujours été (et ne sont pas encore actuellement) entièrement d'accord sur les implications de la théorie de la mesure quant aux niveaux généraux des échelles de mesure et aux analyses statistiques correspondantes. En schématisant quelque peu, on pourrait dire qu'on a, d'un côté, un point de vue selon lequel l'échelle de mesure détermine strictement les types de traitement statistique permis (ou plus exactement valides, c'est-à-dire ceux qui sont susceptibles d'aboutir à des indications statistiquement pertinentes) — il s'agit du point de vue de Stevens et de ses continuateurs, notamment Siegel, et plus récemment Townsend et Ashby (1984) —, et, de l'autre côté, le point de vue selon lequel essentiellement n'importe quel traitement statistique est pertinent en regard de n'importe quel type de données (par exemple, Lord, 1953 ; Savage, 1957 ; Gaito, 1980). L'argument principal dans la logique du second point de vue est que « les nombres ignorent d'où ils viennent et se comportent donc de la même manière quelle que soit leur origine » (Lord, 1953). Certes, l'interprétation psychologique des mesures prend en considération l'origine des nombres, mais on affirme dans ce courant théorique que ce dernier aspect n'est pas pertinent pour les considérations *statistiques*. Toute indication en sens inverse est coupable d'une confusion (déjà présente chez Stevens) entre théorie de la mesure et théorie statistique. Essentiellement, selon les auteurs cités comme tenant du second point de vue, les procédures statistiques n'exigent aucune propriété particulière quant au niveau métrique des données.

Nous adoptons ici la première position, celle qui trouve son origine dans les travaux de Stevens, mais sans nous prononcer sur le fond du débat. Cette position paraît être celle qui se retrouve chez le plus grand nombre de spécialistes des théories de la mesure (Townsend & Ashby, 1984) — ce qui n'implique pas qu'elle soit nécessairement correcte. Notre point de vue est que les mesures langagières se conforment de façon satisfaisante aux caractéristiques des différents niveaux de mesure y compris les plus exigeants, et, dès lors, que l'éventail des techniques statistiques, paramétriques aussi bien que non-paramétriques, leur sont applicables en toute rigueur. Il est clair que si un point de vue métathéorique du type de celui défendu par Lord, Savage, et Gaito, devait prévaloir in fine, notre affirmation concernant l'applicabilité aux données langagières de toutes les opérations de l'arithmétique et de toutes les analyses statistiques s'en trouverait garantie par principe, cette fois.

Nous revenons aux niveaux de mesure et au problème de leur correspondance avec les données langagières. Si *l'échelle est de type nominal*, les diverses valeurs que la variable est susceptible de prendre ne peuvent être désignées en référence à un continuum de classes. Ces valeurs sont indiquées par une dénomination verbale qui permet seulement une identification en valeur absolue («est» ou «n'est pas»). Les nombres qu'on peut attribuer aux objets «mesurés» n'ont pas de vraie signification numérique. Ce sont de simples étiquettes qui ne peuvent être ordonnées ou additionnées. Les dispositifs psychiatriques aboutissant à classer les patients selon des catégories et des sous-catégories nosologiques (schizophrénie, psychose maniaque, névrose obsessionnelle, etc.) sont des exemples d'échelle nominale. En langage, le classement des entités lexicales en catégories sémantiques (par exemple, vêtements, véhicules automobiles, fruits, animaux), ou l'analyse d'énoncés produits selon la distribution des structures sémantiques qui y figurent (par exemple, agents, bénéficiaires, possesseurs, instruments, patients) constituent deux exemples d'échelles nominales. Avec ce type d'échelle, la mesure est à son niveau le plus faible. L'opération dite de mesure consiste à répartir des données en sous-classes mutuellement exclusives (ou qui devraient l'être). La seule relation impliquée entre les sous-classes est celle *d'équivalence*. En dehors des opérations de statistique descriptive, le seul testing d'hypothèse statistique possible avec des données nominales concérne les indications de *fréquence* dans les sous-classes en ayant recours particulièrement à la statistique non-paramétrique (voir plus loin).

Si *l'échelle est de type ordinal*, les valeurs possibles de la variable sont désignées par un rang et les sous-classes identifiées peuvent être ordonnées hiérarchiquement. Le système des grades militaires (caporal, sergent, lieutenant, capitaine, major, colonel, général, etc.) est un exemple d'échelle ordinale. Les membres de la classe située le plus bas dans la hiérarchie sont considérés comme inférieurs (subalternes) en termes de prestige, compétence, etc., par rapport à ceux de la classe immédiatement supérieure, lesquels sont considérés comme inférieurs par rapport aux membres de la classe qui leur est supérieure, etc. En langage, de nombreux tests et épreuves donnent des scores qui correspondent à des rangs. Même si ces scores semblent être plus précis que de simples rangs, ils ne remplissent pas les conditions de niveaux plus élevés de mesure et doivent être considérés comme se rapportant essentiellement à des rangs. Un exemple de ce type est fourni par l'analyse développementale du langage connue sous le nom de LARSP (Language Assessment Remediation and Screening Procedure), mise au point par Crystal et ses collaborateurs à l'Université de Reading, en Grande Bretagne (Crystal, 1979; Crystal, Fletcher & Garman, 1989). Sur base d'une série d'énoncés produits spontanément, le LARSP (*cf.* le Chapitre 5 pour plus de détails) permet le classement de l'enfant à un stade de développement parmi plusieurs pour ce qui est des structures générales intervenant dans le fonctionnement morpho-syntaxique (structures phrastiques, syntagmatiques, morphèmes grammaticaux liés, etc.).

En plus de la relation d'équivalence, l'échelle ordinale incorpore celle «*plus grand que*» et le postulat de transitivité doit être satisfait (par exemple, si le capitaine a un grade supérieur à celui du lieutenant et que le colonel a lui-même un grade supérieur au capitaine, il doit s'ensuivre que le colonel a un grade plus élevé que celui du lieutenant). Ce type d'échelle permet d'utiliser de façon valide les tests statistiques de rangs, comme certaines techniques de mesure de l'association (corrélation) existant entre des séries de données organisables selon la relation asymétrique indiquée.

Un niveau plus élevé et plus avantageux de mesure, statistiquement parlant, est celui de *l'échelle à intervalles* (ou plus exactement *à intervalles égaux*). Un nombre donné est associé à chacune des valeurs de la variable et il existe un *continuum d'unités séparées par des distances égales*. Le thermomètre est un exemple d'échelle à intervalles. En langage, différents tests et épreuves proposent des inventaires de capacité portant sur un ou plusieurs aspects du développement ou du fonctionnement langagier qui constituent des échelles à intervalles (par exemple, les indices de longueur moyenne de production verbale, comme le LMPV dont il a été question plus haut, les indices de diversité lexicale — IDL — et de complexité syntaxique — ICS — dont il sera question au Chapitre 5). En langue anglaise, le Developmental Sentence Analysis, mis au point par Lee (1974) pour l'analyse du langage spontané, constitue également une échelle à intervalles. Selon cette dernière procédure, on recueille quelques dizaines de phrases produites spontanément par l'enfant et on les analyse de façon quantitative en leur attribuant un score correspondant au niveau des structures linguistiques observées dans le développement (normal) du langage. Les scores sont totalisés et fournissent un reflet numérique du niveau de développement morpho-syntaxique atteint par le sujet. Dans le cas des instruments d'analyse du langage définis ci-dessus, les notes attribuables forment un continuum numérique avec distance égale entre les unités de mesure. Les opérations et les relations constitutives d'une échelle à intervalles garantissent que les différences mesurées sont isomorphiques avec la structure de l'arithmétique. Toutes les techniques de la statistique dite paramétrique (voir plus loin) sont applicables aux données organisables selon un dispositif correspondant à une échelle à intervalles. Dans ce cas, et lorsque les conditions de l'utilisation du modèle statistique paramétrique sont remplies (voir plus loin), les techniques paramétriques doivent être préférées aux techniques non-paramétriques.

Lorsqu'une échelle présente les caractéristiques d'une échelle à intervalles et dispose en outre d'un *zéro absolu* (ou *naturel*), lequel signale que la valeur zéro correspond effectivement à l'absence totale de la variable mesurée, on a affaire à un dispositif métrique appelé *échelle à proportions* ou de *rapport*. Puisqu'il existe un zéro absolu dans ce type d'échelle, toutes les opérations de l'arithmétique sont possibles, y compris les multiplications et les divisions. Les nombres sur l'échelle renvoient aux quantités réelles de la propriété qui est mesurée. Nous mesurons, par exemple, le poids et la taille des objets selon des échelles à proportions. En langage, diverses mesures sont conformes aux exigences théoriques des échelles à proportions. C'est le cas, par exemple, des mesures lexicales. On peut au moyen d'une épreuve particulière dénombrer la quantité d'items lexicaux qu'un sujet comprend, produit, ou définit correctement ou incorrectement. La BEMS dont il a été question plus haut ainsi que d'autres épreuves morpho-syntaxiques correspondent également à des échelles à proportions. Le LMPV ne constitue pas (à proprement parler) une échelle à proportion parce que sa mesure ne dispose pas d'un zéro absolu. En effet, dès que le sujet (par exemple, un jeune enfant) produit un morphème isolable — disons un mot pour simplifier en attendant la spécification ultérieure (au Chapitre 5) de la façon de calculer les indices de longueur moyenne —, on peut le créditer (par définition) d'un LMPV de 1. La même remarque est valable pour l'IDL et l'ICS mentionnés plus haut.

On peut discuter la question de savoir si des épreuves comme la BEMS constituent de vraies échelles à proportions où s'il s'agit plutôt, à strictement parler, d'échelles à intervalles. Le problème concerne l'existence d'un vrai point zéro à l'origine de l'échelle. S'il est incontestable qu'une performance totalement nulle à la batterie d'épreuves aboutira à un score zéro (ou plus finement, une performance nulle à l'une ou à plusieurs des sous-épreuves de la batterie aboutira à un score nul à ces sous-épreuves), on peut se demander si un score supposé de 10 points obtenu par un sujet à ce genre d'épreuve représente bien la moitié d'un autre score supposé de 20 points. Dans le premier cas, le sujet reçoit évidemment la moitié des points, mais il n'est pas entièrement clair que ce rapport corresponde bien à une différence substantielle du simple au double en matière de connaissance langagière. Cela principalement en raison du fait que dans les épreuves de langage, comme dans beaucoup d'épreuves en sciences cognitives, plusieurs types de connaissances sont le plus souvent impliquées. Dès lors, les scores obtenus bien que comparables et rapportables au plan de l'arithmétique, peuvent être quelque peu trompeurs et ne pas correspondre à des quantités de connaissances comparables selon des rapports simples. On dira toutefois que plus un test de langage est valide et sensible (voir plus loin pour une spécification de ces notions), plus on se rapproche d'une situation où on a bien affaire à une vraie échelle à proportions, à condition que l'échelle en question dispose d'un zéro absolu.

D'un point de vue pratique, nous adoptons la position de Kerlinger (1986) telle que formulée à propos des sciences psychologiques en général. Kerlinger remarque que les données psychologiques se conforment souvent à une mesure selon des échelles nominales et/ou ordinales. Il fut un temps où les statisticiens étaient convaincus qu'on ne pouvaient valablement utiliser avec des données sur l'intelligence, les aptitudes, les profils ou les traits de personnalité, etc., d'autres tests statistiques que ceux permis par les échelles nominales et ordinales. Kerlinger (1986) propose de dépasser cette position par trop conservatrice et d'admettre que les mesures psychologiques s'approchent ou atteignent dans de nombreux cas le niveau des échelles à intervalles et que, dès lors, les tests statistiques correspondant à ce niveau de mesure peuvent être utilisés avec un minimum de risques métriques. L'alternative est la suivante. Soit on se limite volontairement à l'usage d'échelles nominales et ordinales et en conséquence on se coupe des modes les plus puissants d'analyse statistique; ce, évidemment, au détriment des problèmes que l'on cherche à solutionner. Soit on utilise des échelles à intervalles d'une façon qui peut être en partie inappropriée, au sens le plus strict de la théorie de la mesure, et, en conséquence, on court le risque de se tromper au moins minimalement dans l'interprétation des données et des relations inférables à partir des données. Le risque dans le second cas ne doit pas être exagéré et il est sans doute moins grave qu'on a voulu le dire par le passé. Nous pensons que le même raisonnement peut être fait en ce qui concerne les données langagières, ou au moins certaines d'entre elles, quant à l'utilisation des échelles à proportions. Il nous paraît que divers types de mesures langagières comportent effectivement l'usage d'un zéro absolu ou s'en rapprochent suffisamment pour qu'on puisse (les autres conditions d'utilisation étant également remplies) faire usage avec ces données des techniques statistiques utilisables avec les échelles à proportions sans courir un risque interprétatif exagéré.

Toutes les techniques de la statistique sont utilisables de plein droit avec des données mesurables selon une échelle à proportions. D'un point de vue pratique, il n'y a cependant guère de différence entre les échelles à intervalles et les échelles à proportions. Les deux types d'échelles permettent en gros la même gamme d'opérations statistiques (pour des précisions supplémentaires, voir Siegel & Castellan, 1988, et/ou Townsend & Ashby, 1984). Le Tableau 3-1 résume les indications métriques discutées à propos des tests de langage.

Tableau 3-1 — **Application des échelles de mesure aux tests et épreuves de langage.**

Echelles	Opérations statistiques	Applicabilité à la mesure du langage
1. Nominale	Statistique descriptive et non-paramétrique	OUI
2. Ordinale	Statistique descriptive et non-paramétrique	OUI
3. A intervalles	Statistique descriptive, non-paramétrique et paramétrique	OUI
4. A proportions	Statistique descriptive, non-paramétrique et paramétrique	OUI

Revenons au problème signalé plus haut de la *relation entre échantillon et population*. Comme nous l'avons indiqué, on est souvent amené à proposer ou à conclure par rapport à une population de sujets à partir d'un échantillon (limité par définition) de cette population. C'est vrai dans tous les cas de figure. Un clinicien du langage qui ne s'occuperait que d'un seul sujet pourrait avoir l'impression qu'il échappe à cette généralité. Il n'en est rien. Pour évaluer son client et définir les objectifs de son intervention, ce clinicien est amené de toute façon à utiliser même implicitement une comparaison avec le fonctionnement langagier d'autres sujets ; en réalité, de la population des sujets du même âge, niveau socio-économique, etc. La référence à la population intervient nécessairement, implicitement ou explicitement.

Il convient de s'interroger sur les conditions de l'établissement d'une relation pertinente entre échantillon et population. L'échantillon à partir duquel on compte tirer des informations sur une population doit être *représentatif* de cette dernière. Il est également important que l'échantillon soit choisi au hasard dans la population cible ou, tout au moins, qu'aucun biais systématique n'existe dans la sélection des sujets. En fait, les deux notions, représentativité et extraction au hasard des sujets choisis, ne sont pas indépendantes.

La notion de représentativité est loin d'être simple. Habituellement, on entend par là un groupe de sujets « typiques » de la population cible, c'est-à-dire un groupe de sujets présentant les principales caractéristiques de cette population approximativement au même degré. Mais ce type de définition est trop large pour être vraiment utile. On doit préciser les caractéristiques auxquelles on s'intéresse et qui entrent dans la définition de la notion de représentativité pour une évaluation ou une recherche particulière. Un échantillon représentatif est celui qui a approximativement les caractéristiques de la population cible *à un point de vue considéré*, celui de l'évaluation ou de la recherche en question. Par exemple, si on échantillonne des sujets humains sans autre spécification, il est impératif que l'échantillon comprenne des sujets de sexe féminin et masculin en proportions égales à ce qui se trouve au sein de la population. Il en va de même pour les autres caractéristiques typiques des populations. Par définition, ces caractéristiques sont celles qui sont les plus fréquentes et les plus régulièrement distribuées. La probabilité est donc très grande qu'elles soient présentes dans un échantillon pris au hasard au sein d'une population. C'est pourquoi il existe une relation étroite entre représentativité d'un échantillon et sélection de cet échantillon au hasard dans la population cible. Cela dit, en pratique, il n'est pas toujours aisé d'obtenir des échantillons strictement au hasard et il faut parfois se contenter d'une sélection seulement partiellement au hasard. On ajoutera qu'il peut parfois y avoir nécessité pratique de travailler non avec des échantillons sélectionnés au hasard à partir de la population correspondante mais avec des échantillons dit accidentels ou non-intentionnels (la forme la plus faible de l'échantillonnage), c'est-à-dire des groupes de sujets qui sont «à portée de main», pour ainsi dire. En théorie, ce type de procédure est indéfendable, mais utilisé avec intelligence et précaution interprétative, il peut fournir des indications intéressantes qu'il convient, certes, de valider ensuite au moyen d'un échantillonnage orthodoxe, si on vise une généralisation des résultats.

3.2. STATISTIQUE PARAMÉTRIQUE ET NON-PARAMÉTRIQUE

Nous avons mentionné l'existence de deux types de statistique inférentielle. Il convient de préciser au moins minimalement ces notions. Le lecteur intéressé pourra approfondir sa réflexion en consultant notamment les ouvrages de Kerlinger (1986) et de Siegel et Castellan (1988).

La *statistique paramétrique* est celle dont les tests (au sens statistique et non psychologique du terme) spécifient certaines conditions concernant la distribution des notes dans la population (les populations) de notes dont l'échantillon (les échantillons) est (sont) tiré(s). Ces conditions sont rarement évaluées formellement. On parle de suppositions axiomatiques concernant la population ou les populations cible(s). La signification des tests statistiques paramétriques dépend largement du fait que les suppositions axiomatiques soient effectivement valables ou puissent être raisonnablement supposées telles. Lorsqu'on est dans le doute, il est préférable de se tourner vers l'utilisation des techniques non-paramétriques. Mais il doit s'agir d'un doute sérieux. En effet, lorsqu'il n'y a pas de raison impérative de croire que les populations de référence se départissent de façon importante d'une distribution normale et/ou que les variances sont largement hétérogènes de groupe en groupe, lorsqu'il s'agit d'une comparaison intergroupe, il est préférable, toutes choses étant égales par ailleurs, de recourir à la statistique paramétrique. Celle-ci offre, en effet, par rapport à la statistique non-paramétrique plusieurs avantages importants quant au fonctionnement inférentiel (voir ci-dessous). En outre, et comme on l'a indiqué plus haut, l'utilisation correcte de la statistique paramétrique exige en toute orthodoxie que les notes analysées correspondent au moins à des mesures effectuées selon une échelle à intervalles ou assimilable.

Les deux *conditions axiomatiques principales* se rapportant à l'utilisation des tests de statistique paramétrique sont, premièrement, la *normalité* de la distribution des notes dans la ou les population(s) de référence (condition dite de *normalité*), et, secondement, *l'homogénéité des variances* ou étalement des notes dans les populations de référence lorsqu'une comparaison d'échantillons est effectuée (condition dite d'*homogénéité* ou d'*homoscédasticité*). La condition de normalité est remplie si la distribution de notes au niveau de la population cible est gaussienne, c'est-à-dire correspond à une formule mathématique particulière dont il n'est pas nécessaire d'encombrer le présent exposé (le lecteur intéressé pourra voir le texte classique de Hays, 1973, à ce sujet). Ce type de distribution est symbolisé par un graphique représentant la relation fonctionnelle (au sens mathématique) générée par la règle mathématique qui spécifie cette distribution. Dans ce cas, il s'agit d'une courbe en forme de cloche (mais, n'importe quelle cloche ne constitue pas une distribution normale). La seconde condition axiomatique, celle d'homoscédasticité, correspond à l'indication selon laquelle les traitements peuvent modifier différents aspects des distributions de notes mais pas leur variance laquelle doit être homogène de groupe en groupe. Les conditions axiomatiques mentionnées concernent les populations de notes dont les échantillons sont extraits. Or, par définition, celles-là ne sont pas observables directement dans leur totalité (à de rares exceptions près). On doit, dès lors, exercer son meilleur jugement, aidé par l'application de quelques repérages mathématiques, de façon à apprécier correctement à partir de ce que révèlent les échantillons si les populations répondent aux conditions axiomatiques fixées pour l'emploi en toute rigueur des techniques paramétriques. La stratégie générale conseillée est la suivante : s'il n'y a pas de raison empirique sérieuse de rejeter la probabilité que la population de référence soit normalement distribuée et que les variances soient homogènes, dans les cas où on compare plusieurs échantillons supposément issus de populations différentes, il est préférable de s'en remettre à l'usage des techniques paramétriques.

La *statistique non-paramétrique* est davantage libre en ce qui concerne les caractéristiques définitionnelles de la ou des population(s) de référence. L'utilisation des tests statistiques qui en relèvent n'est pas soumise à la condition de normalité de la distribution des notes, ni à la condition de l'homoscédasticité des variances. Cette plus grande liberté rend possible l'utilisation des techniques non-paramétriques avec des unités correspondant à des échelles de mesure ordinale ou nominale. Mais, il y a un prix à payer. Appliqué en toute rigueur, c'est-à-dire lorsque les conditions axiomatiques sont parfaitement remplies, un test statistique paramétrique sera toujours plus *puissant* et *efficace* qu'un test non-paramétrique correspondant. La notion de puissance-efficacité renvoie à la capacité d'un test statistique de détecter une différence avec une égale finesse, lorsque cette différence existe réellement au niveau de la population, en opérant à partir d'un nombre d'observations déterminé. Ainsi, toutes choses étant égales par ailleurs, un test paramétrique pourra disposer d'une puissance-efficacité de 10, 15, parfois 20 % supérieure à celle d'un test non-paramétrique correspondant. Cela signifie qu'un test paramétrique sera aussi efficace dans la détection d'une différence qu'une épreuve non-paramétrique correspondante en opérant avec un échantillon de notes inférieur en taille de 10, 15, ou 20 %, respectivement. On a donc intérêt à utiliser les tests statistiques paramétriques chaque fois que cela est axiomatiquement défendable et lorsque la nature métrique des unités le permet. Les tests de statistique non-paramétrique ont également leurs avantages par rapport aux tests paramétriques selon la nature du problème et la situation métrique. Lorsque la taille de l'échantillon est très petite (moins d'une demi-douzaine de sujets ou d'observations), il peut ne pas exister d'autre alternative dans un problème de statistique inférentielle que de faire appel à un test non-paramétrique. La statistique paramétrique refusant, pour ainsi dire, dans ces cas, de se livrer au moindre pronostic quant aux populations de référence. Comme on l'a indiqué, les tests non-paramétriques sont également les seuls recommandables lorsque les conditions axiomatiques d'utilisation de la statistique paramétrique ne sont pas remplies ou lorsque les échelles de mesures appliquées sont de nature nominale ou ordinale.

On retiendra, *en conclusion*, que les épreuves et tests de langage permettent l'utilisation en toute rigueur des instruments de la statistique paramétrique et non-paramétrique selon les populations étudiées, la nature des unités langagières mesurées, et les caractéristiques propres aux différentes tests et épreuves.

3.3. TESTS, ÉPREUVES ET QUALITÉS DES TESTS DE LANGAGE

Nous avons utilisé jusqu'ici presque indifféremment les termes *test* et *épreuve* de langage. Une telle assimilation n'est pas entièrement justifiée. Le terme *test* (mental ou psychologique) a été utilisé pour la première fois par le psychologue américain McKeen Cattell à la fin du siècle dernier, pour désigner une série d'épreuves psychologiques destinées à documenter les différences interindividuelles existant entre les étudiants des universités américaines.

Selon le dictionnaire américain Webster, le mot *test* signifie, dans son sens psychologique, « un moyen de mesurer une aptitude individuelle par l'emploi d'une tâche standardisée ». En langue française, on trouve une définition correspondante, celle de Piéron (1968). Selon Piéron, un test est une épreuve définie, impliquant une tâche à remplir, identique pour tous les sujets examinés, avec une technique précise pour l'appréciation du succès et de l'échec, ou pour la notation numérique de la performance. Ces deux définitions insistent sur la standardisation des procédures du testing. Par *standardisation*, il faut entendre le fait de présenter la même tâche à tous les sujets, exactement dans les mêmes conditions, et en appliquant les mêmes critères de correction. Mais la notion psychologique de test doit impliquer davantage que la standardisation. Certains tests proposent en effet une normalisation des notes et il est très souhaitable qu'il en soit ainsi pour *tous* les tests. La *normalisation* (encore appelée « étalonnage ») consiste à calibrer une épreuve en l'appliquant à des échantillons de sujets tirés de la population cible de façon à disposer ensuite de normes d'âge, de sexe, ou d'autres classements (variables indépendantes) des individus, pour pouvoir comparer au point de vue considéré les performances individuelles à celles de groupes correspondants. La meilleure définition du test que nous ayons trouvée est celle de Pichot (1968). « On appelle test mental une situation expérimentale standardisée servant de stimulus à un comportement. Ce comportement est évalué par une comparaison statistique avec celui d'autres individus placés dans la même situation, permettant ainsi de classer le sujet examiné, soit quantitativement, soit typologiquement » (Pichot, 1968, p. 5). *Au sens fort du terme donc, un test psychologique implique à la fois l'existence d'une standardisation et d'une normalisation.* Certains tests, cependant, ne sont pas ou pas complètement normalisés. Parfois, lorsque le test est mis en circulation, il est standardisé mais non normalisé. La normalisation, qui implique généralement un long travail peut être publiée ensuite, parfois plusieurs années plus tard. Pour notre propos, un test non normalisé correspond à une *épreuve*. Les deux types d'instruments d'évaluation, tests et épreuves d'évaluation, doivent être standardisés, faute de quoi on ne peut les désigner sous ces termes. Si l'épreuve est normalisée, on pourra alors parler de test au sens fort du terme.

A quelles *caractéristiques psychométriques ou « qualités »* doivent répondre les tests ou les épreuves de langage de façon à constituer des instruments valables d'évaluation. Les qualités en question ne diffèrent pas de celles exigées des instruments d'évaluation psychologique en général. Il s'agit de la *validité*, de la *fiabilité*, et de la *sensibilité*.

Globalement, la *validité* d'un test concerne la relation entre ce que le test mesure en réalité et ce qu'il est censé mesurer (tel que défini par son concepteur). Il existe plusieurs extensions du concept de validité d'un test. Il est pertinent de distinguer entre validité interne ou de contenu, validité externe ou prédictive, validité empirique ou concourante, validité théorique, et même validité d'apparence.

La *validité interne* est garantie si on peut prouver ou supposer raisonnablement que les items du test sont appropriés pour évaluer la fonction, l'aptitude, en question, et, en principe, que les items retenus pour le test ont été sélectionnés au hasard parmi l'ensemble des items représentatifs de la population des items cibles. On retrouve la nécessité de sélection au hasard d'un échantillon parmi une population de référence.

On satisfait à la *validité empirique* d'un test chaque fois qu'on peut établir ou supposer raisonnablement une corrélation «suffisante» (aucun critère formel n'existe pour la définition de l'épithète «suffisant» dans ce contexte) entre les résultats au test et ceux obtenus à un autre test, préalablement administré, supposé évaluer la même capacité, et antérieurement validé; ou encore entre les résultats au test et une autre source d'information, également validée (critère externe), comme, par exemple, le niveau de fonctionnement dans une activité pertinente en rapport direct avec la tâche du test. La possibilité d'établir la validité empirique d'un test de façon externe est importante en ce qu'elle permet d'échapper à ce qui pourrait être un cercle vicieux. Etablir la validité empirique d'un test par rapport à une autre épreuve préalablement validée, suppose, évidemment, qu'on puisse trouver une telle épreuve, ce qui, par définition, est difficile voire impossible au début d'une démarche évaluative.

La *validité prédictive* d'un test est proche de la validité empirique établie par recours à un ou à des critères externes. Elle correspond à la valeur du test dans la prédiction du fonctionnement des sujets dans des tâches apparentées à celles évaluées par le test. Il s'agit d'établir dans quelle mesure les résultats au test sont généralisables à d'autres activités en rapport.

La *validité théorique* concerne le modèle théorique qui se trouve (implicitement ou explicitement) à la base de la construction du test. Ce type de validation est trop rarement discuté dans la littérature psychométrique, que celle-ci se rapporte à la fonction langagière ou à d'autres fonctions. Un bon exemple est fourni par le test américain Illinois Test of Psycholinguistic Abilities (ITPA), mis au point dans les années cinquante. Ce test est explicitement basé sur le modèle du fonctionnement langagier proposé par le psycholinguiste Osgood (1957a, 1957b). Compte tenu de l'orientation behavioriste dominante, l'ITPA pouvait sans doute être considéré comme validé théoriquement à ce moment. Cependant, à partir des années soixante et de plus en plus nettement par la suite, l'orientation behavioriste en langage a été considérée comme inadéquate. Il s'ensuit qu'indépendamment de ses autres mérites éventuels, l'ITPA ne peut plus être considéré comme théoriquement validé à l'heure actuelle. De nombreux tests de langage ne reposent pas sur une fondation théorique explicite. Cette lacune les met apparemment à l'abri d'une révision radicale du type de celle qui a affecté le jugement de validité théorique porté sur l'ITPA. On pourrait y voir un avantage. En fait, il s'agit d'une faiblesse. Un test non validé théoriquement est faible par définition, puisqu'il n'établit pas de façon claire la base interprétative sur laquelle il est pertinent de l'utiliser. On doit exiger des futurs tests de langage qu'ils se démarquent ouvertement quant aux modèles théoriques dont ils sont issus ou avec lesquels ils sont en accord.

La *validité d'apparence* a à voir avec l'impression de sérieux donnée aux sujets lors de la passation du test. En matière de langage, on évitera, par exemple, de proposer à des adolescents ou à des adultes du matériel et des items trop en rapport avec les intérêts prêtés aux enfants. Les contenus d'un test doivent être adaptés aux références culturelles les plus habituelles selon le niveau d'âge. Ce type de recommandation, bien qu'allant sans dire, n'est pas toujours appliqué, aboutissant vraisemblablement dans un certain nombre de cas à réduire la motivation des sujets pour la passation du test et donc, sans doute, à sous-évaluer leurs capacités réelles.

La *fiabilité* (parfois appelée *fidélité*) se réfère à la stabilité des données obtenues par l'usage du test. Il s'agit de la stabilité de la relation entre l'objet et la mesure lorsque le même test est administré aux mêmes sujets par des examinateurs différents, ou de la relation test-retest lorsque le même test est administré aux mêmes sujets à plusieurs reprises par le même examinateur, ou encore de la stabilité des résultats à un test en un intervalle de temps déterminé. On parle également dans les deux derniers cas de *constance* du test. Un test doit être fiable au sens où administré plusieurs fois il aboutit essentiellement aux mêmes résultats, la marge d'erreur acceptable mise de côté (rappelons qu'il n'existe aucun critère formel spécifiant la magnitude de ce qui est acceptable comme marge d'erreur dans un test psychologique et un test de langage en particulier; on considère souvent en pratique que cette marge d'erreur ne doit pas excéder 5%). Il faut garder en mémoire, cependant, que la répétition d'une même tâche aboutit habituellement à améliorer au moins légèrement la performance. Il s'agit de ce qu'on nomme un effet d'apprentissage. Les calculs de fiabilité des tests doivent tenir compte de cet effet. On parle encore de fiabilité d'un test pour la comparaison d'une partie de test (par exemple, la première moitié), avec une autre partie (par exemple, la seconde moitié). Il s'agit de la fiabilité « split-half » qui concerne l'homogénéité des parties du test entre elles.

Enfin, la *sensibilité* d'un test concerne son pouvoir discriminatif ou classificatoire. Il s'agit de la capacité d'un test de différencier effectivement et le plus finement possible des sujets qui sont effectivement différents quant à l'aptitude mesurée. Il existe une relation inverse entre la sensibilité d'un test et l'étendue du champ mesurable. Plus vaste est la gamme des aptitudes que doit mesurer un test, moins ce test est, en principe, sensible à l'intérieur de cette gamme. En général, et toutes choses étant égales par ailleurs, plus nombreux sont les items (valides) d'un test, plus la probabilité est élevée que le test puisse faire apparaître et mesurer des différences entre sujets, et donc plus il est sensible. De façon à augmenter le pouvoir discriminatif d'un test, on peut également accroître la difficulté intrinsèque des items à l'intérieur d'une certaine marge de difficulté. Il convient toutefois d'être prudent, car une augmentation excessive de la difficulté d'un test peut aboutir à abaisser sa capacité discriminative, la plupart des sujets obtenant des notes faibles.

Une procédure ou une tâche peut donc être légitimement appelée test dans l'évaluation psychologique quand elle autorise la mesure, lorsqu'elle est valide, fiable, et sensible, lorsqu'elle est standardisée du point de vue de son application et de sa correction, et lorsqu'on dispose d'une normalisation. A s'entretenir avec les psychométriciens, les constructeurs, et même les utilisateurs courants de tests psychologiques, et notamment de tests de langage, on serait amené à ajouter à la caractérisation indiquée ci-dessus, une autre caractéristique, éminemment pragmatique celle-là, à savoir *la facilité et la rapidité d'administration*. Il est vrai que dans leurs activités courantes, les praticiens de l'évaluation psychologique sont souvent confrontés à de sévères contraintes temporelles. Ils ne peuvent retenir leurs sujets pendant de longues périodes de temps, non plus que les convoquer un grand nombre de fois. En raison de tels impératifs, les tâches utilisées sont souvent réduites quant à leur durée et au nombre d'items administrés. Cela peut poser de sérieux problèmes quant à l'évaluation des fonctions psychologiques supérieures et notamment du langage, objet particulièrement complexe et hybride. En outre, comme on vient de le préciser, il est plus difficile, toutes choses étant égales par ailleurs, de distinguer finement des niveaux d'organisation comportementale et des niveaux de connaissance en proposant un plus petit nombre d'items ou en portant un jugement quantitatif sur un nombre restreint de tâches. Les utilisateurs des tests courants doivent, par conséquent, garder à l'esprit qu'ils sont au mieux capables d'établir des distinctions le plus souvent grossières entre des niveaux globaux de performance. A notre avis, la plupart des tests et épreuves de langage disponibles aujourd'hui sont au mieux, des *screening tests* (tests de triage). Il conviendrait, en toute rigueur, qu'ils soient présentés comme tels.

Mais il y a peut-être plus grave. Comme on l'a noté plus haut, on considère que la validité interne d'un test est établie, si on peut montrer que les items du test sont appropriés à l'évaluation de la fonction visée. S'il existe une population d'items dans laquelle il est nécessaire d'opérer un choix, le concepteur du test doit choisir les items les plus appropriés et justifier son choix. A défaut, et si un grand nombre d'items sont équivalents en regard de la fonction à évaluer, il convient de sélectionner au hasard ceux qui seront repris dans le test. C'est malheureusement rarement le cas dans l'évaluation psychologique y compris celle qui se rapporte aux fonctions langagières. Si par ailleurs, les concepteurs de test restreignent, pour des raisons pratiques, l'empan et la variété des tâches présentées aux sujets, on peut penser qu'ils mettent en péril, parfois sans bien s'en rendre compte, la validité interne de leur démarche évaluative. Dans le cas inverse, il leur incombe de démontrer que les tâches et les items sélectionnés fournissent réellement matière à la meilleure approche raisonnablement possible de la fonction à évaluer. Encore une fois, ce genre de démonstration est peu courant dans la littérature psychométrique.

En *conclusion*, il existe des caractéristiques définitionnelles ou propriétés constitutives ainsi qu'une série de propriétés descriptives ou qualités intrinsèques des tests qui s'appliquent également aux tests de langage. Le Tableau 3-2 reprend ces propriétés. La mesure dans laquelle les tests et épreuves de langage se conforment aux exigences définies est loin d'être entièrement claire, sauf en ce qui concerne la standardisation qui ne fait généralement pas problème (ce qui ne veut pas dire que les procédures soient exemptes de critiques ou de réserves; voir le Chapitre 4 à ce sujet). Comme on l'a signalé, de nombreuses épreuves de langage ne disposent pas d'une normalisation extensive. De nombreux tests sont également discutables du point de vue de la validité théorique. Enfin, beaucoup de manuels sont muets ou avares de précision concernant l'établissement de la validité empirique, de la validité prédictive, de la fiabilité, et de la sensibilité du test de langage présenté. Un effort important devrait être consenti par les constructeurs de tests de langage à ces points de vue dans les prochaines réalisations, et dans le but plus immédiat de perfectionner les instruments existants.

Tableau 3-2 — **Propriétés constitutives et qualités des tests de langage.**

1. Propriétés constitutives :		a) Standardisation
		b) Normalisation
2. Qualités :	a) Validité :	a.1) Interne
		a.2) Empirique
		a.3) Prédictive
		a.4) Théorique
		a.5) D'apparence
	b) Fiabilité	
	c) Sensibilité	

Chapitre 4
Problèmes liés à la pratique des tests

4.1. CONSIDÉRATIONS GÉNÉRALES

Avant d'envisager la pratique de l'évaluation du langage au moyen des tests et des épreuves assimilées selon les fonctions et les composantes langagières, et les problèmes qui s'y posent, il importe de préciser *six difficultés* rencontrées dans beaucoup de tests et qui méritent une attention particulière.

Une première difficulté est liée au problème de la sélection au hasard des sujets de façon à constituer un échantillon de données à partir duquel on effectue une estimation des capacités correspondantes au niveau de la population. Il s'agit du problème de l'ordre de présentation des items et/ou des sous-épreuves dans un test, et corrollairement celui de la *randomisation* de cet ordre. Ce type de problème peut se poser dans les différents tests quelle que soit leur nature linguistique, leurs objectifs, et leurs caractéristiques psychométriques. On peut le définir de la façon suivante. Lorsque les items et/ou les sous-épreuves d'un test n'ont pas été présentés dans un ordre au hasard et variant au hasard pour chaque sujet et chaque passation *au cours de l'étape de normalisation du test*, on ne peut établir si les notes recueillies reflètent principalement des différences de capacité selon la complexité relative des items et/ou des sous-épreuves, des différences relatives aux caractéristiques structurales ou autres s'y trouvant incorporées, ou si elles reflètent plutôt l'effet de variables parasites comme le manque de familiarité ou d'aisance avec le test et/ou la situation de test et l'examinateur (pour les items ou les sous-épreuves systématiquement placés en début de passation), une familiarité et une aisance accrues aux mêmes points de vue (pour les items ou les sous-épreuves systématiquement situés plus loin dans la passation), une certaine fatigue ou une moindre motivation (pour les items ou les sous-épreuves intervenant en fin de passation), etc. C'est là, on en conviendra, une situation peu avantageuse pour l'interprétation des résultats.

Prenons un exemple dans les tests de langage utilisés en langue française. On trouve dans le Test de Vocabulaire Actif et Passif pour Enfants — TVAP — (de 5 à 8 ans) (Deltour & Hupkens, 1980, p. 38) un ordre fixe de présentation des 30 items lexicaux proposés pour l'évaluation du vocabulaire. Cet ordre est reproduit au Tableau 4-1. Dans la version correspondante du même test pour enfants de 3 à 5 ans (Deltour & Hupkens, 1980, p. 13), on trouve également un ordre fixe de présentation. Cet ordre est reproduit au Tableau 4-2.

Tableau 4-1 — Ordre de présentation des items lexicaux dans le test TVAP 5 à 8 ans.

1. hiver	11. s'éveiller	21. ficeler
2. travailler	12. potage	22. gravier
3. clou	13. château	23. librairie
4. offrir	14. briser	24. récolter
5. lettre	15. vautour	25. averse
6. âne	16. rire	26. flacon
7. éclabousser	17. coquillage	27. diligence
8. scier	18. jonquille	28. chaudron
9. creuser	19. bailler	29. poutre
10. courir	20. canif	30. borne

Tableau 4-2 — Ordre de présentation des items lexicaux dans le test TVAP 3 à 5 ans.

1. auto	11. travailler	21. éclabousser
2. chapeau	12. monter	22. trébucher
3. essence	13. s'habiller	23. coquillage
4. dormir	14. clou	24. château
5. manger	15. facteur	25. gravier
6. se laver	16. s'éveiller	26. rire
7. marteau	17. lettre	27. potage
8. balançoire	18. parapluie	28. jonquille
9. se reposer	19. courir	29. canif
10. camion	20. âne	30. bâiller

Il se trouve que dans une épreuve normalisée de cette manière, on ne peut être sûr de l'interprétation de la performance des sujets quant aux items lexicaux considérés individuellement par référence aux données normalisées. Par exemple, dans le cas du TVAP 5-8, on ne peut être sûr que la réussite moyenne plus faible aux items lexicaux présentés dans la seconde moitié de la passation, et plus encore dans le dernier tiers de la passation, et ce à tous les âges entre 5 et 8 ans, ne reflète pas principalement ou en proportion indéterminée les variables parasites mentionnées plus haut. Cela est de nature à limiter sérieusement l'utilité de telles données pour tout ce qui n'est pas la note globale.

Un ordre fixe de présentation des items, tel qu'illustré aux Tableaux 4-1 et 4-2, se retrouve dans plusieurs tests de vocabulaire. Mais il n'y a pas que les tests lexicaux à présenter ce type de problème. On trouve également des ordres fixes de présentation des items dans certains tests à visée morpho-syntaxique. Par exemple, le Test O-52 (Khomsi, non daté), dit Epreuve d'Evaluation des Stratégies de Compréhension en Situation Orale, propose également un ordre fixe de présentation des structures linguistiques (phrases négatives, interrogatives, passives, marquage du nombre, temporalisations verbales, etc., p. 72-73). Le Tableau 4-3 reprend l'ordre de présentation des items au Test O-52. Ce test est susceptible des mêmes réserves interprétatives que celles formulées à propos du TVAP concernant la fixité de l'ordre de présentation des items.

Une normalisation effectuée avec un ordre fixe des items et/ou des sous-épreuves est donc très limitée dans les informations sûres qu'elle peut livrer en elle-même et lorsqu'il s'agit d'interpréter comparativement une note individuelle obtenue par l'application du test ultérieurement au travail de normalisation. C'est pourquoi il convient d'insister sur la nécessité absolue de randomiser l'ordre de présentation des items et/ou des sous-épreuves d'un test chaque fois que cela est possible. Certes, toute passation individuelle est nécessairement ordonnée séquentiellement. Elle est donc vulnérable aux effets parasites séquentiels identifiés. On ne peut rien y changer. Il est de bon conseil, cependant, de prendre en compte ces éventuels effets séquentiels dans l'interprétation des performances individuelles.

Une deuxième difficulté, couramment rencontrée dans les tests et épreuves visant à l'évaluation du langage (comme dans d'autres épreuves psychométriques), concerne l'arrêt recommandé de la passation après un certain nombre d'erreurs ou d'absences de réponse (nombre variable d'un test à l'autre). Reprenons l'exemple du TVAP, auquel nous avons fait allusion plus haut. On y conseille d'arrêter la passation après la 5e erreur

Tableau 4-3 — Ordre de présentation des items dans le Test 0-52.

1.1. Le garçon court
1.2. Le garçon ne court pas

2.1. Le chat est devant l'arbre
2.2. Le chat est derrière l'arbre

3.1. Le bol est cassé
3.2. Le bol n'est pas cassé

4.1. La voiture est sur le lit
4.2. La voiture est sous le lit

5.1. Des oiseaux volent
5.2. Un oiseau vole

6. Je mange les cerises que maman cueille

7.1. Le chien est devant la chaise
7.2. Le chien est derrière la chaise

8. Le paquet de bonbons qu'on m'a donné est vide

9. Le chat dont j'ai tiré la queue m'a griffé

10. Je vois qu'il pleut dehors

11. Maman a dit que je mette ma veste

12.1. La voiture est poussée par le camion
12.2. La voiture pousse le camion

13.1. Le monsieur va partir
13.2. Le monsieur est parti

14.1. La voiture est dans la maison
14.2. La voiture est entre les maisons

15.1. La petite fille est tombée
15.2. La petite fille est-elle tombée ?

16.1. Les enfants mettront leurs chaussures
16.2. Les enfants ont mis leurs chaussures

17.1. La voiture suit le camion
17.2. La voiture est suivie par le camion

18.1. La petite fille le regarde
18.2. La petite fille se regarde

19.1. Maman dit : «Où est cette fille?»
19.2. Maman dit : «Qui est cette fille?»

20.1. La fille est lavée par le garçon
20.2. La fille lave le garçon

21.1. La petite fille brosse ses cheveux
21.2. La petite fille lui brosse les cheveux

22. Il regarde l'oiseau qui vole

23.1. Je range le camion dont les roues sont cassées
23.2. Je range le camion dont les roues ne sont pas cassées

24. Le bateau qui est dans le port a des voiles

25.1. Les enfants jouent
25.2. L'enfant joue

26.1. Tous les garçons ont des chapeaux
26.2. Quelques garçons ont des chapeaux

27. Je vois que tu manges une glace

28.1. L'ours dort
28.2. Les ours dorment

29.1. Le vélo est contre le mur
29.2. Le vélo est à côté du mur

30.1. La fille est plus grande que le garçon
30.2. La fille est moins grande que le garçon

consécutive. Cette recommandation est vraisemblablement basée sur l'idée selon laquelle les items étant présentés dans un ordre de difficulté croissante, ceux se situant en aval, pour ainsi dire, de la série d'erreurs consécutives sont nécessairement d'un niveau de difficulté supérieur aux items situés en amont des mêmes erreurs, et donc la probabilité qu'ils déterminent une réponse correcte est faible voire nulle. En réalité, au TVAP, comme dans nombre d'autres tests, aucune démonstration n'est fournie selon laquelle l'ordre de présentation des items correspondrait effectivement à un ordre de complexité et/ou de difficulté croissante. Au contraire, on a de bonnes raisons de penser à l'examen des items que ce n'est pas, ou de toute manière pas complètement, le cas. Par exemple, les items *creuser*, *briser* et *vautour*, qui figurent dans la première partie du TVAP 5-8, sont certainement des acquisitions lexicales tardives, voire très tardives. Par ailleurs, l'ordre de présentation des items au TVAP ne correspond pas à un ordre de fréquence décroissante dans la pratique lexicale de la langue. Selon l'indicateur de fréquence des lexèmes du français contemporain Brulex (*cf. infra*), l'item *clou* qui figure en troisième position dans l'ordre de présentation au TVAP 5-8 a une fréquence de 1.859, soit à peu près la même que le 30e (et dernier) item du test *borne* (fréquence 1.888). L'item *rire* qui figure en 16e position a une fréquence au Brulex de 27.436 tandis que l'item *hiver* apparaissant en première position au test une fréquence de 8.257. Il est peu vraisemblable que l'ordre de présentation des items lexicaux aux tests TVAP corresponde effectivement à un ordre de difficulté croissante. L'implication est que la démarche consistant à arrêter la passation après un certain nombre d'erreurs ne dispose d'aucune justification sérieuse. Notre recommandation est que, dans tous les cas, on s'efforce autant que possible de proposer aux sujets l'ensemble des items prévus afin d'avoir une meilleure chance de cerner aussi complètement que possible leurs capacités langagières.

Un troisième problème concerne le nombre d'items proposés dans les tests et épreuves habituelles de langage. Il est un principe en théorie de la mesure qui stipule que le nombre d'observations doit toujours être (largement, de préférence) supérieur au nombre de variables mises à l'étude. Cela signifie pour l'évaluation du langage que le nombre d'items dans un test déterminé ne peut être trop restreint. En raison de l'excessive préoccupation chez de nombreux constructeurs de tests de mettre à la disposition des utilisateurs des épreuves dont le temps de passation est aussi court que possible (une telle caractéristique étant en passe de devenir ou étant déjà devenue un argument de vente), il existe une tendance à réduire le nombre d'items laquelle n'est pas sans poser problème.

Prenons à titre d'exemple le Test 0-52 dont il a déjà été question. Dans ce test, on envisage d'évaluer la compréhension de treize structures linguistiques au moyen d'une vingtaine de paires d'énoncés et une dizaine d'énoncés isolés (*cf.* le Tableau 4-3). Cela veut dire que certaines structures sont proposées en deux ou trois exemplaires et d'autres en un seul exemplaire (c'est le cas, par exemple, pour l'opposition déclarative-interrogative, l'opposition entre l'interrogative en *où* et celle en *qui*, le contraste entre les comparatifs *plus* et *moins*, et celui entre les indéfinis *tous* et *quelques*). Cette façon de procéder est discutable même si on peut en comprendre les raisons. Elle met sérieusement en péril la validité interne du test ou au moins de certains de ses constituants.

La plupart des tests de vocabulaire qui nous sont connus présentent également un problème voisin de celui décrit ci-dessus. Ils procèdent avec un nombre d'items très restreint en regard du nombre de lexèmes dont on peut raisonnablement supposer la connaissance chez la plupart des sujets. Nous reviendrons sur ce problème plus loin dans le présent chapitre lorsqu'il sera question d'une analyse détaillée de l'évaluation lexicale. On peut signaler ici cependant que le nombre d'items lexicaux proposés à la compréhension des sujets ou dont on requiert la définition verbale dans un certain nombre de tests, est beaucoup trop limité par rapport au nombre d'items lexicaux faisant partie du vocabulaire de la langue chez la plupart des adultes et même chez la plupart des enfants au-delà des premiers stades de développement lexical. Par exemple, dans le cas du test TVAP, on propose tant aux enfants de 3 à 5 ans qu'à ceux de 5 à 8 ans, 30 items lexicaux (en partie différents du TVAP 3-5 au TVAP 5-8). C'est beaucoup trop peu. On sait qu'aux environs de trois ou quatre ans d'âge, la plupart des enfants en développement normal connaissent au moins réceptivement plusieurs milliers de mots et que ces connaissances vont s'accroissant rapidement pendant les années suivantes. A titre indicatif, le vocabulaire réceptif d'un adulte cultivé comprend quelques cent mille mots. Il y a là un sérieux déséquilibre encore aggravé par le fait, sur lequel nous reviendrons plus loin, de l'absence de rapport explicite entre les items lexicaux inclus dans les tests usuels de vocabulaire et le reste du lexique chez les sujets.

Une quatrième difficulté concerne l'existence de séquences potentiellement facilitatrices dans les tests de langage, dont les effets ne sont pas mesurés. Un exemple fera comprendre. Dans le Test des Relations Topologiques (TRT, Deltour, 1982), un test lexical en images portant sur les prépositions et les adverbes spatiaux (dont il sera davantage question dans la suite du chapitre), la procédure séquentielle suivante est appliquée : pour chaque item, on procède à l'évaluation de la compréhension (désignation d'image sur consigne verbale; par exemple, «Montre-moi le cube qui est *sur* la table») et immédiatement ensuite à l'évaluation de la capacité productive concernant le même item topologique [dénomination verbale sur image insérée dans un contexte paragraphique; par exemple, «Ici, le cube est *à côté de* la table. Là, le cube est... (*sur* la table)»]. Et ainsi de suite pour les 25 items lexicaux spatiaux qui sont évalués dans ce test. Dans une procédure de ce type, l'évaluation de la production n'est évidemment pas indépendante de celle de la compréhension des items lexicaux, ce qui constitue un biais susceptible d'invalider au moins partiellement les indications issues du test; celui-ci étant normalisé comme si les évaluations en production et en compréhension étaient indépendantes.

Une cinquième difficulté, il serait plus approprié de parler d'infélicité, concerne la tendance fréquente chez les constructeurs de tests à rassembler les indications quantitatives issues de la normalisation en une série des notes uniques, soit des notes brutes, soit des scores dits standards obtenus par transformation des notes brutes selon les caractéristiques des sujets qui constituent l'étalonnage, soit encore des âges de développement ou toutes autres appellations se rapportant à la même dimension. Cette façon de procéder aboutit à une perte d'information qui est certainement préjudiciable au travail du clinicien et du chercheur. En effet, on noie, pour ainsi dire, dans une note unique les observations effectuées. Par exemple, dans le test TRT, dont il vient d'être question, les indications de normalisation permettant de comparer les passations individuelles avec celles du groupe de référence sont établies en scores standards et en âges de développement, soit deux notes uniques résumant la performance des sujets sur les 25 items que comporte le test. Il serait beaucoup plus intéressant pour l'utilisateur du test de conserver, éventuellement à côté de ces notes globales, les scores obtenus par les sujets aux différents items du test (ou groupes d'items dans d'autres tests où de tels regroupements seraient justifiés au sens de l'organisation de la fonction testée) et d'établir des échelles standards pour chaque item lexical (dans le cas du TRT). Une note globale a en outre l'inconvénient qu'une performance médiocre à un ou plusieurs items peut être compensée par une performance meilleure à d'autres items, et inversement, de telle manière que des sujets différents peuvent obtenir des notes globales identiques à partir de performances sensiblement différentes au même test. Cela, si l'on peut dire, ne fait pas l'affaire du clinicien ni celle du chercheur. Ceux-ci souhaitent savoir non seulement (éventuellement) quel est le niveau global de fonctionnement du sujet mais aussi, et probablement surtout, quel est son profil de réponse aux différents items selon les caractéristiques propres (développementales ou autres) de ces items. Dans la foulée, on notera que *la notion d'âge de développement*, utilisée dans un certain nombre de tests de langage, est inadéquate au moins à un point de vue. Le développement renvoie par définition à une notion de continuité qui ne peut être appréhendée en toute rigueur qu'au moyen d'une (ou d'une série) d'évaluation(s) longitudinale(s), c'est-à-dire menée(s) selon la dimension de temps avec les mêmes sujets. Les tests sont en pratique toujours transversaux (c'est-à-dire normalisés en un temps donné avec un échantillon déterminé de sujets). Il s'ensuit qu'ils ne peuvent garantir une caractérisation longitudinale comme le suggère la notion d'âge de développement, à moins d'être «recoupés», pour ainsi dire, par des données longitudinales avec lesquelles ils seraient systématiquement mis en correspondance et trouvés correspondre, ce qui n'est que très exceptionnellement le cas en psychométrie. Un test comme le TRT, ou tout autre test de langage du même type, ne peut en lui-même fournir d'âge de développement assuré. De tels tests peuvent, par contre, à condition d'être correctement construits et pertinents au point de vue de la fonction évaluée, donner des indications intéressantes sur un niveau de capacité chez des sujets à un moment du développement (s'il s'agit d'enfants ou d'adolescents). Mais aucune projection n'est assurée ni en deçà, ni au-delà du moment développemental où le test est appliqué et pour lequel il est pertinent.

Nous nous limiterons à *un sixième et dernier problème général*, celui de l'évolution des données d'étalonnage avec le temps. En psychométrie, *l'effet dit Flynn* est connu depuis une dizaine d'années. Il s'agit de l'indication selon laquelle les scores aux tests d'intelligence (QI, etc.) ont tendance à augmenter avec les générations (techniquement, il s'agit d'un effet de «cohorte»). Le phénomène est nommé d'après James Flynn, un politologue néo-zélandais, qui fut le premier à le mettre en évidence. Il avait échappé jusque là aux psychologues testeurs parce que ces derniers se limitent généralement à comparer les performances individuelles au sein des *mêmes* groupes d'âge. Comparant les scores de militaires américains aux principales échelles d'intelligence, Flynn a documenté un accroissement moyen d'environ 3 points de QI par décennie. Cette indication a été confirmée et même amplifiée dans d'autres pays comme le Canada, Israël, le Danemark, et la Belgique (dans certains cas, on a rapporté jusqu'à 20 et 30 points de gain de QI par génération). Ces gains paraissent être le plus marqué dans les tests qui sont construits de façon à réduire les influences culturelles, comme les tests non-verbaux et ceux où les sujets se voient proposer des patterns abstraits de stimuli à reconnaître et analyser. Par exemple, les gains de génération semblent particulièrement importants au test des Matrices Progressives de Raven, considéré comme un des tests d'intelligence générale le moins «chargé» en influence culturelle. Incidemment, ces indications ont d'importantes implications pour les recherches actuelles sur le «vieillissement» cognitif. Flynn affirme que si on compare les niveaux de fonctionnement intellectuels des personnes âgées au moyen d'épreuves psychométriques, on aboutit généralement à la conclusion que ces personnes fonctionnent moins bien que les sujets plus jeunes — par exemple, autour de la vingtaine d'années —; cependant, si on utilise les normalisations d'il y a une cinquantaine d'années, on peut constater que les personnes âgées d'aujourd'hui obtiennent des scores comparables à ceux de sujets âgés de 20 ans il y a 50 ans. Nous fournissons ces informations dans le but d'attirer l'attention des constructeurs de tests de langage sur la très probable nécessité de réétablir de nouveaux étalonnages au moins tous les vingt ans, bien que la périodicité souhaitable reste à établir avec précision. Il est peu vraisemblable que les tests de langage puissent échapper aux effets de cohorte mentionnés, particulièrement ceux qui concernent les aspects conceptuels et informationnels du langage. A notre connaissance, aucun travail n'a été entrepris sur l'existence et l'ampleur d'éventuels effets de cohorte dans les tests de langage. Il s'agit d'une entreprise qu'il est temps de considérer sérieusement. Cela implique également que les normalisations des tests de langage qui datent de vingt ans et davantage (période arbitrairement définie dans la présente discussion) pourraient être à reconsidérer; et, en attendant, qu'elles doivent être utilisées avec prudence puisqu'il se pourrait qu'elles aboutissent à surévaluer la performance langagière des sujets testés aujourd'hui.

4.2. ÉVALUATION DU LANGAGE COMPOSANTE PAR COMPOSANTE

Nous référant à titre de guidance au Tableau 1-1, nous envisagerons successivement l'évaluation des composantes phonologique, morpho-lexicale, morpho-syntaxique, pragmatique, et discursive, ainsi que, le cas échéant, leur correspondance métalinguistique. Nous relèverons un certain nombre de problèmes et de difficultés liés à l'évaluation de ces composantes langagières ainsi que la façon dont il conviendrait de les résoudre. Nous situerons également la démarche d'évaluation par rapport aux grandes lignes du développement psycholinguistique au niveau de certaines des composantes en question, celles à propos desquelles les informations développementales sont le plus immédiatement utiles aux cliniciens du langage. C'est le cas pour les développements phonologique et morpho-syntaxique. Plusieurs séries d'indications complémentaires relatives à l'évaluation de l'articulation, de la production lexicale (diversité lexicale), des régulations morpho-syntaxiques, de certains dispositifs pragmatiques, et de l'organisation discursive, indications obtenibles à partir de l'analyse du langage spontané, seront envisagées au Chapitre 5.

4.2.1. Composante phonologique

Il existe peu de tests ou d'épreuves portant sur la capacité de produire et/ou de discriminer auditivement les phonèmes de la langue française. Une épreuve *productive* classique, au sens où elle existe depuis longtemps, est celle mise au point par Suzanne Borel-Maisonny (1969). Le Tableau 4-4 fournit les « logatomes » de Borel-Maisonny

Tableau 4-4 — Logatomes de Borel-Maisonny (1969).

Liste I	Liste IV
1. esp	1. rikapé
2. stur	2. nuronli
3. ert	3. sizado
4. olp	4. favi ker
5. spli	5. jifazeu
6. spic	6. koguchi
7. blist	7. dimanko
	8. moluné
	9. bimindal
Liste II	10. todonkin
1. ortis	
2. igzo	Liste V
3. adzi	
4. obju	1. mandurnalo
5. ajdo	2. otrudiré
6. crouo	3. ibapedu
7. tsui	4. esantaldi
	5. moenulivou
	6. sinchanchuzon
Liste III	7. goutiduran
	8. akoutebo
1. mouko	
2. fanvé	Liste VI
3. yéroi	
4. linou	1. vafitaruder
5. chanedou	2. sanzibidélu
6. gontra	3. pudounurital
7. zulseu	4. munignameso
8. bartin	5. pulblagoritel
9. lurir	6. anslingelitil
10. panbi	7. zoliduseltor
	8. varduostivar

Par *logatome*, il faut entendre une structure phonique (plutôt que phonémique) de l'ordre de la syllabe ou comportant plusieurs syllabes (jusqu'à 5), mais sans signification référentielle conventionnelle. Cela n'empêche évidemment pas les structures phoniques sélectionnées de façon à présenter l'ensemble des sons caractéristiques du français dans des contextes vocaliques variés et en position articulatoire contrastée (à l'initiale, à la finale, ou en position médiane ou voisine dans la structure phonique), d'être interprétables sémantiquement de façon non conventionnelle. Le présent auteur, par exemple, averti des logatomes de Borel-Maisonny, s'est volontiers imaginé à plusieurs reprises assis à la terrasse d'un café parisien, comme La Coupole, par un après-midi d'été, commandant une *mandurnalo* à un serveur médusé. L'épreuve de Borel-Maisonny, comme on peut le voir au Tableau 4-4, comporte six listes, comprenant chacune entre 7 et 10 logatomes, classées par nombre croissant de syllabes. En fait, le matériel original de Borel-Maisonny comporte en outre 8 mots avec signification formés de une à neuf syllabes (*anticonstitutionnellement*) et cinq phrases (de *Il fait tout noir* à *J'aimerais bien m'asseoir dans l'herbe toute fraîche*). Nous n'avons pas retenu ce matériel additionnel qui nous paraît moins pertinent pour l'évaluation de la capacité articulatoire en raison du petit nombre d'items et de l'absence de contrôle sur les variables sémantiques et morpho-syntaxiques impliquées. On propose au sujet de répéter un à un les logatomes présentés dans l'ordre, de la liste I à la liste VI (cette dernière étant notablement difficile particulièrement avec des enfants plus jeunes ou des sujets avec difficultés articulatoires et/ou co-articulatoires). On note soigneusement les réponses du sujet de préférence au moyen de l'Alphabet Phonétique International (API). Il s'agit d'un dispositif non orthographique permettant une transcription exacte du donné de parole. Le Tableau 4-5 fournit un extrait de l'API tel qu'il s'applique au français standard.

Borel-Maisonny (1969) recommande de prononcer les logatomes sans marquer d'accent tonique ou d'insistance, avec un rythme élocutoire, une prosodie, et une intensité vocale normale, c'est-à-dire ceux de la langue parlée habituelle. Le sujet doit être prévenu que le matériau linguistique proposé n'a pas de signification référentielle. Il est d'usage d'arrêter l'épreuve consécutivement à un échec à plus de la moitié des items d'une liste. Enfin, on globalise les scores en une note unique obtenue en attribuant deux points par item réussi, un point s'il existe une erreur portant sur un seul son/phonème par logatome, et zéro point s'il y a davantage qu'une erreur par logatome. Traditionnellement, au sein de l'épreuve de Borel-Maisonny, la conformité des répétitions du sujet avec le modèle est jugée à l'oreille et sur le champ par l'examinateur. Il y aurait sans doute

**Tableau 4-5 — Alphabet Phonétique International
(concernant le français standard).**

CONSONNES			
/p/	pain	/v/	vent
/t/	temps	/z/	rose
/k/	camp	/ʒ/	jeu
/b/	blanc	/l/	lent
/d/	dent	/r/	rue
/g/	gant	/m/	mou
/f/	feu	/n/	non
/s/	sent	/ɲ/	agneau
/ʃ/	champ	/ŋ/	parking

VOYELLES ORALES			
/i/	lit	/o/	peau
/e/	thé	/u/	coup
/ɛ/	paix	/y/	tu
/a/	patte	/œ/	peur
/ɑ/	pâte	/ø/	peu
/ɔ/	pot	/ə/	gage

VOYELLES NASALES			
/ɛ̃/	pain	/ɑ̃/	blanc
/œ̃/	brun	/õ/	bon

SEMI-VOYELLES	
/j/	yeux
/ɥ/	nuit
/w/	Louis

lieu de fiabiliser la procédure en enregistrant au préalable les logatomes modèles et en les débitant ensuite au sujet à un rythme étudié (ce qui permettrait de mieux standardiser la présentation et de contrôler certaines variables parasites comme le timing propre et les idiosyncrasies éventuelles de la parole de l'examinateur fournisseur des logatomes à répéter). On pourrait toujours revenir à la présentation orale simple en cas de difficulté avec la procédure enregistrée. De même, il serait souhaitable d'enregistrer (enregistrement sonore ou mieux encore audiovisuel) les réponses des sujets de façon à pouvoir mieux analyser les erreurs articulatoires.

L'épreuve de Borel-Maisonny n'a pas fait à l'époque l'objet d'une normalisation poussée (voir cependant le texte de 1969). Des étalonnages détaillés devraient être constitués prenant en compte les variations régionales (et francophones internationales) dans la réalisation articulatoire des sons caractéristiques du français. Une normalisation portant sur plusieurs centaines d'enfants de la région bordelaise, âgés de 4 ans et 6 mois à 9 ans et 6 mois, a été réalisé par Dubois, Saley, et Gonzalez (1978). Les âges nous paraissent un peu tardif. Ils traduisent peut-être une limitation de l'épreuve de Borel-Maisonny, à savoir le fait d'utiliser un matériau dénué de signification, bien que cette démarche évaluative ait également ses avantages au sens où elle documente en principe une capacité co-articulatoire à «l'état pur». On sait (voir plus loin) que l'essentiel du développement articulatoire s'effectue entre les premiers mois et 6 ou 7 ans. Dès lors, entre 4 ans et demi et 9 ans et demi, on ne pourra documenter au mieux que la partie terminale de ce développement ou certains de ses avatars. Mais là, il convient de se demander si la technique de Borel-Maisonny ne peut aboutir à faire apparaître d'éventuelles difficultés articulatoires ou co-articulatoires comme plus graves qu'elles ne sont en réalité.

Un autre problème se pose avec une épreuve du type de celle de Borel-Maisonny. Il se rapporte à la procédure imitative. Nous avons constaté suite à des recherches effectuées avec des sujets retardés mentaux (*cf.* Rondal, 1985a) que des résultats sensiblement différents peuvent être obtenus selon que les sujets sont priés de répéter des mots (avec signification) contenant tels ou tels phonèmes à l'étude ou de les produire en dénomination verbale à partir de stimuli imagés, par exemple. La performance articulatoire est généralement meilleure en imitation qu'en dénomination, ce qui se conçoit aisément puisqu'en imitation le sujet dispose en mémoire immédiate du modèle proposé par l'examinateur. Il est vraisemblable, bien que cela n'ait pas été vérifié empiriquement à notre connaissance, que le même phénomène existe chez les sujets non-retardés mentaux, peut-être plus particulièrement chez les enfants les plus jeunes, et qu'il puisse aboutir en cas d'application de la procédure imitative de Borel-Maisonny, à une surévaluation des capacités articulatoires et co-articulatoires des sujets. Il est donc souhaitable de pouvoir disposer également d'une épreuve d'évaluation articulatoire en production non-imitative (en dénomination verbale, par exemple). Celle-ci devrait alors procéder par utilisation non de logatomes mais de mots dotés de signification conventionnelle. La comparaison des deux types d'épreuves, celle de Borel-Maisonny et celle proposée en dénomination, serait intéressante au plan clinique en raison des différences procédurales.

Nous avons proposé une autre épreuve de façon à évaluer la capacité articulatoire (Rondal, 1981). Il s'agit d'une épreuve imitative proposant des monosyllabes sans signification et des mots avec signification qui présentent les phonèmes du français dans les diverses positions et contextes phonologiques. Cette épreuve n'a pas reçu d'étalonnage jusqu'ici non plus que de validation empirique par rapport à celle de Borel-Maisonny, par exemple. Le Tableau 4-6 fournit la liste des items repris dans l'épreuve de Rondal (1981).

Tableau 4-6 — Liste balancée de monosyllabes et de mots pour l'évaluation de la capacité articulatoire (Rondal, 1981).

Syllabes		Mots		
pa	ap	pomme	opaque	tapp(e)
ta	at	tulipe	oter	carott(e)
ka	ak	cave	coque	bac(e)
ra	ar	rapé	arracher	terr(e)
la	al	lit	malle	fil(e)
ma	am	mère	maman	ram(e)
na	an	nu	année	bonn(e)
gna	agn		agneau	dign(e)
va	av	vite	Viviane	viv(e)
cha	ach	chemin	achat	bich(e)
ba	ab	bateau	bébé	cub(e)
da	ad	dé	dodu	salad(e)
ga	ag	gâteau	bogue	bagu(e)
sa	as	salade	assis	os(e)
ja	aj	jeter	cage	âg(e)
za	az	zorro	zigzag	ros(e)
fa	af	fumer	affiche	gaff(e)
tra		train	intrépide	abattr(e)
pra		pris	appris	propr(e)
kra		cravate	accrû	cancr(e)
bra		brave	abri	zèbr(e)
dra		drapeau		tendr(e)
gra		grappe	agrafer	maigr(e)
bla		bleu	bible	tabl(e)
gla		glaner	iglou	aigl(e)
vra		vrac	ouvrir	couvr(e)
fra		frapper	offrir	chiffr(e)

On s'intéresse rarement à l'évaluation de la production des voyelles. Et cependant les dysphonies (altérations de l'amplitude, de la hauteur tonale, et/ou du timbre de la voix) touchent 1 à 2 % de la population. Parallèlement à l'examen oto-rhino-laryngologique qui permet une observation de l'état fonctionnel du larynx et du système auditif, une écoute et une analyse de la voix sont nécessaires. Le diagnostic précis du trouble constitue évidemment la base du programme de rééducation. Le Tableau 4-7 reprend le classement articulatoire des voyelles et des semi-voyelles françaises.

Tableau 4-7 — Classement articulatoire des voyelles et des semi-voyelles françaises.

VOYELLES

Orales

	Labialisées		Non-labialisées	
		Antérieures		
Fermées [1]	/y/	tu	/i/	lit
Mi-fermées	/ø/	peu	/e/	thé
Mi-ouvertes	/œ/	peur	/ɛ/	paix
Ouvertes	/ə/	heure	/a/	patte
		Postérieures		
Fermée	/u/	coup		
Mi-fermée	/ɔ/	pot		
Mi-ouverte	/o/	peau		
Ouverte	/ɑ/	pâte		

Nasales

	Labialisées		Non-labialisées	
		Antérieures		
Ouvertes	/œ̃/	brun	/ɛ̃/	pair
		Postérieures		
Ouvertes	/ɔ̃/	bon		
	/ɑ̃/	blanc		

SEMI-VOYELLES

Orales — Sonores — Occlusives

	Labialisées		Non-labialisées	
Palatales	/ɥ/	lui	/j/	yeux
Vélaire	/w/	Louis		

[1] Les indications «fermées, mi-fermées, etc., renvoient au degré d'aperture, c'est-à-dire à la distance qui sépare la langue du palais dur au cours de la production du phonème.

Desmichels, Bosmans, Dumont, et François (1996) proposent deux protocoles d'analyse vocale complémentaires, l'un clinique, l'autre instrumental recourant à un logiciel informatique. Le travail fournit d'intéressantes indications sur l'évolution du fondamental laryngé (avec une étendue de fréquences analysées de 180 à 400 Hertz) et des formants vocaliques (entre 1 et 11.127 Hertz) chez les enfants entre 6 et 10 ans. Le fondamental laryngé diminue avec l'âge, aussi bien pour les filles que pour les garçons. Cette aggravation du fondamental correspond à l'agrandissement du larynx et à l'abaissement de sa position anatomique, avec l'âge chez l'enfant, ce qui augmente la longueur du conduit vocal. De même, pour les enfants entre 6 et 10 ans, les formants vocaliques baissent en fréquence. Cet abaissement est attribuable aux modifications anatomiques que subit le tractus vocal pendant cette période. On peut, à partir de données chiffrées de ce genre, confirmer le caractère pathologique de certaines voix (par exemple, l'apparition d'un formant nasal dans l'hyperhinolalie, un abaissement du fondamental pour la voix dysphonique).

Quelques tests en langue française portent sur la capacité *réceptive* en matière de phonèmes. On peut citer l'*Epreuve de Discrimination Phonémique pour Enfants de 4 à 8 ans* (EDP 4-8), mise au point par Autesserre, Deltour, et Lacert (1989), et l'*Epreuve des Gnosies Auditivo-Phonétiques* (GAP) de Tardieu et al. (1979). A l'EDP, l'enfant, muni d'un casque d'écoute, est exposé à une bande enregistrée présentée à une intensité sonore située entre 60 et 70 décibels (ajustable selon le confort auditif individuel). L'enregistrement est d'une durée de 10 minutes. Il comporte une liste de 32 paires de mots bisyllabiques avec ou sans signification présentées dans un ordre fixe (à la suite de 4 items de démonstration). Le Tableau 4-8 fournit la liste des items de l'EDP 4-8.

Tableau 4-8 — Items de l'Epreuve de Discrimination Phonémique pour Enfants de 4 à 8 ans (EDP 4-8) (Autesserre, Deltour & Lacert, 1989).

Démonstration
   A. zoulé-zouché
   B. zouché-zouché
   C. couler-coucher
   D. coucher-coucher

Items
1. copain-copain
2. zoudé-zoujé
3. minet-minet
4. jarotte-jarotte
5. café-caché
6. bonnet-bonnet
7. copain-coquin
8. zimet-zinet
9. carotte-carotte
10. zopin-zopin
11. jalotte-jarotte
12. cadeau-cadeau
13. bouder-bouger
14. zabo-zado
15. zinet-zinet
16. rallye-radis
17. bouder-bouder
18. zado-zado
19. calotte-carotte
20. zali-zadi
21. gonait-gonait
22. cabot-cadeau
23. daché-daché
24. zoudé-zoudé
25. bonnet-bolet
26. caché-caché
27. zadi-zadi
28. mimait-minet
29. gonait-golait
30. radis-radis
31. dafé-daché
32. zopin-zoquin

On demande à l'enfant de lever la main s'il juge les deux items de la paire dissemblables du point de vue de la forme (avec les enfant plus âgés, la réponse peut être fournie verbalement). Une note globale reprenant les jugements corrects est ensuite calculée. Le test a été normalisé en Wallonie pour les enfants de 4 à 6 ans et en région parisienne pour ceux de 6 à 8 ans et six mois. Des étalonnages distincts pour les deux sous-groupes de sujets sont fournis. Le seul sous-groupe d'âge commun aux deux étalonnages est celui des enfants de 6 ans. Aucune différence significative n'existe entre les scores moyens de réussite des deux sous-groupes d'enfants à cet âge. De même, mais cette fois tous âges confondus, les résultats obtenus par les filles et les garçons ne sont pas significativement différents.

Un premier problème lié à l'EDP est celui du mélange dans la même épreuve de mots avec et sans signification conventionnelle. On peut imaginer, en effet, que le sens des mots dans les paires concernées (16 paires sur 32 contrastes) puisse avoir pour effet de distraire l'enfant de l'analyse formelle qui lui est proposée. Une épreuve comportant uniquement des mots sans signification serait sans doute préférable (même si plus arbitraire à l'oreille du jeune enfant). Cependant, Autesserre et al. (1989) ne rapportent aucune différence significative dans les données de normalisation entre la série de contrastes incluant des items avec et sans signification conventionnelle.

Nous avons analysé précédemment les biais possibles dans l'interprétation des résultats d'un test lorsque les items sont présentés aux sujets dans un ordre fixe. Dans le cas de l'EDP 4-8, Autesserre *et al.* (1989) rapportent des données normalisées qui concernent une seconde passation du test immédiatement consécutive à la première passation avec les mêmes sujets, mais dans un ordre partiellement altéré (les paires 17 à 32 sont présentées d'abord, suivies des paires 1 à 16). Les différences entre les pourcentages moyens de réussite à tous les âges entre la première et la seconde passation vont généralement dans le sens d'une amélioration (jusqu'à 7,5 %), à l'exception de quelques contrastes pour lesquels on observe une curieuse détérioration dans les scores moyens (pouvant aller jusqu'à une vingtaine de pour-cent). Ces indications comparatives, quoique très partielles, confortent notre recommandation selon laquelle il est grandement préférable de randomiser l'ordre de présentation des items d'un test sauf si l'on a une raison particulière de s'intéresser à certaines dépendances séquentielles.

L'infélicité la plus notoire de l'EDP concerne la sélection des contrastes phonémiques. Comme on peut le voir au Tableau 4-8, seulement 11 phonèmes (parmi les 37 — dont 18 consonnes — que compte le français standard) sont étudiés. Le Tableau 4-9 reprend le classement articulatoire des consonnes françaises.

Tableau 4-9 — Classement articulatoire des consonnes françaises.

	Sourdes		Sonores	
Orales				
		Occlusives		
Labiales	/p/	pin	/b/	bal
Dentales	/t/	ton	/d/	dans
Palatales	/k/	car	/g/	gant
		Constrictives		
Labiales	/f/	fil	/v/	vent
Dentales	/s/	sur	/z/	zoulou
Palatales	/ʃ/	char	/ʒ/	jeu
			/r/ [1]	rue
Latérale			/l/	lit
Nasales				
		Occlusives orales		
Labiale			/m/	mou
Dentale			/n/	nez
Palatale			/ɲ/	agneau
Vélaire			/ŋ/	parking

[1] Il s'agit de la variante du /r/ dite «parisienne».

Utilisant le Tableau 4-9 à titre de référence, on peut situer les phonèmes consonantiques évalués par l'EDP. Dans la série des occlusives sourdes, les auteurs de l'EDP ont retenu la labiale /p/ et la palatale /k/ mais non la dentale /t/. Dans la série des occlusives sonores, apparaissent la labiale /b/, mais non la palatale /g/. Parmi les constrictives orales, on a retenu la labiodentale sourde /f/, mais non sa correspondante sonore /v/; par contre les apico-prépalatales, c'est-à-dire la sourde /ʃ/ et la sonore /ʒ/, s'y trouvent toutes les deux. Deux des quatre constrictives nasales du français figurent dans le test /m/ et /n/; laissant de côté /ɲ/ et /ŋ/. Enfin la latérale /l/ et la dorso-palatale /r/ se trouvent également reprises dans le test. Les auteurs ne s'expliquent pas sur cette limitation apparemment arbitraire et, à notre avis malencontreuse, du matériel phonématique. En effet, on ne peut déduire de l'éventuelle maîtrise articulatoire d'un phonème celle d'un autre phonème. Il convient de les évaluer tous ou au moins, si l'on doit absolument se restreindre, de tester les plus fréquents.

Les indications disponibles concernant la fréquence relative d'apparition des phonèmes en français oral sont reprises au Tableau 4-10.

Tableau 4-10 — Fréquence relative des phonèmes du français (liste incomplète).

/a/	(8,3)	/u/	(3,6)	/ɛ̃/	(1,4)
/i/	(7,1)	/d/	(3,5)	/f/	(1,3)
/r/	(6,9)	/m/	(3,4)	/b/	(1,2)
/l/	(6,8)	/ɑ/	(3,3)	/ø/	(0,6)
/e/	(6,5)	/n/	(2,8)	/z/	(0,6)
/s/	(5,8)	/y/	(2,7)	/œ̃/	(0,5)
/ɛ/	(5,3)	/v/	(2,4)	/ʃ/	(0,5)
/œ/	(5,1)	/ɔ̃/	(2,0)	/g/	(0,3)
/t/	(4,5)	/ɔ/	(1,7)	/ɲ/	(0,1)
/k/	(4,5)	/ʒ/	(1,7)		
/p/	(4,3)	/o/	(1,5)		

Si on compare les indications de fréquence reprises au Tableau 4-10 avec les phonèmes consonantiques retenus par Autesserre et al. dans le test EDP, on constate que ces derniers ne sont pas les plus utilisés dans la pratique de la langue. Le test ne peut donc servir même à une évaluation des consonnes les plus fréquemment produites en français.

D'autres problèmes parasitant le test EDP concernent certains des contrastes proposés. Certaines oppositions consonantiques portent à la fois sur le mode et sur le point d'articulation [(par exemple, les oppositions /d-ʒ/ et /l-d/)]. Cela n'est pas souhaitable puisqu'en cas d'erreur comme en cas de réussite, on ne peut savoir parmi les deux caractéristiques articulatoires celle qui est effectivement maîtrisée ou celle qui ne l'est pas. Le principe «évaluer un aspect ou un sous-aspect du langage à la fois» trouve ici l'occasion d'être rappelé. Enfin, le caractère bisyllabique des items lexicaux ou des logatomes proposés alors qu'un seul contraste consonantique fait l'objet de l'évaluation réceptive (contraste situé invariablement au niveau de la seconde syllabe du mot ou du logatome) est également discutable. La première syllabe non pertinente pour l'évaluation peut jouer un rôle de distracteur; ensuite, et amplifiant la première remarque, la nature phonologique de la première syllabe varie de paire contrastée en paire contrastée, ce qui constitue une violation injustifiée du principe fondamental en évaluation comparative, et exprimé dans un chapitre précédent, à savoir qu'il convient toujours d'évaluer une structure «toutes choses étant égales par ailleurs».

L'idée qui sert de base à l'EDP est intéressante mais la faction du test laisse à désirer. Améliorant le test en le modifiant, il serait souhaitable de remplacer les mots bisyllabiques avec et sans signification par des syllabes (sans signification) présentant les 17 des 18 *consonnes* du français (laissant de côté le *ng* qui a une distribution particulière et qui provient d'un emprunt à l'anglais) en position initiale dans le même contexte vocalique (par exemple, la voyelle a). On constituerait une liste de 272 paires de syllabes structurées en CV (consonne-voyelle, par exemple *pa-ba*). Le nombre 272 est obtenu par arrangement de 2 consonnes (syllabes) parmi 17, soit 17!/(17-2)! Il est évidemment nécessaire de disposer d'autant de paires de syllabes identiques que de paires différentes, le tout présenté dans un ordre au hasard, de façon à éviter de favoriser chez les sujets l'émergence en cours de passation de stratégies de réponses basées sur une estimation subjective de la distribution séquentielle des réponses «différent» ou «identique».

Additionnellement, si la chose etait désirable au plan clinique ou heuristique, on pourrait compléter le test en adjoignant aux 272 paires de syllabes CV une seconde liste comportant 272 autres paires de syllabes, avec cette fois la consonne en seconde position dans le même contexte vocalique, soit une structure VC (par exemples, *ap-ab*, *ap-ap*). On disposerait alors du moyen de comparer la capacité réceptive des sujets dans le cas des oppositions CV et VC, c'est-à-dire quant aux positions respectives possibles des consonnes et de la voyelle d'appui. On pourrait scinder l'épreuve en deux séances de passation en cas de lassitude des sujets ou avec des enfants plus jeunes (voir ci-dessous, cependant, à ce dernier propos).

Enfin, les sujets devrait disposer d'un moyen non-verbal plus commode de contraster leur réponse («semblable», «différent»); par exemple, un dispositif électronique (touches sur clavier d'ordinateur, touches ou crayon sur écran digital, etc.), qui pourrait en outre enregistrer automatiquement la séquence des réponses et la mettre en correspondance avec celle des stimuli.

Une épreuve de discrimination des phonèmes *vocaliques* du français pourrait être instituée de la même manière que pour les phonèmes consonantiques. Elle n'offrirait guère d'intérêt sauf dans les pathologies graves de la parole ou dans les surdités sévères et/ou profondes, tant la maîtrise réceptive et productive des principales voyelles est établie précocement chez l'enfant en développement normal et tend à se maintenir solidement même dans la plupart des pathologies langagières.

L'épreuve de discrimination consonantique constituée comme indiqué ci-dessus ne serait pas restreinte aux enfants. Elle serait utilisable (d'autant plus fiablement) avec des sujets au-delà de 4 ou 5 ans d'âge, particulièrement avec des enfants plus âgés, des adolescents, et des adultes.

Avant 4 ans, approximativement, et davantage encore avec des enfants plus jeunes, une technique du type de celle de l'EDP n'est pas applicable en raison de la nécessité où on se trouve de recourir à un jugement conscient relativement raffiné sur un matériau délicat à appréhender. Avec les enfants plus jeunes, seule une adaptation de la procédure expérimentale dite de l'*habituation sélective*, nous paraît pouvoir être utilisée fiablement. Elle reste à mettre en pratique dans le contexte envisagé. Le paradigme de l'habituation sélective se définit comme suit. Exposé en continuité à un même stimulus non-nociceptif (disons sonore ici, mais c'est plus général), tout organisme finit par ne plus y répondre. On dit qu'il s'y «habitue». Si toutefois le stimulus est modifié de telle façon que l'organisme en question prenne en considération cette modification, la réponse initiale est immédiatement restituée. Prenons l'exemple d'un son consonantique comme l'occlusive labiale sonore *b* (couplée à la voyelle neutre *a*). Si on y expose un enfant (à travers un casque d'écoute, par exemple) et qu'on mesure simultanément son rythme cardiaque ou le potentiel électro-dermal au niveau de la paume de la main, on obtient des tracés de stimulation. Supposons qu'on maintienne la stimulation identique pendant un certain temps, les paramètres en question reviennent graduellement à leur niveau de base (celui qu'on obtient en situation de non-stimulation). Supposons maintenant qu'on expose le même enfant à un autre son (par exemple, l'occlusive labiale sourde *p*, toujours couplée à la voyelle *a*), il y a un retour au niveau paramétrique de stimulation si l'enfant fait effectivement la différence entre les deux stimuli (*b* et *p*); on restera, par contre, au niveau de base si le sujet ne différencie pas les deux stimuli, puisque dans ce cas c'est comme si la stimulation initiale se prolongeait pour lui et avec elle l'habituation de la réponse. On dispose ainsi d'une situation intéressante pour interroger la capacité discriminative des sujets sans avoir à passer par l'introspection. Ce paradigme a été exploité avec un succès considérable ces dernières années dans les études expérimentales portant sur l'évaluation des capacités sensorielles des bébés (*cf.* l'ouvrage de Melher & Dupoux, 1993).

Un autre test que l'EDP visant à l'évaluation des capacités discriminatives quant aux phonèmes du français est l'*Epreuve des Gnosies Auditivo-Phonétiques* (GAP) de Tardieu *et al.* (1979). Il s'agit d'une épreuve en 62 images illustrant chacune un mot. On propose au sujet des planches comportant plusieurs images qui illustrent des mots dont la composition phonémique est identique à un phonème près. L'examinateur articule soigneusement le mot-clé et le sujet est prié de désigner l'image correspondante. Le test a été étalonné avec 192 enfants, garçons et filles, âgés de 4 et 5 ans, de nationalité française et résidant en région parisienne. Le problème majeur avec ce type d'épreuve est que l'on y confond dans une proportion indéfinie les variables phonologiques (auxquelles on s'intéresse) et celles désignatives lexicales (ici parasitaires). L'enfant qui a un meilleur développement lexical (au moins réceptif) y sera avantagé et donc probablement surévalué quant à sa capacité phonologique réceptive. Par exemple, certains des termes lexicaux utilisés dans le GAP ont un indice de fréquence peu élevé dans la langue et sont loin, sans doute, de faire partie du vocabulaire réceptif courant des enfants de 4 et 5 ans et même plus tard. On citera parmi d'autres : *sabre, cor, croc, barreau, ballot*.

On objectera peut-être à notre dernière remarque que développement lexical et développement phonologique étant en partie interdépendant, la confusion en question non seulement n'est pas grave mais peut être avantageuse. Ce serait une erreur de raisonnement. Certes, développement phonologique et développement lexical sont en relation (le constituant phonologique étant indispensable pour l'enveloppe signifiante ; le constituant sémantique lexical étant nécessaire de façon à disposer du sens). Dans le même ordre d'idée, le langage est un tout fonctionnel intégré non seulement en ce qui concerne les composantes phonologique et lexicale, mais également celles morpho-syntaxique, pragmatique, et discursive. C'est une évidence et il ne convient pas de la perdre de vue dans la perspective d'une étude fonctionnelle du langage. Il ne s'ensuit pas qu'on doive confondre dans une même évaluation les différents niveaux d'organisation du système linguistique.

Développement phonologique

Il est utile de disposer d'informations précises sur le développement phonologique de façon à pouvoir apprécier correctement les indications issues des tests pertinents.

La Figure 4-1 résume schématiquement le développement phonologique productif en langue française.

Informé des caractéristiques développementales exposées à la Figure 4-1, on pourra mieux interpréter les résultats à un test d'articulation. Prenons l'exemple d'une épreuve d'articulation comme celle de Borel-Maisonny. Les erreurs commises n'auront pas le même statut selon le niveau de développement du sujet. Imaginons un enfant de 4 ans qui ne maîtrise pas correctement tout ou partie des constrictives orales dites sifflantes et chuintantes (c'est-à-dire, les phonèmes /v/, /s/, /z/, /ʃ/, /ʒ/). Il n'y aurait rien là que d'assez normal. Comme le montre la Figure 4-1, une proportion importante d'enfants à cet âge sont dans le même cas.

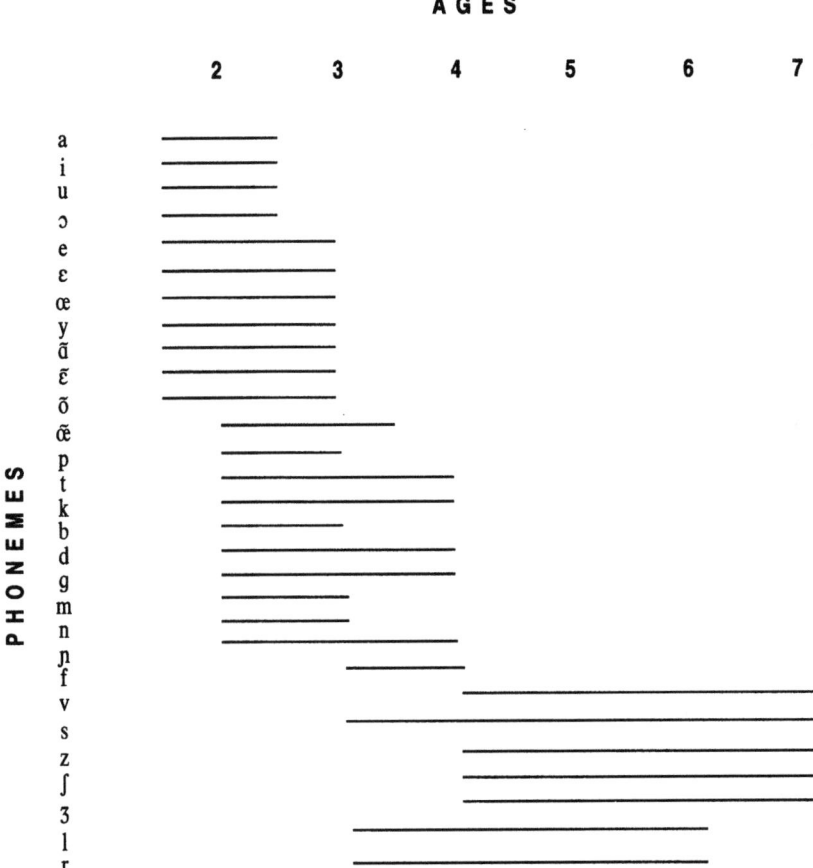

Note. Les traits correspondent en leur point de départ à l'âge auquel environ 50 % des enfants prononcent le phonème correctement et en leur point d'arrivée à l'âge auquel le phonème est acquis par la très grande majorité des enfants.

Figure 4-1 — *Développement articulatoire.*

Quand bien même il y aurait une erreur et/ou une carence objectivée au test, l'interprétation ne serait pas nécessairement celle d'un retard, encore moins d'une déviance. Par contre un enfant de 8 ans (et a fortiori un sujet plus âgé) présentant le même profil de réponse, même s'il exécute correctement d'autres phonèmes habituellement maîtrisés plus précocement, serait en situation de déviance par rapport à la norme de développement (environ 5 % d'enfants présentent des retards ou des troubles du développement articulatoire). Il est curieux de ne trouver que rarement dans les manuels de tests des indications précises et référenciées concernant la littérature développementale ou expérimentale sur la fonction langagière qui fait l'objet du test. On a parfois l'impression que pour nombre de constructeurs de tests de langage l'interprétation de la performance des sujets est entièrement déterminée par les indications de normalisation, comme si les étalonnages pouvaient se suffire à eux-mêmes. Il n'en est évidemment rien. Peu de choses seraient sans doute plus dangereuses qu'une interprétation des résultats d'un test sans préoccupation pour les indications théoriques et empiriques correspondantes au mieux de l'avancement des connaissances dans le secteur.

On situera également les indications obtenues aux tests et épreuves portant sur la capacité phonologique réceptive par rapport au développement de cette capacité. Sur ce point, les données récentes de la psycholinguistique développementale sont intriguantes. Il semble bien (*cf.* Mehler & Dupoux, 1993, pour une explicitation de la base empirique sous-jacente) que le jeune enfant est équipé d'entrée de jeu et sans guère de nécessité d'apprentissage d'une capacité de discriminer entre les grandes dimensions acoustiques. En ce qui concerne les futurs phonèmes du français, on a montrer que le bébé peut faire la différence entre les sons occlusifs et constrictifs, les sourdes et les sonores, les orales et les nasales, les labiales, les dentales, les palatales, et les latérales. Mais la capacité du bébé ne s'arrête pas là. Il paraît en fait capable de discriminer les sons selon les dimensions cardinales de toutes les langues humaines. Avec le temps lors de la première année de vie, l'enfant perd une partie de cette capacité «universelle» au profit d'une spécialisation portant sur les futurs phonèmes de sa langue maternelle; cela en fonction de l'exposition à cette langue. Il est clair, dès lors, que des épreuves phonologiques réceptives, comme celle de l'EDP ou celle du GAP, basées sur l'introspection, et applicables à des enfants plus âgés, ne peuvent mettre en évidence que des carences pathologiques puisque tout enfant normal, dès la fin de la première année de vie au plus tard, est équipé des ressources nécessaires à la différenciation des sons qui constitueront ensuite les phonèmes de sa langue (lesquels apparaissent d'abord à l'état d'ébauches articulatoires dans le babillage; on verra à ce sujet l'intéressant ouvrage de Boysson-Bardies, 1996).

Dimension métaphonologique

Cette dimension est liée à la capacité non plus seulement de produire et de discriminer les phonèmes de la langue, mais bien, en outre, de prendre conscience avec suffisamment de précision de cette dimension du langage et des langues. Nous avons fait allusion dans un chapitre précédent au fait que la capacité métalinguistique est distincte de la capacité linguistique fonctionnelle (production et réception-compréhension du langage). Il est évident, pour s'en tenir à la métaphonologie, qu'on peut très bien produire et analyser réceptivement les phonèmes de sa langue à un niveau fonctionnel sans avoir de connaissance consciente et organisée des réalités en question. C'est la situation commune. Des centaines de millions de gens sur la planète parlent des centaines de langues sans conscience précise de l'organisation phonologique sous-tendant leur langage.

Il y a quelques années, on a proposé que la capacité de segmenter consciemment la parole en unités *phonologiques* était un prérequis de l'apprentissage de la lecture et que cette capacité se mettait en place spontanément chez l'enfant normal vers 5 ans (*cf.* Goswami & Bryant, 1990, pour une revue et une discussion de ces questions). En fait, il n'en est rien. Des analphabètes adultes, par exemple, jamais exposés à l'apprentissage de la lecture et de l'écriture alphabétique, comme cela se trouve encore aujourd'hui dans certains pays ne font état d'aucune conscience phonologique (ce qui ne les empêche nullement de parler et de comprendre la langue de leur communauté culturelle). Sur la base de telles observations, on a alors proposé que la prise de conscience phonologique était une conséquence obligée de l'apprentissage de la lecture-écriture dans le mode alphabétique qui caractérise nos langues écrites occidentales aujourd'hui. Cependant, la découverte récente de cas de personnes retardées mentales modérées ou sévères ayant appris à lire et à écrire correctement, parfois depuis longtemps, sans avoir développé de prise de conscience analytique de la dimension phonologique de leur langue (particulièrement en ce qui concerne l'identification des phonèmes, moins pour ce qui est de la plus simple détection de leur présence dans le contexte des syllabes), est venue ruiner cette hypothèse (*cf.* Rondal, 1995a,b, pour une analyse des données empiriques pertinentes ainsi qu'une discussion théorique approfondie de ces questions). Cette conclusion négative était déjà prévisible à partir de l'histoire de l'écriture. Comme l'a analysé Sampson (1985), les systèmes alphabétiques d'écriture ont émergé seulement au cours du deuxième millénaire avant l'ère chrétienne, tous apparemment issus d'un ancêtre commun : l'alphabet phénicien (dit aussi sémitique). Depuis les premiers systèmes attestés d'écriture (de type sémasiographique, c'est-à-dire avec représentation directe de l'idée sans passer par la langue parlée, comme dans les idéogrammes du kanji japonais encore aujourd'hui) des Sumériens (cinquième millénaire avant l'ère chrétienne), en passant par le système syllabique des Babyloniens (troisième millénaire avant Jésus-Christ), et même beaucoup plus tard dans certaines parties du monde [par exemple, les systèmes essentiellement logographiques — c'est-à-dire où chaque mot est non-analysé formellement et code une idée) des Aztèques et des Mayas, encore au 15e siècle de notre ère (Queixalos, 1989)], les gens ont lu pendant des milliers d'années sans claire conscience phonologique. Il semble, en définitive, que la prise de conscience phonologique soit un concomitant de l'apprentissage du langage écrit dans les systèmes alphabétiques à condition d'attirer suffisamment l'attention des sujets apprenant sur la dimension phonographique de ces langages écrits. C'est alors peut-être davantage un effet de l'apprentissage systématique de l'écriture, et particulièrement de l'*orthographe*, que de la lecture elle-même. Paradoxalement, ce sont peut-être les langues où l'orthographe est plus laborieux à acquérir et nécessite de nombreuses heures de pratique (dictées, corrections, consultations des dictionnaires orthographiques, etc.) qui mettent l'enfant dans les meilleures conditions (si l'on peut dire) pour développer une conscience phonologique (phonographique) plus aiguë. Le paradoxe est le suivant. Des langues, comme le français et l'anglais, qui présentent aujourd'hui une correspondance médiocre entre phonèmes et graphèmes (beaucoup de mots s'y disent d'une manière et s'écrivent différemment en tout ou en partie; un certain nombre de phonèmes s'écrivent de plusieurs manières, par exemple, le phonème /ɑ̃/ peut s'orthographier *an, ant, en, em, emps, am, aon*, selon les mots du français; certains mots français ne s'écrivent en aucune manière comme ils se prononcent; par exemple, le mot *oiseau*, se prononce en réalité /wazo/; on n'y trouve aucun *i, s, e, u*) par comparaison avec des langues où la correspondance en question est nettement meilleure (comme l'italien ou le russe), en pressant l'enfant d'effectuer une analyse consciente plus systématique du donné formel, peuvent déterminer un degré de prise de conscience des rapports entre phonèmes et graphèmes plus élevé et favoriser une prise de conscience phonologique plus précoce.

Il existe deux tests «traditionnels» qui bien que ne se présentant pas comme des épreuves métaphonologiques, en sont effectivement, au moins en partie. Ce sont, d'une part, le Test de Fusion Syllabique, et, d'autre part, son inverse le Test d'Analyse Syllabique, tous les deux mis au point par Leroy-Boussion (1963). Les deux tests ont été étalonnés avec les mêmes enfants français âgés de 5 à 8 ans. Au Test de Fusion Syllabique, l'enfant se voit proposer, oralement et sans support visuel, une série de 42 paires de phonèmes, toujours dans l'ordre consonne-voyelle (par exemple, /p/-/i/). Il est prié de fusionner chaque paire de phonèmes successivement en autant de syllabes CV (par exemple, *pi*, dans le cas illustré). Au Test d'Analyse Syllabique, le sujet se voit présenter, oralement et successivement, une série de 42 syllabes (les mêmes que celles utilisées au Test de Fusion Syllabique). Il est prié de décomposer chaque syllabe en ses deux constituants phonétiques (consonne - voyelle). Aux différents âges testés par Leroy-Boussion, le Test d'Analyse Syllabique donne des résultats inférieurs à celui de la Fusion Syllabique. D'une façon générale, les enfants de 6 à 8 ans obtiennent des résultats nettement supérieurs aux enfants plus jeunes, ce qu'on doit vraisemblablement mettre en rapport avec l'entraînement systématique à la lecture et à l'écriture que les premiers ont commencé de recevoir.

Les deux épreuves de Leroy-Boussion, bien que méritoires, ne suffisent pas à épuiser l'évaluation de la capacité métaphonologique. La littérature psycholinguistique développementale (*cf.* Rondal, 1995a,b) fait état d'une palette d'épreuves utilisables à cette fin. Il s'agit, sans ordre particulier de préséance, des sept sous-épreuves suivantes : (1) rime : produire un mot rimant avec un autre fourni par l'examinateur; (2) identification du phonème initial : choisir parmi plusieurs mots celui qui commence par le même phonème que le mot-cible fourni par l'examinateur; (3) identification du phonème final : même épreuve que la précédente mais par rapport aux phonèmes terminaux des mots proposés; (4) suppression du phonème à l'initiale : supprimer le premier phonème des mots proposés par l'examinateur et verbaliser ce qui reste; ce résidu constituant ou non un mot de la langue à signification conventionnelle et supposément connu du sujet; (5) substitution de phonème : supprimer le premier phonème (consonne) d'un mot et le remplacer par un autre phonème de telle façon qu'il rime avec un mot-étalon fourni préalablement par l'examinateur; (6) comparaison phonologique à l'initiale des mots : l'examinateur fournit deux mots phonologiquement proches dans leur segment initial et le sujet est prié d'identifier le phonème qui manque dans le second mot par comparaison avec le premier (par exemple, *drame-rame*); (7) épellation : le sujet est prié d'épeler à voix haute les mots (lexicalement familiers) proposés par l'examinateur.

On ne dispose pas de données de normalisation pour ces épreuves et il serait utile d'y procéder. Il est conseillable d'employer plusieurs sous-épreuves à l'effet indiqué, celles-ci se recoupant en partie l'une l'autre. La série ci-dessus permet également de différencier la véritable conscience phonologique (notamment identificatrice), pour ainsi dire, de l'utilisation de stratégies de réponses, parfois efficaces de façon isolée, mais indicatives d'une capacité beaucoup plus précoce développementalement; celle qui consiste à segmenter les lexèmes en *syllabes*, particulièrement dans les langues franchement syllabiques comme le français.

4.2.2. Composante morpho-lexicale

On dispose en langue française d'un certain nombre de tests lexicaux. Certains ont déjà été mentionnés et discutés. Ces tests sont pratiquement tous des épreuves en images, c'est-à-dire qu'on y exploite soit la désignation sur image à partir d'une indication verbale, le mot dont on veut étudier la *compréhension*, soit la dénomination verbale à partir d'un stimulus imagé unique ou juxtaposé sur une planche donnée à un certain nombre d'autres stimuli imagés, les distracteurs, comme on les appelle dans cette littérature, de façon à s'assurer de la capacité du sujet à produire l'étiquette verbale correspondante (*production* lexicale). Parfois, on demande au sujet de fournir une *définition* verbale du mot avec présentation concomitante ou non d'une image. A notre point de vue, ces tests, par la façon dont ils sont conçus et construits, ne peuvent guère apporter d'informations intéressantes sur les capacités productives, compréhensives, et même définitionnelles des sujets testés. Il y a à cela plusieurs raisons.

Un *premier problème*, auquel nous avons fait allusion précédemment, est celui du nombre beaucoup trop restreint d'items lexicaux testés en regard des champs sémantiques existants, particulièrement lorsqu'on ne se soucie pas, comme c'est le cas dans les tests en question, d'établir la représentativité des items lexicaux choisis par rapport au lexique général, ou, mieux dit, dans la mesure où n'ayant pas établi ni même cherché à établir cette représentativité, on se retrouve avec quelques dizaines d'items lexicaux retenus pour le test, dont on ne sait en aucune manière ce qu'ils représentent ni s'ils entretiennent des relations particulières, et si oui lesquelles, avec le reste du lexique mental des sujets. C'est un peu comme si cherchant à analyser la réalité politique d'un grand pays, un sociologue choisissait un petit village en ne cherchant nullement à savoir si le village en question est représentatif du pays tout entier. On ne peut se contenter d'une semblable myopie évaluative. Reportons-nous aux Tableaux 4-1 et 4-2 lesquels reprennent les items lexicaux du TVAP. On pourrait faire la même démonstration avec les autres tests lexicaux en langue française. Il est facile de montrer que les items de ces tests ne sont aucunement représentatifs des champs lexicaux qu'il est souhaitable d'évaluer. Représentativité et nombre d'items sont en relation. Imaginons qu'on puisse établir que pour chaque item retenu, il existe un réseau ou une famille d'items et qu'on connaisse la logique de ces réseaux ; notamment la probabilité qu'ayant acquis un item d'un réseau les sujets connaissent nécessairement tel ou tel autre item du même réseau, et en outre que ces probabilités soient suffisamment semblables pour tous les sujets dans une population ou tout au moins qu'on puisse raisonnablement inférer une telle similitude. On aurait alors une bonne base pour constituer un test lexical valide. Le choix des items serait prescrit par les probabilités relationnelles à l'intérieur des réseaux lexicaux. Il est possible qu'on dispose un jour de données de ce genre avec l'avancement des travaux sur le lexique mental. Mais aujourd'hui, ce n'est pas le cas. La seule solution envisageable actuellement de façon à limiter l'arbitraire des choix dans la sélection des items d'un test lexical est la suivante. Il s'agit de subdiviser le lexique mental en un certain nombre de dimensions correspondant aux découpages les plus usuels dans le fonctionnement lexical (moyens de transport, parties du corps, fruits, légumes, animaux de compagnie, objets de toilette, etc.) et de «meubler» ces dimensions avec les termes les plus fréquents dans chaque catégorie en tenant compte également des caractéristiques de prototypie des items lexicaux. Un mot d'explication est nécessaire sur ce dernier point.

Par *prototype* lexical, on entend un ou plusieurs éléments d'une catégorie qui présente(nt) à un haut degré les caractéristiques définitionnelles de la catégorie en question et peu ou pas les caractéristiques définitionnelles des catégories voisines. Par exemple, dans la catégorie des oiseaux, les éléments prototypiques sont l'aigle, le moineau, ou des oiseaux de ce genre, tandis que des éléments non-prototypiques ou périphériques de la catégorie, si on adopte une métaphore spatiale de type ensembliste pour représenter un champ sémantique, les prototypes en occupant le centre géométrique, sont, par exemple, les poules, les canards, ou les cygnes. Les éléments prototypiques disposent de propriétés psychologiques particulières, comme l'ont montré les travaux de ces dernières années (*cf.*, par exemple, Rosch, 1978). Les prototypes catégoriels sont généralement acquis plus tôt que les termes désignant des éléments non-prototypiques au sein des mêmes catégories (corrélativement, ils saturent davantage les énoncés parentaux adressés aux jeunes enfants que les termes non-prototypiques). Les prototypes catégoriels sont fournis en tête de liste lorsqu'on demande à des sujets (enfants ou adultes) de citer les noms qui leur viennent immédiatement à l'esprit de façon à illustrer une catégorie sémantique particulière. Ils semblent mieux résister au manque du mot (le mot «sur le bout de la langue»), un phénomène particulièrement fréquent chez les personnes âgées. Il est important de tenir compte de cette réalité sémantique dans la constitution des épreuves lexicales. On disposerait ainsi d'une épreuve organisée par catégories sémantiques, chaque catégorie contenant un certain nombre d'items lexicaux dont on connaîtrait le degré de prototypie ainsi que la fréquence relative d'utilisation dans la langue. Des tables de prototypie lexicale existent pour la langue française (voir, par exemple, Dubois, 1982). Quant aux tables de fréquence lexicale pour le français, on pourra utiliser celles classiques de Gougenheim, Rivenc, Michéa, et Sauvageot (1964), ou celles, plus récentes et disponibles sur disquettes d'ordinateur, du Brulex (Content, Mousty & Radeau, 1990).

Une *Epreuve de Vocabulaire Productif* (EVP), bâtie selon les principes mentionnés ci-dessus, existe en langue française. Elle a été mise au point en notre Laboratoire par Annick Comblain. Cette épreuve, actuellement en cours de normalisation, porte sur un total de 13 catégories sémantiques et de 732 items lexicaux, illustrés chacun par une représentation en deux dimensions et en couleur.

Le matériel de l'Epreuve de Vocabulaire Productif peut également être utilisé de façon à en faire une *Epreuve de Vocabulaire Réceptif* (EVR). A cette fin, on présente les images représentant les éléments lexicaux (par série spatiale de 5 images) et on invite le sujet à désigner non-verbalement l'image représentant l'élément lexical produit par l'examinateur. Les quatre autres images servent de distracteurs en cette circonstance, comme dans les tests lexicaux réceptifs traditionnels, mais elles pourront constituer à leur tour le stimulus-cible en une autre occasion. Certes, si l'on envisage d'utiliser l'EVP et l'EVR avec les mêmes sujets, il conviendra, afin d'éviter une contamination possible des deux épreuves l'une par l'autre, et donc un effet éventuel de facilitation dans l'épreuve présentée en seconde position, de les espacer de plusieurs jours voire d'une bonne semaine. Dans la même perspective, on conseillera de présenter d'abord l'EVP.

Le récent test de vocabulaire en langue française baptisé EVIP (Echelle de Vocabulaire en Images Peabody), qui est en fait l'adaptation Québécoise du déjà ancien test américain Peabody Picture Vocabulary Test (Dunn & Dunn, révision 1965), étalonné pour la période de 30 mois à 18 ans, reprend également davantage d'items lexicaux que des tests comme le TVAP, à savoir 170 items. Les lexèmes se regroupent en 18 catégories sémantiques correspondant assez bien à celles de l'EVP mentionné ci-dessus. Toutefois, les items de l'EVIP sont présentés dans un ordre fixe, supposé de complexité croissante (voir cependant les réserves de Boutard, 1996a, à ce sujet, et au moins en ce qui se rapporte à l'utilisation de l'EVIP avec des enfants ou des adolescents francophones européens). Par ailleurs, l'EVIP ne paraît pas avoir été construit en tenant un compte particulier de la fréquence des lexèmes dans la langue et des facteurs de prototypie.

Certains rares tests lexicaux échappent aux critiques formulées plus haut en raison du fait qu'ils évaluent des sous-lexiques particuliers dont les éléments constitutifs sont en nombre limité. C'est le cas, par exemple, du TRT dont il a été question précédemment. Ce test mesure la capacité productive et réceptive concernant 25 prépositions ou adverbes spatiaux (toponymiques relationnels) — en réalité, 24 prépositions ou adverbes spatiaux et un adjectif *haut* en fonction attributive (dans l'item *L'hélicoptère vole haut*). Il s'agit de : *sur, dans, en haut, derrière, en bas, près de, au-dessus, autour, devant, en dessous, loin, au milieu, haut, au coin, à l'intérieur, à côté, entre, contre, sous, à droite, au bout, à gauche, après, à travers, au centre*. Le sous-lexique regroupant les prépositions et les adverbes spatiaux est restreint, en français comme dans les autres langues. Les items du TRT l'épuisent pratiquement. Dès lors, la représentativité du test par rapport au sous-lexique spatial est garantie par définition.

Comme le Tableau 1-1 l'indique, à la rubrique morpho-lexicologique, il est utile d'évaluer d'autres connaissances de type lexical. Nous pensons particulièrement à quatre aspects de la compétence lexicale, à savoir les marquages lexico-sémantiques ou inflexionnels, les catégories lexico-grammaticales, les structures hiérarchiques et sémiques, et la morphologie référentielle et dérivationnelle. Voyons ces notions davantage en détail.

Les marquages lexico-sémantiques font partie de ce qu'on appelle techniquement la *morphologie inflexionnelle*. Ils consistent en l'indication dans la forme du signifiant, par modification flexionnelle de la désinence (partie terminale du lexème faisant suite au radical), au niveau des noms communs ou «substantifs», du nombre du référent et du genre (masculin ou féminin); au niveau des articles, du nombre et du genre; au niveau des pronoms (particulièrement des pronoms personnels), du marquage du nombre, du genre, de la personne, du cas (cas sujet, objet direct, objet indirect), et de la réflexivité (pronoms réflexifs); au niveau de l'adjectif épithète ou de l'adjectif attribut du sujet grammatical, du nombre et du genre; au niveau du verbe principal, du marquage de la personne (en accord avec le sujet du verbe), du temps et de l'aspect (les dits «temps» de la conjugaison), et du mode; et au niveau du participe, du marquage du nombre et du genre (selon les règles d'accord du participe).

Les marquages qui concernent l'article, le pronom, l'adjectif, le verbe principal, et le participe, pourraient aussi bien figurer dans la composante morpho-syntaxique du langage. En effet, ils sont régis par les noms qui figurent dans les énoncés (déterminisme syntaxique). La situation des noms est différente puisqu'ils ne dépendent que d'eux-mêmes (c'est-à-dire de leur signification référentielle) au même point de vue. Techniquement, et pour être complet, précisons qu'il est pertinent de distinguer entre la morphologie inflexionnelle à fonction grammaticale ou à fonction non-grammaticale, comme on vient de le voir, la morphologie non-inflexionnelle grammaticale (il s'agit des morphèmes isolés ou mots à fonction grammaticale, comme des prépositions, auxiliaires, et les conjonctions, qui ressortissent à l'organisation morpho-syntaxique du langage), et, enfin, les éléments de la morphologie non-inflexionnelle non-grammaticale; il s'agit, dans ce dernier cas, de la morphologie référentielle et dérivationnelle dont il sera question à la fin de la présente section.

Les catégories lexico-grammaticales concernent l'organisation pré-grammaticale du lexique au sens où celui-ci est disposé d'une façon qui facilite la production et la compréhension des énoncés quant à certains aspects grammaticaux. Il s'agit de la *dimension paradigmatique* du lexique, c'est-à-dire le regroupement des items lexicaux selon la fonction grammaticale qu'ils peuvent exercer : les verbes avec les verbes, les noms (communs) avec les noms communs, les épithètes avec les épithètes, les adverbes avec les adverbes, etc. Ce principe d'organisation s'oppose à un autre appelé *syntagmatique*, lequel, plus simple cognitivement, correspond aux associations séquentielles (par référence à ce qu'on trouve en contiguïté dans la chaîne du discours). Par exemple, des associations comme *neige-blanche*, ou *poisson-eau*, sont de nature syntagmatique. On les observe particulièrement dans les productions spontanées et dans les associations provoquées chez les jeunes enfants. Des associations comme *chasser-pêcher*, ou *neige-pluie*, sont paradigmatiques. On ne les observe avec une fréquence importante que chez les enfants plus âgés, les adolescents, et les adultes. Les âges de 6 à 9 ou 10 ans semblent décisifs pour l'établissement de l'organisation paradigmatique du lexique. Le calendrier développemental varie sensiblement, cependant, selon la catégorie grammaticale impliquée.

Nous ne connaissons pas de test en langue française qui porte sur la morphologie inflexionnelle ou sur les catégories lexico-grammaticales décrites. Certains tests ou épreuves de langage comportent des items faisant intervenir quelques éléments de morphologie inflexionnelle. Par exemple, le Test 0.52 présente 5 contrastes inflexionnels (voir au Tableau 4-3, les items 5, 16, 18, 25 et 28). Il s'agit de trois oppositions verbales troisième personne du singulier — troisième personne du pluriel au présent de l'indicatif, d'une opposition verbale futur simple — passé composé à la troisième personne du pluriel, et d'une opposition pronominale de troisième personne cas objet — pronom réflexif. Rien de systématique comme on peut le voir (les contrastes inflexionnels en français se comptent par dizaines). Il serait utile de construire des instruments permettant une évaluation cohérente des compétences en morphologie inflexionnelle et quant à l'organisation lexico-grammaticale du lexique.

Comment procéder? Pour la *morphologie inflexionnelle*, la technique dite de Berko (par complètement d'énoncés proposés), que nous avons introduite au Chapitre 2, pourrait convenir. On disposerait d'une série d'images correctement choisies ou fabriquées, comme supports graphiques (utiles avec les enfants plus jeunes) pour des énoncés à compléter impliquant l'utilisation productive des marques en question. Quant à l'évaluation relative aux *catégories lexico-grammaticales*, elle peut se faire assez facilement sur une base associative. C'est par le jeu contrôlé des associations de mots qu'on peut le plus facilement établir si l'organisation du lexique est principalement de nature syntagmatique ou paradigmatique, et ce pour les différentes classes grammaticales. Noizet et Pichevin (1966) et Pichevin et Noizet (1968) ont fourni des indications empiriques, y compris développementales, sur la base desquelles il serait aisé de construire une épreuve associative (par paires d'items) pertinente pour la mesure de l'évolution syntagmatique-paradigmatique.

Nous avons évoqué précédemment le problème des *définitions de lexèmes* de façon à attirer l'attention sur le fait que ces définitions, parfois utilisées comme épreuves de connaissance lexicale, évaluent en fait d'autres compétences que celles dénominatives et désignatives, des compétences de nature métalexicale. Cependant, de façon à exploiter correctement la trame définitionnelle pour étudier d'autres aspects lexicaux du langage, il convient de se départir de la manière dont les définitions fournies par les sujets sont jugées habituellement dans les tests. Par exemple, dans l'Echelle d'Intelligence de Wechsler pour la Période Préscolaire et Primaire (adaptation française; forme révisée, 1995), on trouve une épreuve de vocabulaire qui procède par définition d'items lexicaux présentés isolément (on demande à l'enfant, par exemple, «Qu'est-ce qu'un parapluie?»). Chaque réponse est notée 2, 1 ou 0. L'évaluation de la réponse se fait de la façon suivante. Valent deux points : un bon synonyme, une fonction principale (par exemple, «Un chapeau, c'est pour se couvrir la tête»), un ou plusieurs traits caractéristiques (par exemple, «Un tableau, c'est une image sur du papier»), l'énumération de plusieurs caractéristiques peu spécifiques mais dont l'accumulation indique que le mot est compris (par exemple, «Des lunettes, cela se porte, a des branches et des verres»), et, pour les verbes, un exemple caractéristique d'action ou de relation causale (par exemple, «Quand ma chambre est sale, je la lave»). Valent un point : un synonyme vague, une fonction secondaire de l'objet, un attribut correct mais non distinctif (par exemple, «Une abeille vole»), un exemple tautologique (par exemple, pour «courage», «On a le courage de se battre»), ou un geste expressif s'il n'est pas verbalisé (par exemple, pour «plonger», l'enfant faisant le geste de plonger). On trouve des échelles d'évaluation semblables dans d'autres tests de vocabulaire procédant par définition verbale (par exemple, le TVAP). De tels critères d'évaluation des réponses définitionnelles peuvent éventuellement servir à approcher la compréhension globale qu'un sujet a des items lexicaux proposés, mais ils sont impropres à cerner convenablement certains aspects de la compétence lexicale, en particulier la sensibilité des sujets par rapport aux structures hiérarchiques et sémiques intervenant dans l'organisation mentale du lexique (*cf.* le Tableau 1-1).

Par *structures hiérarchiques*, on entend (Rosch, 1978), les structures mentales lexicales construites à partir d'une intersection de deux types de relation : une hiérarchie de sous-ensembles et une série de relations d'attribution. La Figure 4-2 illustre une telle structure dans le cas particulier des items *animal, chien, chien berger allemand*.

La Figure 4-2 dispose une hiérarchie de lexèmes à trois niveaux ainsi que leurs contreparties conceptuelles. On peut certes utiliser des hiérarchies à plus de trois niveaux. Par exemple, en prolongeant la hiérarchie illustrée à la Figure 4-2, on aurait, vers le haut, les entités vivantes, et l'ensemble des constituants de l'univers, et, vers le bas, les différentes variétés de chiens bergers allemands; on peut en outre distinguer davantage d'échelons intermédiaires que ceux que nous avons identifiés. Si on adopte, pour simplifier, une hiérarchie à trois niveaux, il est commode de les nommer, du haut vers le bas, respectivement *niveau superordonnant, niveau de base*, et *niveau sous-ordonné*. De nombreux travaux en sémantique démontrent que ces niveaux ont une importante réalité psychologique. Le niveau de base, notamment, paraît disposer de propriétés particulières. Les termes qui y figurent ont une fréquence plus élevée dans la pratique de la langue que leurs contreparties superordonnantes ou sous-ordonnées. Ils tendent également à être plus courts (c'est-à-dire à posséder moins de syllabes) — ce qui correspond à la loi de Zipf (1949) laquelle stipule que plus un terme lexical est utilisé plus il tend à raccourcir (jusqu'à un certain point et sur des périodes de temps relativement longues, par changement linguistique, certes). Les termes du niveau de base sont acquis plus tôt par l'enfant. Enfin, ils tendent à être produits en priorité lorsqu'on demande à des sujets de fournir des noms communs

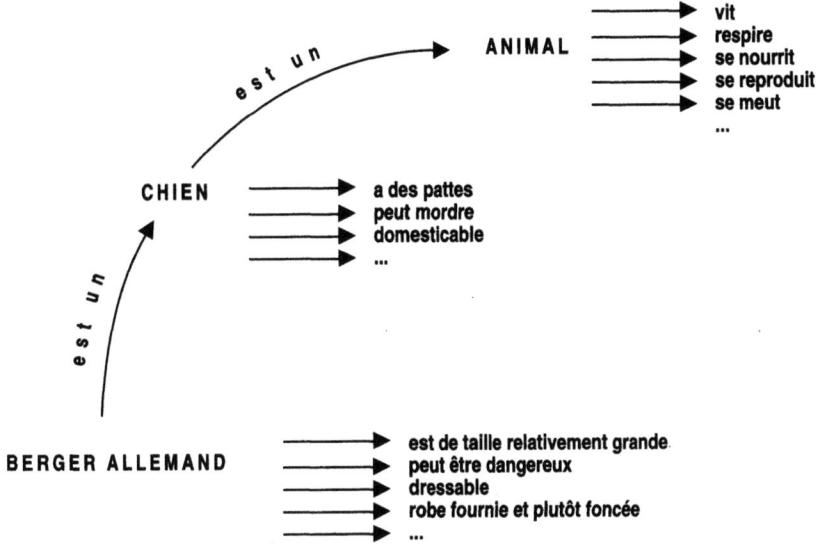

Figure 4-2 — *Modèle sémantique en réseau hiérarchique.*

dans une catégorie sémantique donnée «dans l'ordre où ils leur viennent spontanément en tête» (épreuve de «fluence lexicale»).

Les attributions qui concernent les items lexicaux (et leurs référents) constituent ce qu'on appelle des *sèmes* ou *traits sémantiques*, soit les unités de base en matière de sens lexical. A la Figure 4-2, apparaissent quelques-uns de ces sèmes en regard de chaque item (*animal, chien, chien berger allemand*). D'un point de vue sémique, cependant, la disposition des éléments au sein de la Figure 4-2 (dont l'objectif est simplement d'illustrer une hiérarchie de lexèmes) peut induire en erreur. Dans ce type de représentation, il est coutumier de ne situer les sèmes, pour une raison d'économie théorique, qu'au niveau le plus élevé de la hiérarchie à laquelle ils appartiennent. Il est clair, cependant, que pour l'utilisateur, et concernant les lexèmes pris isolément, les sèmes pertinents interviennent à chaque niveau où ils sont impliqués sans quoi on ne pourrait conclure pour un utilisateur donné qu'il connaît le sens des lexèmes en question. Il est commode de représenter la composition sémique du signifié d'un lexème au moyen d'une matrice de traits binaires (c'est-à-dire pouvant exister selon deux valeurs seulement, 0 et 1, ou + et -). Le Tableau 4-11 illustre une partie de la composition sémique commune aux termes *homme, femme, garçon, fille*.

Tableau 4-11 — Exemple de composition sémique.

Séries	Lexèmes			
	Homme	Femme	Garçon	Fille
Mâle	+	-	+	-
Adulte	+	+	-	-
Autres	+	+	+	+

N.B. L'indication «autres» renvoie au fait que d'autres sèmes sont impliqués dans la composition des lexèmes repris, auxquels nous ne nous intéressons pas ici.

On s'est posé la question de savoir si les sèmes sont en nombre défini pour chaque signifié, certains d'entre eux pouvant correspondre à des primitives de sens, ou s'il vaut mieux les considérer comme affectés d'une certaine probabilité (*variant* entre 0 et 1 et non plus restreinte à deux valeurs comme dans la présentation binaire). Dans la seconde hypothèse (modèle probabiliste), les référents qui possèdent les attributs correspondant aux sèmes les plus probables du signifié seront inclus avec une probabilité plus importante dans la catégorie définie par ce signifié. La probabilité affectée à un sème détermine sa saillance dans le concept étudié. Le Tableau 4-12 illustre une représentation de traits susceptibles de composer le signifié du terme *oiseau* dans un modèle probabiliste.

Tableau 4-12 — Illustration d'un modèle sémique probabiliste.

Oiseau :	1,0	bouge
	1,0	a des ailes
	1,0	a des plumes
	0,8	vole
	0,6	chante
	0,5	est de petite taille
	etc.	

Note. Chaque nombre indique la probabilité (simplement illustrative dans l'exemple choisi) d'apparition du sème correspondant dans la signification du terme en question. Ainsi tous les oiseaux bougent, ont des ailes, la grande majorité vole, une certaine proportion chante, etc.

Que la représentation des sèmes se fasse sous forme de traits binaires ou probabilistes, une question intéressante est celle de savoir si la composition sémique est présente dans sa totalité dès les premières utilisations productives et réceptives d'un lexème ou si elle s'enrichit graduellement. Il semble bien que les sèmes les plus importants soient contemporains des premières utilisations correctes d'un lexème. Mais il y a également possibilité d'enrichissement sémique avec le progrès des connaissances individuelles. Donnons deux exemples. Prenons un terme aussi fréquent que *père* ou *papa*. Il s'agit d'un des tout premiers mots compris et produits par le jeune enfant. Si on en fait l'analyse sémique, on trouve les traits : « géniteur, légalement responsable, compagnon de la mère, mari, nourricier, normalement bien intentionné vis-à-vis de l'enfant, etc. » La plupart de ces sèmes sont acquis précocement. Certains, cependant, comme ceux relatifs à la paternité biologique et à la responsabilité légale (habituellement partagée avec la mère) ne sont appréhendés que plus tard à mesure du développement cognitif et social. L'enrichissement sémique n'est pas le propre de l'enfant ou de l'adolescent en développement lexical. Il se poursuit dans une langue donnée (ou dans plusieurs langues) tout au long de l'existence. Nous acquérons régulièrement de nouveaux signifiants et la langue s'enrichit et se modifie sans cesse en matière de lexique. Les acquisitions peuvent également toucher les sèmes constitutifs de certains signifiés selon le progrès de nos connaissances professionnelles, culturelles, scientifiques, ou autres. Le mot *atome*, par exemple, fait partie depuis plusieurs décennies des termes couramment utilisés (même si sa création remonte au monde greco-romain). On peut supposer que la signification de ce terme est connue, au moins grossièrement, de la plupart des gens. Une composition sémique plus appropriée techniquement n'est le fait que des spécialistes du secteur ou de quelques autodidactes. Combien de gens possèdent parmi leurs sèmes constitutifs du sens du terme *atome* ceux se rapportant à sa structure (noyau, protons, neutrons, électrons), à sa géométrie tridimensionnelle, aux particules plus élémentaires qui entrent dans la composition de ces éléments (par exemple, les quarks), aux forces physiques qui s'y appliquent (force nucléaire forte, force nucléaire faible, force électromagnétique), etc.?

Comment évaluer les connaissances sémiques (les plus usuelles) chez les utilisateurs d'une langue donnée? On peut y procéder valablement, à notre opinion, par le jeu des *définitions verbales*, à condition, comme nous l'avons signalé, de se doter d'une technique valide et sensible d'analyse des réponses définitionnelles. Ce faisant, on disposera en même temps d'un moyen adéquat d'appréhender la *dimension hiérarchique* du lexique. Ce type d'épreuve reste entièrement à construire. On pourrait envisager de proposer aux sujets (enfants d'un certain âge, adolescents, et adultes) un certain nombre de termes lexicaux soigneusement choisis, avec prière de les définir sous forme propositionnelle en fournissant toutes les précisions auxquelles le sujet peut penser. Par exemple, un *ours* est un (animal) mammifère, couvert d'une fourrure, à la marche plantigrade, et dont les extrémités sont équipées de griffes puissantes. Il existe en deux variétés principales : l'ours blanc des régions arctiques, surtout carnivore (se nourrissant principalement de poissons), et l'ours brun omnivore des forêts montagneuses. L'ordre dans lequel les informations définitionnelles seraient données importe peu, de même que la correction grammaticale des énoncés fournissant les éléments de définition. Ce qui compterait ce sont les indications concernant les aspects hiérarchiques et sémiques des lexèmes définis. Dans le cas du lexème *ours*, la définition donnée ci-dessus permet d'objectiver une sensibilité à la dimension hiérarchique superordonnante (l'ours est un animal, un mammifère) la dimension sous-ordonnée (les variétés principales d'ours sont l'ours blanc et l'ours brun). Elle permet d'objectiver également un nombre de sèmes pertinents : l'ours est un animal à fourrure, un plantigrade, carnivore et/ou omnivore, muni de griffes, ces griffes sont puissantes, etc. On pourrait formaliser les réponses définitionnelles types de façon à disposer d'une procédure de correction aisée des réponses. La mise au point d'instruments fins d'analyse hiérarchique et sémique pourrait s'inspirer utilement des travaux en cours en matière de sémantique lexicale, particulièrement ceux qui portent sur la formalisation des définitions (voir à ce sujet l'intéressant travail de Sinclair, Hoelter, & Peters, 1995).

Le dernier aspect, dont nous considérons l'évaluation comme de nature à fournir de précieuses indications sur la capacité morpho-lexicologique, se rapporte à la *morphologie référentielle* et *dérivationnelle* (*cf.* le Tableau 1-1). Il s'agit de deux choses différentes. La morphologie référentielle (à la différence de la morphologie inflexionnelle dont il a été question précédemment) concerne la composition morphologique des mots. Dans quelle mesure, par exemple, les sujets savent-ils que le terme *parachute* est composé de deux morphèmes, à savoir *para* («contre, «de façon à protéger de») et *chute*; ou que le terme *manuscrit* est composé des deux morphèmes : *manuel* (qui donne *manu-* en combinaison) et *scrit* (forme ancienne pour *écrit*)? Les morphèmes dérivationnels permettent de produire un lexème d'une catégorie lexico-grammaticale à partir d'un lexème parent faisant partie d'une autre catégorie lexico-grammaticale. Par exemple, l'ajout du morphème *-ment* à un adjectif permet de le transformer en un adverbe de sens correspondant (par exemple, *facile* suivi de *-ment* donne *facilement*); l'ajout du morphème *-er* ou *-ir* à un nom commun permet d'en faire un verbe à l'infinitif (*marchand-marchander*, *désir-désirer*, *fin-finir*, etc.); l'ajout, avec éventuellement restructuration phonétique, des morphèmes *-ment*, *-tion*, *-ation*, *-ition*, *-étion*, *-age*, *-eur*, *-sseur*, *-ier*, *-ine*, *-elle*, *-ité*, *-esse*, *-ure*, *-ie*, *itude*, etc., permet de transformer des verbes ou des adjectifs en noms communs de sens correspondant; etc.

De façon à évaluer ce type de connaissance, on pourrait procéder par interrogation directe des sujets (nécessairement enfants plus âgés, adolescents, et adultes). Les questions porteraient sur la composition morphologique référentielle et dérivationnelle d'une série de lexèmes soigneusement choisis. Ce type d'épreuve est également à construire.

4.2.3. Composante morpho-syntaxique

L'évaluation de la dimension morpho-syntaxique du langage est relativement répandue. Il est peu de tests généraux en matière de langage qui ne comportent un volet morpho-syntaxique. Et cependant, on peut affirmer que cette évaluation est gravement déficitaire au niveau des épreuves et des tests standards. Ces instruments, le plus souvent, reproduisent l'une ou l'autre, ou plusieurs des erreurs et lacunes que nous avons signalées au début de ce chapitre. S'y ajoutent des problèmes particuliers à l'évaluation morpho-syntaxique. Il n'est pas possible dans un ouvrage de ce type de se livrer à un exposé exhaustif de tous les problèmes rencontrés. Nous définirons et illustrerons seulement quelques-unes des difficultés parmi les plus importantes.

Deux aspects des instruments habituels d'évaluation de la morpho-syntaxe sont particulièrement gênants. Il s'agit : en premier lieu, du caractère le plus souvent *hétérogène* de ces tests. Par là, nous entendons le fait de mélanger dans la même évaluation divers aspects, éléments, ou fonctions langagières, aboutissant à noyer, pour ainsi dire, les indications portant en principe sur la dimension morpho-syntaxique dans une série d'autres indications non pertinentes en regard de l'évaluation grammaticale (même si elles sont potentiellement pertinentes pour l'évaluation d'autres aspects ou particularités du fonctionnement langagier). Les exemples abondent.

Nous avons illustré précédemment le Test 0-52. Il s'agit d'un test dont la composition semble devoir en faire un instrument d'évaluation de la morpho-syntaxe. Le Test 0-52 propose 30 items et contrastes dont 7 (soit pratiquement 25 %) sont en fait de nature lexicale (5 contrastes propositionnels spatiaux; une opposition quantitative adjectivo-pronominale — *tous/quelques*, et une opposition comparative — *plus/moins grand que*). Nous voyons mal l'utilité d'un test de ce type. Les 7 contrastes auxquels nous venons de faire allusion ne peuvent pas constituer une base évaluative valide pour les propositions spatiales, les quantificateurs, ou les expressions comparatives. Dès lors pourquoi les mélanger à une série d'autres contrastes de type morpho-syntaxique et, ce faisant, rendre le test hétérogène et donc plus faible et plus difficile à interpréter. Les mêmes remarques sont d'application pour le Test de Closure Grammaticale (TCG; Deltour, 1992) lequel reprend en modalité productive les mêmes items que l'O-52.

Le Test dit d'Analyse Grammaticale du Langage (Moog, Kozak & Geers, 1990) est peut-être celui où l'hétérogénéité de la mesure est la plus étonnante. Les constructeurs ont placé sous le vocable *grammatical* une série d'épreuves composites impliquant de façon indiscriminée à peu près tous les aspects du langage aussi bien sémantiques que syntaxiques.

Le second aspect gênant des instruments courants d'évaluation morpho-syntaxique est leur caractère *incomplet*. La plupart des outils en question ne cherchent, en effet, à évaluer que certains éléments ou sous-dimensions de la morpho-syntaxe. Ici également les exemples abondent, qu'il s'agisse du Test 0-52 de Khomsi, du Test de Closure Grammaticale de Deltour (1992), ou du Test de Langage Productif de Caracosta, Piterman-Scoatarin, Van Waeyenberghe, et Zivy (1975) (dans sa partie « flexionnelle »).

Le Test des Déterminants (TDD; Deltour & Monseur, non publié) est sérieusement incomplet. Il vise les premières acquisitions morpho-syntaxiques et comporte 30 énoncés à compléter du type « *Ceci est un pantalon/Ceci est... (une) jupe* », en rapport chaque fois avec une paire de dessins. Les énoncés font intervenir 4 articles (*le, la, une, des*), 12 substantifs, et 14 adjectifs épithètes (par exemple, l'opposition *gentil/gentille*). Par « déterminant », les auteurs paraissent entendre les articles et les adjectifs épithètes, ce qui est très restrictif, la catégorie des déterminants grammaticaux étant notablement plus large. Le test concerne en principe le marquage morphologique du genre et du nombre.

Le cas du Test d'Evaluation des Aptitudes Syntaxiques chez l'Enfant (Weil-Halpern, Chevrie-Muller, Simon & Guidet, 1983) est un peu différent. Ce test constitue l'adaptation française du NorthWestern Syntax Screening Test (NSST) mis au point par Lee (1971). Le test américain insiste dans sa présentation sur le fait qu'il s'agit d'une épreuve de *triage* (screening), donc de repérage assez grossier, qu'il s'agira de confirmer et de préciser par d'autres moyens évaluatifs dut-on mettre en lumière une difficulté de syntaxe chez l'enfant. Cette précaution et ce rappel méthodologique dans la présentation du test a disparu dans la version française. C'est certainement malencontreux parce que le test malgré certains mérites ne peut prétendre à évaluer correctement ni entièrement fiablement toutes les facettes de l'organisation morpho-syntaxique. A l'époque de la mise au point du NSST, des travaux complémentaires (par exemple, Prutting, Gallagher & Mulac, 1975) ont déjà montré qu'une analyse des données obtenues avec la partie expressive du test ne fournit pas une représentation adéquate des capacités morpho-syntaxiques des enfants, et par conséquent que le test en question ne peut être interprété au-delà des limites fixées à savoir celles d'un instrument de triage. Ces auteurs américains ont administré le NSST à des enfants de 4 ans pour lesquels on disposait également d'un échantillon de langage spontané obtenu en situation naturelle. On a pu établir ainsi qu'environ 25 % des structures syntaxiques incorrectement produites ou faisant défaut dans les productions des enfants induites au NSST étaient produites correctement en langage spontané.

Le NSST américain, comme son équivalent français, est partiellement hétérogène puisqu'on y trouve 2 contrastes en production et 2 contrastes en compréhension qui sont de nature lexicale (prépositions spatiales), à côté de 18 contrastes en production et 18 contrastes en compréhension qui sont de nature morpho-syntaxique, comme on s'y attendrait. Par ailleurs, et comme nous l'avons analysé précédemment (Rondal, 1987a), la partie dite expressive du test n'évalue pas vraiment l'utilisation productive des formes morpho-syntaxiques, mais plutôt un composé mal défini d'usage imitatif et productif des formes proposées dans le test. En effet, la procédure est la suivante. L'examinateur prononce les deux phrases du contraste intenté à la suite l'une de l'autre, puis il désigne l'une parmi les deux images présentées à l'enfant concomitamment avec les phrases, en lui demandant de produire la phrase correspondant à l'image en question. Par exemple, dans le premier contraste proposé (tant dans la version américaine que dans la version française du test), on présente au sujet deux images. La première représente un bébé en train de dormir et la seconde un bébé couché sur un lit mais qui ne dort pas; l'élément discriminatif entre les deux images étant l'ouverture ou la fermeture des yeux du bébé. L'examinateur prononce les deux phrases dans un ordre prédéterminé; d'abord *Le bébé dort* et ensuite *Le bébé ne dort pas*. Puis il demande à l'enfant de produire la phrase correspondant à la première image.

Parmi les tests et les épreuves de morpho-syntaxe actuellement disponibles, l'instrument le moins hétérogène et le moins incomplet est sans conteste la Batterie d'Evaluation de la Morpho-Syntaxe (BEMS; Comblain, non publié). Cette batterie comporte une tâche de production langagière spontanée, une tâche de production dirigée (il s'agit de compléter de manière grammaticalement correcte des énoncés amorcés par l'examinateur et proposé un à un au sujet), plusieurs tâches de compréhension, et une tâche de repérage et de correction d'erreurs morpho-syntaxiques. La tâche de production dirigée comporte 30 items répartis en neuf catégories d'énoncés portant sur le syntagme nominal sujet simple et complexe (par exemple, avec coordination), l'enchaînement syntagme nominal sujet — syntagme verbal, le présentatif *C'est... qui*, la locution interrogative *Est-ce que...*, la coordination de propositions, la subordination de propositions, les circonstancielles temporelles, et les formes du type *Il faut que...* Les tâches de compréhension concernent la co-référence pronominale, les articles définis et indéfinis, les inflexions temporelles, la coordination de propositions, les subordonnées temporelles et causales, les propositions relatives, les négatives, et les passives. Enfin, l'épreuve de détection et de correction des erreurs morpho-syntaxiques porte sur l'ordre canonique des mots dans les propositions principales simples, sur les accords en genre et en nombre entre l'article, l'adjectif épithète, et le nom, au sein des syntagmes nominaux, sur l'accord grammatical sujet-verbe, les inflexions temporelles y compris celles se rapportant aux formes irrégulières, et sur le choix de l'auxiliaire *être* ou *avoir*. Bien qu'on puisse mettre en évidence certains manques de systématicité, certaines couvertures incomplètes ou insuffisantes des structures morpho-syntaxiques à l'étude, et certains choix discutables au niveau des items, la BEMS est sans doute l'instrument d'évaluation de langage dans sa dimension morpho-syntaxique le plus intéressant en langue française à l'heure actuelle.

Dans le reste de la présente section, nous définissons les contenus qui devraient impérativement figurer dans une approche évaluative raisonnablement complète de la dimension morpho-syntaxique du langage et la manière dont il convient d'articuler les différentes pièces de l'architecture morpho-syntaxique dans une perspective évaluative. Une telle analyse est évidemment un préalable pour toute construction d'instruments d'évaluation dans le secteur. Examinant les tests et les épreuves en langue française prétendant évaluer la dimension morpho-syntaxique du langage, on a souvent l'impression que beaucoup de constructeurs de tests ont procédé de manière inverse. A savoir, ils sont partis de tâches particulières leur étant connues et d'une conception en général assez simpliste du langage, particulièrement de la grammaire, et ils ont aboutis assez naturellement à des épreuves et des tests insatisfaisants pour tout critique averti, voire incohérents. En fait, il est indispensable de chercher à évaluer finement les quatre niveaux de l'organisation grammaticale définis au Tableau 1-1.

L'organisation sémantique structurale du langage combinatoire est étudiable à travers une analyse du *langage spontané* (*cf.* le Chapitre 5). Il s'agit d'une interprétation raisonnée. C'est seulement à travers les productions des sujets qu'on peut identifier la présence des relations sémantiques qui servent de fondement à l'expression linguistique et à la compréhension langagière. Il s'agit de retrouver à travers les structures superficielles les relations sémantiques réalisées par le locuteur et par ce biais d'accéder à ses objectifs communicatifs et aux contenus idéels qu'il a voulu réaliser. De même, l'évaluation de l'organisation sémantique structurale en compréhension se heurte au fait que ces structures sont inéluctablement associées aux moyens formels mis en œuvre pour les réaliser et ne peuvent donc en être dissociées à fin évaluative.

L'identification du soubassement sémantique structural du langage spontané se fait à partir d'une grille reprenant les principales relations de sens, parfois appelées relations thématiques. Une liste de ce type est fournie au Tableau 4-13. Elle concerne surtout les productions langagières enfantines. Des listes davantage élaborées sont disponibles dans divers ouvrages, par exemple celui de Chafe (1970). Elles peuvent servir de base à une analyse sémantique structurale des productions langagières des sujets plus âgés.

Tableau 4-13 — Liste de relations sémantiques parmi les plus couramment observées dans les productions langagières de l'enfant.

1. Présence-absence-disparition-récurrence d'une entité
2. Localisation spatiale et/ou distance
3. Situation dans le temps et/ou durée
4. Possession
5. Instrumentation
6. Accompagnement
7. Bénéficiaire
8. Manière
9. Patient ou entité affectée
10. «Senseur» ou «expérienceur» (celui qui *voit, entend, ressent, éprouve, pense, imagine*, etc.)
11. Attribution qualitative
12. Attribution quantitative
13. Action
14. Processus (par exemple, *Le linge sèche*)
15. Action-processus (par exemple, *La rouille corrompt les métaux ferreux*)
16. Etat
17. Ambiant (par exemple, *Il pleut*)
18. Transitivité (par exemple, structure, agent-action-entité affectée : *Le bucheron découpe l'arbre*)

L'évaluation de la *structuration syntagmatique* se fait également le plus aisément par le moyen du langage spontané et, donc, est également restreinte à la production langagière. *Par syntagme*, on entend une unité formelle et de sens constituée par une séquence organisée de lexèmes de taille inférieure à celle de la phrase. Halliday (1985) définit des syntagmes *nominaux, verbaux, prépositionnels, adverbiaux, attributifs* et *conjonctifs*. Chaque syntagme est organisé autour d'un élément pivotal ou nœud qui lui donne son nom. Il s'agit du *nom* dans le cas du syntagme nominal, du *verbe* pour le syntagme verbal, de la *préposition* pour le syntagme prépositionnel, de l'*adverbe* pour le syntagme adverbial, de l'*attribut* (adjectif ou groupe de même fonction) dans le cas du syntagme attributif, et de la *conjonction de coordination* (et non de la conjonction de subordination qui régit exclusivement les rapports de subordination au niveau des propositions — unités syntaxiques supérieures aux syntagmes) pour le syntagme conjonctif. Les syntagmes peuvent être relativement simples ou complexes d'un point de vue formel par intégration d'éléments facultatifs. Ils ont également la capacité de s'emboîter les uns dans les autres. Par exemple, un syntagme nominal peut être constitué minimalement d'un nom accompagné (ou non) d'un article défini ou indéfini, le nom étant substituable par un pronom, ce qui entraîne la non-sélection de l'article dans la plupart des cas. D'autres constituants optionnels du syntagme nominal, en position pré- ou post-nominale, sont l'adjectif épithète, l'adverbe qui modifie l'épithète (par exemple, *Un très bel outil*), la conjonction (par exemple, *Un grand chef comme lui*), le syntagme prépositionnel (par exemple, *L'arbre près du champ de blé*), ou toute une proposition ou même série de propositions (essentiellement des relatives) dans un rôle de déterminant du nom ou du pronom, nœud du syntagme, ou d'un autre nom ou pronom figurant dans le même syntagme (par exemple, *L'homme qui a vu l'homme qui a vu l'homme qui a vu l'ours*).

Le syntagme verbal peut être également relativement simple formellement ou complexe. Il peut impliquer la participation d'un ou de plusieurs syntagmes nominaux compléments, syntagmes attributifs, adverbiaux, prépositionnels, ou conjonctifs. On verra Halliday (1985) pour une analyse détaillée. En langue française, on pourra consulter l'analyse structurale de Martinet (1970).

L'évaluation de la *structuration phrastique* se fait couramment au moyen de tests de langage. Elle est susceptible d'être améliorée comme nous l'avons expliqué. La même évaluation peut se faire également en modalité productive par le biais du langage spontané. Pour être complet, il convient de prendre en considération les types de phrases repris au Tableau 4-14.

Chacun de ces types de phrases est marqué *formellement*. Il correspond également à une *fonction pragmatique particulière* (voir à la section suivante et au Chapitre 5 pour des précisions concernant cette composante langagière). La phrase de base est la déclarative (parfois, avec l'intonation adéquate, déclarative exclamative), laquelle peut être affirmative ou négative, active ou passive. Le marquage de la *négation* se fait par l'insertion des éléments négatifs *ne*, *pas*, *plus*, *non plus*, ou *jamais*, de part et d'autre du verbe principal, de l'auxiliaire, ou de la copule.

Dans le cas du couple *ne... pas*, on peut se dispenser d'exprimer le second élément (par exemple, *Il ne dit mot*). Cela n'est pas possible avec

Tableau 4-14 — **Principaux types et sous-types syntaxiques de phrases.**

			Sous-types	
Phrases	Déclaratives	Affirmatives	Actives	
			Passives	
		Négatives	Actives	
			Passives	
	Exclamatives	Affirmatives	Actives	
			Passives	
		Négatives	Actives	
			Passives	
	Interrogatives	Affirmatives	Actives	
			Passives	
		Négatives	Actives	
			Passives	
	Impératives	Affirmatives	Actives	
			Passives	
		Négatives	Actives	
			Passives	

les autres couples négatifs, là où est fournie une indication sémantique supplémentaire (par exemple, *ne... jamais*, une négation valable en principe pour l'éternité).

La *passivisation* se fait au moyen de l'auxiliaire *être* suivi du *participe passé*, de la *préposition* (en général agentive) qui introduit le sujet «logique» et d'une *inversion de l'ordre agent-patient*. L'agent devenant le complément du verbe et le patient le sujet grammatical du verbe, contrairement à ce qui se passe dans les phrases actives (comparez, par exemple, les phrases actives et passives correspondantes : *Les loubards ont agressé la vieille dame*, et *La vieille dame a été agressée par les loubards*). Les phrases déclaratives du français, comme celles de nombre d'autres langues, se conforment en majorité au dispositif séquentiel S-V-O (sujet-verbe-objet). Il est entendu que l'objet peut manquer dans le cas des verbes intransitifs (par exemple, *La neige tombe*), qu'il peut y avoir plusieurs compléments — objet(s) direct(s), objet(s) indirect(s), circonstanciel(s) — (par exemple, *Jacques offre un cadeau à Pierre pour son anniversaire*). Un autre dispositif séquentiel fréquent est celui en S-C-A (sujet-verbe/copule-attribut), c'est-à-dire une structure attributive (par exemple, *L'herbe est verte*). On y trouve une qualité, une quantité, ou une propriété particulière d'une entité mentionnée en fonction de sujet grammatical. Un verbe copule lie séquentiellement le sujet grammatical et l'attribut — le plus souvent, il s'agit du verbe *être*, mais on peut avoir aussi d'autres verbes d'état comme *paraître, sembler, avoir l'air*, etc.

On peut expliquer le marquage formel des phrases interrogatives à partir de la structure de base que constitue la phrase déclarative. La valence interrogative peut être marquée de plusieurs manières et avec des conséquences diverses pour l'interlocuteur. On distingue les questions *oui-non* et les questions qu'on pourrait appeler *qu-*. Les questions *oui-non* sont celles auxquelles on peut répondre en se limitant minimalement à *oui* ou *non* (qui sont alors des ellipses puisque le reste de la réponse — qui correspond en fait à la question — est sous-entendu). Par exemple, *Tu viens?* Réponse : *oui* (= *Oui, je viens*). Les questions *qu-* ne permettent pas le même genre de réponse en raison du fait qu'elles précisent le type d'information demandée (et n'exigent donc pas simplement comme les questions *oui-non* l'expression d'un accord ou d'un désaccord portant sur l'ensemble de la proposition questionnante). Le type d'information demandée dans les questions *qu-* est spécifié par le pronom interrogatif, l'adverbe interrogatif, ou la locution interrogative (par exemple, *qui* renvoie au sujet grammatical ou à l'objet direct, *à qui* à l'objet indirect, *quand* à une circonstance temporelle, *pourquoi* à une cause, *où* à une circonstance de lieu, *comment* à une circonstance de manière, *quel* ou *lequel* à un choix, *combien* à une quantité, etc.).

Les questions *oui-non* peuvent être exprimées de trois manières : en se basant sur soit (1) l'intonation (montante en fin d'énoncé pour signaler l'invitation faite à l'interlocuteur de répondre; (2) l'inversion de l'ordre habituel (déclaratif) du pronom et du verbe ou du premier élément verbal lorsque le verbe est composé (par exemple, *Viens-tu?*, *Avez-vous déjeuné?*); (3) l'emploi de la locution *Est-ce que* suivie d'une déclarative (par exemple, *Est-ce que tu viens?*).

Les impératives sont formellement des déclaratives dont le sujet grammatical n'est pas exprimé (par exemple, *Allons dîner*, *Ne te fais pas de souci*).

Il importe également d'évaluer la compétence productive et réceptive des sujets concernant les accords grammaticaux à l'intérieur des syntagmes ou entre éléments appartenant à différents syntagmes. C'est le domaine de la *morphologie inflexionnelle*, dont nous avons traité précédemment. Il intéresse aussi la composante morpho-syntaxique du langage puisque de façon à formuler une phrase grammaticale dans une langue donnée, il ne suffit pas de disposer les lexèmes dans l'ordre voulu. Il faut encore marquer correctement les accords prévus par la grammaire.

On peut évaluer la capacité des sujets à produire correctement les marques formelles qui différencient les types syntaxiques de propositions et les marques d'accord morpho-syntaxiques en exploitant les productions en langage spontané ou en recourant à des tests formels. Ceux-ci proposent généralement des mesures, surtout des capacités réceptives, en matière de types de phrases et d'accords grammaticaux.

L'évaluation de la *structuration paragraphique* du langage est rarement effectuée dans les tests. Par *paragraphe*, on entend une série de phrases produites en continuité et se rapportant à un même thème. L'évaluation de cette structure doit porter sur : (1) la continuité topique ; (2) la co-référence pronominale ; et (3) le rapport logico-grammatical entre les phrases.

La *continuité topique* renvoie à la nécessaire cohésion entre les phrases qui entrent dans la composition du paragraphe. Le *rapport* entre phrases peut être marqué par les conjonctions de coordination et/ou par certains adverbes : *et, alors, dès lors, mais, donc, ainsi, cependant*, etc. Il convient en principe que le sens fonctionnel de la conjonction ou de l'adverbe soit respecté. Par exemple, si on utilise la forme *mais*, c'est normalement pour introduire une restriction. *Donc* signale une confirmation, une conséquence naturelle ou logique, etc.

Enfin, la *co-référence pronominale* intervient souvent d'une phrase à l'autre au sein des paragraphes. Tel nom peut être produit dans une première phrase pour être repris pronominalement dans la phrase suivante (par exemple, *Le directeur est en réunion avec l'inspectrice. Il vous appellera dès que possible*). La règle dans ce cas est celle d'une correspondance en genre et en nombre entre le nom et le pronom qui y renvoie. Cette règle n'exclut pas la possibilité de certaines ambiguïtés (par exemple, *Le directeur est en réunion avec l'inspecteur. Il vous appellera dès que possible*). Normalement, dans des énoncés de ce genre, on ne recourt pas à la pronominalisation co-référentielle ou on la circonscrit d'une manière discursive (par exemple, *Le directeur est en réunion avec l'inspecteur. Il (le directeur) vous appellera dès que possible*). Comment tester la capacité des sujets de comprendre la co-référence pronominale ? Il existe des moyens simples. A titre d'indication, nous fournissons (Tableau 4-15) une liste de paragraphes courts sans difficulté lexicale ou syntaxique particulière, de nature à évaluer la capacité des sujets d'utiliser les marques de genre et de nombre pour établir le rapport co-référentiel pronominal dans le cas des pronoms anaphoriques, c'est-à-dire pour lesquels le renvoi co-référentiel se fait en direction de la phrase précédente. Les paragraphes proviennent d'une étude menée par Rondal, Leyen, Brédart et Pérée (1984) avec 72 enfants et adolescents âgés de 10 à 14 ans (moitié filles, moitié garçons) et 24 adultes (entre 25 et 40 ans), tous originaires de la région Liégeoise. Ils se rapportent à un jeu de rôle, présenté dans la publication en question et rendant davantage plausible la production des paragraphes utilisés.

Tableau 4-15 — Paragraphes utilisés pour l'évaluation de la capacité co-référentielle pronominale dans l'étude de Rondal, Leyen, Brédart et Pérée (1984).

Paragraphes d'essais [1]

− Tous les jours, une infirmière vient soigner Monsieur Perlin. Interrogez-la pour savoir qui pourrait avoir besoin d'argent dans le village.
− Le garde-champêtre va chez la fermière demain vers dix heures et demi. Il vous attendra là pour discuter du plan.

Paragraphes d'évaluation

1. Souvent, après le travail, Catherine invite Pierre à la terrasse du petit café. Vous le prendrez à part pour discuter un moment.
2. Demain, à l'école, la directrice présentera le nouvel instituteur aux élèves. Vous le rencontrerez après la classe.
3. En partant au travail, Monsieur Jean dépose sa femme à l'arrêt du bus. A partir de cet endroit, vous la suivrez, disons jusqu'à onze heures.
4. Le docteur examine Madame Dufer demain après-midi. Tout de suite après, vous la mettrez au courant de notre plan.
5. Généralement, le postier attend sa femme vers cinq heures devant la poste. Empêchez-le de quitter son travail plus tôt que d'habitude.
6. Après-midi, la propriétaire accompagnera le directeur de la banque au commissariat. Vous la reconduirez, c'est plus sûr.
7. Le coiffeur de la rue Duchêne coiffe la boulangère le vendredi à midi. Vérifiez qu'il nous téléphone de là vers midi comme prévu.
8. La patronne du café a averti le serveur de notre plan. Elle vous demandera les derniers renseignements quand vous arriverez.
9. Demain, Madame Sulon ira encourager son cousin à la piscine. Elle vous remettra ensuite une enveloppe que vous ouvrirez directement.
10. Demain, Carlo entraînera Françoise sur le terrain près de la gare. Elle est dans le coup et vous fera signe si quelque chose se passe.
11. Chaque matin, Madame Dubois promène le vieux Jules sur la route du château. Il a remarqué quelque chose et vous le montrera demain.
12. Tous les vendredis, Jacky rencontre Martine à la Maison des Jeunes. Elle connaît bien les gens du village, essayez d'en savoir le plus possible.

[1] Les paragraphes d'essais servent à familiariser les sujets avec la tâche.

Les données de Rondal *et al.* (1984) indiquent qu'aux âges considérés les erreurs d'identification co-référentielles sont peu nombreuses (30 sur 1152 présentations). Les paragraphes avec pronom sujet ne se distinguent pas de ceux avec pronom objet, pas davantage que les paragraphes avec choix parallèle (où le pronom sujet renvoie au nom sujet de la phrase précédente, mutatis mutandis pour le pronom objet) par opposition aux paragraphes avec choix « croisé » (le pronom sujet renvoyant au nom objet de la phrase précédente, mutatis mutandis pour le pronom objet). La proportion d'erreurs est stable dans les trois groupes d'enfants et d'adolescents. Elle est significativement inférieure dans le groupe d'adultes, où pratiquement aucune erreur n'est commise. Ces données confirment l'indication dans la littérature spécialisée selon laquelle l'identification du co-référent nominal du pronom anaphorique se fait correctement pour l'essentiel à partir de 8 ou 9 ans d'âge, et parfois dès 6 ou 7 ans chez des enfants en développement plus rapide (*cf.* Kail & Léveillé, 1977; Garvey, Camarazza & Yates, 1975; Camarazza, Grober, Garvey & Yates, 1977).

On peut montrer, cependant, que le traitement (correct) de la co-référence pronominale se fait plus rapidement avec l'élévation en âge. Le Tableau 4-16 (repris à Rondal et al., 1984), illustre cette indication. La variable indépendante est le nombre de réponses dites rapides, c'est-à-dire celles fournies par les sujets avant qu'intervienne une seconde lecture du paragraphe par l'examinateur en cas de non-réponse immédiate par le sujet.

Tableau 4-16 — **Nombres moyens de réponses rapides par séries de paragraphes et par groupes d'âge.**

Séries de paragraphes	Groupes d'âge (années, mois) [1]				
	10	11,9	13,11	25-40 ans	Total
Relevé global	145	223	264	277	909
Paragraphes avec PS [2]	71	110	133	136	450
Paragraphes avec PO [3]	74	113	131	141	459

[1] Il s'agit d'âges moyens pour les groupes d'enfants et d'adolescents.
[2] PS : Pronom Sujet.
[3] PO : Pronom Objet.

Les différences apparaissant au Tableau 4-16 entre les groupes d'âge sont toutes statistiquement significatives. Elles confirment que l'élévation en âge chronologique est associée à un traitement plus rapide de la co-référence pronominale anaphorique. Le coefficient de corrélation de rang entre les deux variables est de.95. On peut accepter l'approximation linéaire pour la régression de l'âge sur le nombre de réponses rapides (Figure 4-3).

Structures morpho-syntaxiques et influences régionales

Que les pratiques lexicales puissent varier quelque peu selon les régions et les influences dialectales au sein d'un même territoire linguistique n'est pas de nature à étonner. Les parlers français Québecois, Wallon, Suisse romand, Africain du Nord, Africain du Centre, Picard, Breton,

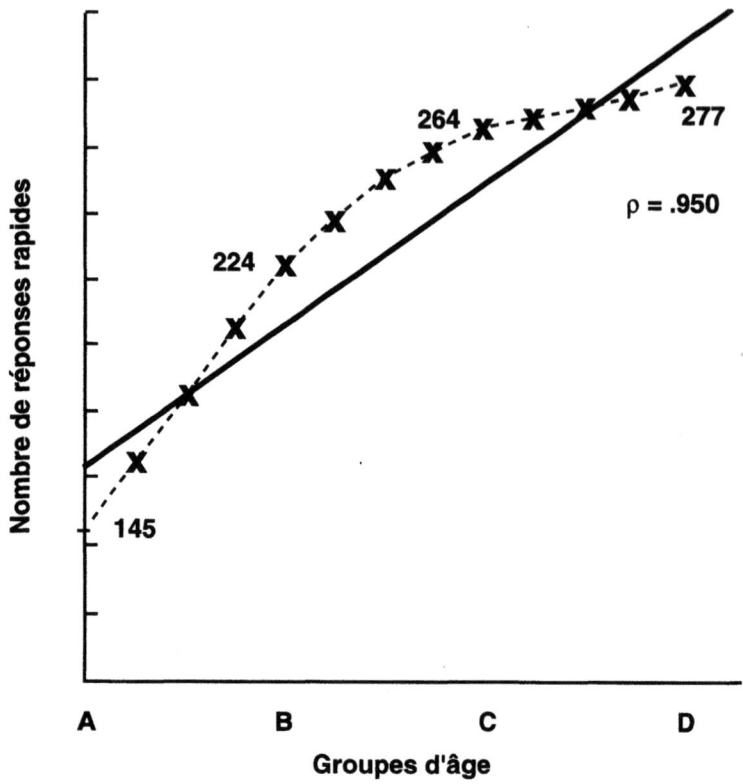

Note. A : 10 ans; B : 11 ans 9 mois; C : 13 ans 11 mois; D : 25-40 ans. Il s'agit d'âges moyens pour les groupes A, B, C.

Figure 4-3 — *Régression de l'âge chronologique sur le délai d'apparition de la réponse co-référentielle pronominale.*

Gascon, Provençal; ceux des territoires d'Outremer, etc., ont tous leurs particularités phonétiques et lexicales. Ces particularités sont rarement prises en compte dans les indications normatives fournies par les tests. Il est souhaitable de chercher à mettre au point des étalonnages régionaux pour les principaux tests de langage au lieu de procéder comme si tout un chacun devait se conformer à une norme langagière unique (parfois celle de l'Ile-de-France, mais le plus souvent, nécessité obligeant, celle de la région où la normalisation initiale a été effectuée).

Il est des aspects de la morpho-syntaxe qui présentent de notables variations régionales, pour lesquelles on peut parfois préciser les influences dialectales sous-jacentes. Il conviendrait de les recenser à partir des nombreux travaux philologiques sur ces points et d'en tenir compte dans la normalisation des tests de langage. A titre d'illustration, nous fournissons les résultats d'une étude que nous avons effectuée il y a quelques années simultanément en région parisienne et en région liégeoise. Elle porte sur l'emploi de l'adjectif possessif et de l'article devant le nom des parties du corps dans l'expression de la possession intrinsèque, parfois dite inaliénable (Rondal, 1977).

A la différence d'autres langues, le français marque la distinction sémantique entre possession intrinsèque et possession extrinsèque. On dit que la possession est intrinsèque lorsque la relation entre possédant et possédé est garantie, en quelque sorte, par la définition structurale du possédant. C'est le cas pour la relation entre l'être animal et les parties du corps. Dans les cas où l'identité du possesseur est claire, le français remplace l'adjectif possessif par l'article devant les noms désignant les parties du corps. On dira, par exemple, *Jean lève la tête* de préférence à *Jean lève sa tête*. On dira de même *Louis se frappe les cuisses* et non pas *Louis se frappe ses cuisses*. On dira également *Il a mal à la tête* et non *Il a mal (à) sa tête* (Grammaire Larousse du 20ᵉ Siècle, 1936; Grévisse, 1964). Le Grammairien reconnaît, cependant, au sujet parlant la liberté d'utiliser l'adjectif possessif en lieu et place de l'article pour des raisons stylistiques ou expressives. Ainsi le possessif peut être utilisé pour attirer l'attention sur la singularité d'un référent (*Elle a sa migraine*, A. France, *Balthasar*, p. 133) et dans un certain nombre d'autres contextes examinés par Hatcher (1944a, 1944b). Dans ces cas, l'emploi de l'adjectif possessif, en lieu et place de l'article, a pour effet d'isoler stylistiquement la partie envisagée en lui conférant une existence propre liée seulement à la personne par un rapport de possession extrinsèque. Par exemple, dire à quelqu'un *Prenez mon bras*, c'est faire de ce membre une simple chose comparable à une canne ou à une béquille. Il en est de même pour *Donner son sang pour la patrie* par opposition à *Avoir le sang chaud*.

Comparativement (et synchroniquement), une revue des tournures utilisées par différentes langues en relation avec l'expression de la distinction entre possession intrinsèque dans le cas des parties du corps, permet d'identifier quatre stratégies générales (*cf.* Rondal, 1976). La stratégie 1 consiste à utiliser l'adjectif possessif (ou son équivalent) dans tous les cas où est exprimé un rapport de possession, qu'il s'agisse d'un cas de possession extrinsèque ou intrinsèque. C'est la tendance qui semble prévaloir dans les parlers arabes. La stratégie 2 consiste à utiliser le possessif dans l'expression du rapport de possession, qu'il s'agisse d'un cas de possession extrinsèque ou intrinsèque, dans tous les cas sauf lorsque le nom possédé est complément (ou attribut) d'un verbe qui exprime lui-même la possession; le plus courant parmi ces verbes étant le verbe *avoir*. Cette stratégie existe en français (par exemple, *Il a une voiture, Il est brun de peau*) et dans un certain nombre d'autres langues, en même temps que d'autres stratégies. Par contre, cette stratégie semble être la seule qui existe, au point de vue envisagé, en wallon, en anglais, et en néerlandais. La stratégie 3 consiste à employer l'article au lieu du possessif devant les noms désignant les parties du corps lorsque figure au sein de la phrase un pronom personnel (réfléchi ou non) lequel exprime déjà la relation d'appartenance (par exemple, en français, *Il lui prit la main*). Elle existe aussi en allemand, parmi les langues que nous avons examinées. La stratégie 4 consiste à employer l'article au lieu du possessif dans les phrases qui expriment des gestes corporels (par exemple, *Jean lève la tête*) ou la perception de phénomènes intérieurs (par exemple, *Elle souffre de la tête*). Les stratégies 3 et 4 existent en français de même que dans les autres langues latines. Elles existent aussi apparemment en islandais et en norvégien.

Fait intéressant, ces stratégies (à l'exception de la stratégie 1) sont cumulatives. C'est-à-dire que les langues qui possèdent la stratégie 4 possèdent aussi les stratégies 3 et 2, et les langues qui possèdent la stratégie 3 possèdent aussi la stratégie 2, mais la réciproque n'est pas vraie. Il semble donc qu'il soit possible d'ordonner hiérarchiquement les stratégies identifiées ci-dessus. De la stratégie 2 à la stratégie 4, il y a une notable augmentation dans la subtilité, ou dans l'arbitraire, comme on voudra, du raisonnement qui sous-tend l'emploi de l'article au lieu du possessif. En effet, l'emploi de l'article dans le contexte du verbe *avoir* et de quelques autres verbes exprimant la possession (stratégie 2) semble aller de soi, si on peut dire. De même, l'emploi de l'article lorsque figure dans la phrase un pronom personnel qui spécifie l'identité du possesseur (stratégie 3) semble également être motivé. L'emploi de l'article dans les contextes du type *Jean lève la tête* (stratégie 4) n'est pas exempt, par contre, de quelque subtilité. Il est moins étonnant, de ce point de vue, que la plupart des langues parmi celles que nous avons comparées n'aient pas adopté ce dernier type de stratégie.

Ces données comparatives nous amènent à la question qui a servi de base au travail mentionné : à savoir, dans quelle mesure le développement des structures linguistiques liées à l'expression de la possession intrinsèque dans le cas des parties du corps en français, reflète l'ordonnance hiérarchique qu'on peut dériver d'une étude comparative de ces structures à travers les langues, ordonnance qui renvoie à une délicate interaction entre facteurs syntaxiques et sémantiques.

Les sujets de l'étude furent 72 enfants (32 garçons et 40 filles) de la région liégeoise et 72 enfants (34 garçons et 38 filles) de la région parisienne (Versailles), âgés de 3 à 11 ans. A l'intérieur de chaque groupe géographique, les enfants étaient répartis en sous-groupes de huit, chaque sous-groupe correspondant à une subdivision à l'intérieur des enseignements maternels et élémentaires (primaires) belge et français. Les âges chronologiques moyens des groupes étaient de 3 ans et 2 mois; 3,11; 4,8; 5,2; 6,7; 7,7; 8,5; 9,7; 10,7; et de 3 ans et 4 mois; 4,2; 5,2; 6,1; 7,11; 8,11; 9,9; 11,1; pour les enfants liégeois et parisiens, respectivement. Les groupes de sujets liégeois et parisiens ne différaient pas significativement quant à l'âge chronologique moyen au seuil de p.05. Le niveau socio-économique des deux groupes d'enfants pouvait être qualifié de moyen à moyen-supérieur (classe sociale III selon l'indice de position sociale adapté de Hollingshead, 1957) et ne différait pas significativement pour les deux groupes d'enfants non plus qu'à chacun des niveaux scolaires étudiés. Les mêmes critères de sélection au hasard au sein du groupe de leurs pairs, de cohabitation parentale, et d'unilinguisme familial, avaient présidé à la sélection des sujets. Les mêmes épreuves linguistiques ont été proposées également à un groupe de dix adultes de la région liégeoise et à un groupe de dix adultes de la région parisienne. Les deux groupes d'adultes étaient également du même niveau socio-économique (classe sociale III) selon l'échelle de Hollingshead.

Vingt-sept planches dessinées en noir et blanc mettant en présence un (seul) personnage humain, utilisées de façon à susciter chaque fois la production d'une phrase impliquant une action ou un état se rapportant à une partie du corps. Le Tableau 4-17 fait figurer les formes (verbe au mode infinitif) qu'on attendrait de la part d'un adulte appliquant les règles normatives de la grammaire française. Les planches A1 à A8 visaient à déterminer la production des formes verbales réfléchies. Les planches B1 à B8, la production de phrases dont les verbes expriment un geste corporel, et les planches C1 à C6, la production de phrases contenant le verbe *avoir* (*avoir mal*). Ces trois types de tournures exigent grammaticalement l'emploi de l'article devant les noms désignant les parties du corps. Les planches D1 à D5 visaient, par contre, à déterminer la production de phrases dans lesquelles c'est normalement le possessif qui apparaît pour marquer une relation de possession de type extrinsèque.

Tableau 4-17 — Formes (non conjuguées) considérées comme grammaticalement correctes dans l'expression de la possession intrinsèque se rapportant aux parties du corps (d'après Rondal, 1977).

Enoncés

(A) 1. Se laver les mains
2. S'essuyer la figure
3. Se boucher le nez
4. Se briser la jambe
   (S'être brisé la jambe)
5. Se frapper la poitrine
6. Se gratter la tête
7. Se frotter le bras
8. Se cogner la tête
   (S'être cogné la tête)

(C) 1. Avoir un gros nez
2. Avoir les cheveux roux
   (Etre roux de cheveux)
3. Avoir une bosse sur le front
4. Avoir un (son) chapeau sur la tête
5. Avoir un (son) ruban dans les cheveux
6. Avoir mal aux dents

(B) 1. Tirer la langue
2. Lever le bras
3. Fermer les yeux
4. Tourner la tête
5. Froncer les sourcils
6. Ouvrir la bouche
7. Agiter le bras
8. Donner la main

(D) 1. Ouvrir son parapluie
2. Lacer ses chaussures
3. Passer sa culotte
4. Porter son cartable
5. Perdre son mouchoir

Les critères employés pour la correction des phrases produites par les sujets en réponse aux planches dessinées variaient selon la catégorie des phrases. Pour les phrases A1 à A8, les réponses comportant l'emploi d'un verbe pronominal réfléchi (quel qu'il soit) suivi de l'article devant le nom désignant la partie du corps, sans préoccupation pour la dénomination exacte de la partie du corps, étaient jugées correctes (par exemple, en A1, les productions «[*Le*] *garçon (la fille) s'essuie (se frotte, se gratte, ...) les (le, la) main(s) (bras,...)*]». Pour les phrases B1 à B8, et C1 à C6, l'emploi, respectivement, d'un verbe exprimant un geste corporel (quel qu'il soit) et d'un verbe exprimant la possession, suivi de l'article devant le nom désignant la partie du corps assurait la correction de l'énoncé. Pour les phrases C4 et C5, particulièrement, la production de l'élément verbal *avoir mis*, au lieu de *avoir*, suivie de l'utilisation de l'article devant le nom de la partie du corps (par exemple, pour C4, «*Il a mis son chapeau sur la tête*») était considérée comme équivalente à la production du verbe *avoir* dans le même contexte. Pour les phrases D1 à D5, l'emploi de l'adjectif possessif devant le nom complément du verbe garantissait la correction de l'énoncé.

La fiabilité (constance) des réponses correctes selon la dimension de temps (test-retest) a été estimée pour l'ensemble des sujets, pour chaque groupe de sujets et pour chaque niveau d'âge au moyen du coefficient de corrélation linéaire «produit-moment» de Pearson. Les coefficients de corrélation obtenus pour l'ensemble des sujets et pour les sujets liégeois et parisiens sont respectivement de .88 ($p \leq .001$), .84 ($p \leq .001$) et .91 ($p \leq .001$). En ce qui concerne les niveaux d'âge, les coefficients de corrélation linéaire sont compris entre .74 ($p \leq .001$) et .96 ($p \leq .001$), légèrement supérieurs au sein du groupe de sujets parisiens et légèrement supérieurs au sein des deux groupes de sujets aux niveaux d'âge plus élevés, ce qui indique l'existence d'une constance des réponses légèrement moindre chez les sujets liégeois et, en général, chez les sujets plus jeunes. Un test t pour échantillons indépendants a été appliqué à l'ensemble des sujets et à chacun des deux groupes de sujets (liégeois et parisiens) selon le sexe. Il n'a révélé aucune différence significative dans les pourcentages moyens de réponses correctes pour chacune des quatre catégories de phrases selon le sexe des sujets.

La Figure 4-4 présente les pourcentages moyens de réponses correctes obtenues selon les niveaux d'âge pour les catégories de phrases A, B et C, avec le groupe d'enfants de la région liégeoise et avec le groupe d'enfants de la région parisienne. Les phrases de la catégorie D ne sont pas représentées à la Figure 4-4. Les pourcentages de réponses correctes (c'est-à-dire d'emploi de l'adjectif possessif) obtenus pour les phrases de la catégorie D varient entre 80 et 95 % pour les deux groupes de sujets et augmentent progressivement du premier au dernier niveau d'âge. Une analyse de variance (ANOVA) appliquée aux données obtenues pour les phrases de la catégorie D et pour les neuf niveaux d'âge du groupe de sujets parisiens et du groupe de sujets liégeois, n'a révélé aucun effet significatif attribuable à une interaction entre les variables groupe de sujets et niveau d'âge, non plus qu'aucun effet significatif attribuable à la variable groupe de sujets. Elle a révélé, par contre, l'existence d'un effet significatif attribuable à la variable niveau d'âge.

La Figure 4-4 témoigne des importantes différences existant entre le groupe de sujets liégeois et le groupe de sujets parisiens pour chacune des catégories de phrases A, B et C. Elle illustre également l'augmentation des pourcentages de réponses correctes avec l'élévation en âge au sein des deux groupes de sujets pour chaque catégorie de phrases. La même analyse de variance que celle utilisée pour la catégorie de phrases D a été appliquée, séparément, à chacune des catégories de phrases A, B et C. Cette analyse n'a révélé, dans les trois cas, aucun effet significatif attribuable à une interaction entre les variables groupe de sujets et niveau d'âge. Elle a révélé, par contre et pour les trois catégories de phrases, un effet significatif (à $p \leq .01$ et moins) des variables isolées groupe de sujets et niveau d'âge. Ayant rejeté l'hypothèse nulle pour la variable niveau d'âge dans les catégories de phrases A, B et C, on a poursuivi

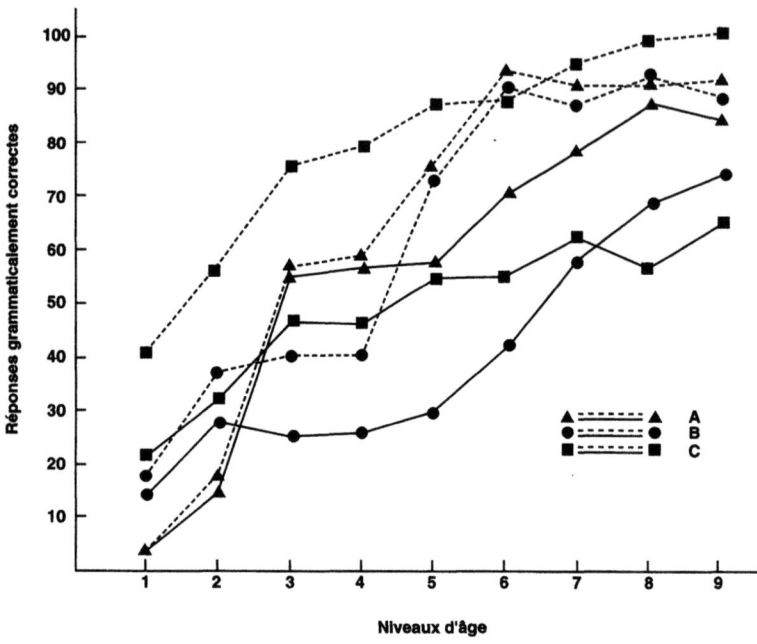

Note. A : phrases du type *Se laver les mains*; B : phrases du type *Tirer la langue*; C : phrases du type *Avoir une bosse sur le front*.

Figure 4-4 — *Possession intrinsèque dans le cas des parties du corps : pourcentages moyens de réponses correctes selon les niveaux d'âge pour les catégories de phrases A, B et C dans le groupe d'enfants de la région liégeoise (trait plein) et de la région parisienne (trait pointillé) (d'après Rondal, 1977).*

l'analyse statistique des effets attribuables à cette variable selon le Multiple Range Test de Newman-Keuls (Winer, 1971). Cette seconde analyse a révélé que pour la catégorie des phrases A les niveaux d'âge 1 et 2 diffèrent significativement des niveaux 3 à 9 pour les deux groupes de sujets. Pour les phrases de la catégorie B, les niveaux d'âge 1 à 6 diffèrent significativement des niveaux 7 à 9 pour le groupe de sujets liégeois. Il en va de même pour les niveaux 1 à 4 par rapport aux niveaux 5 à 9 pour le groupe de sujets parisiens. Enfin, pour les phrases de la catégorie C, les niveaux 1 à 4 diffèrent significativement des niveaux 5 à 9 pour le groupe de sujets liégeois. Il en va de même pour les niveaux 1 et 2 par rapport aux niveaux 3 à 9 pour le groupe de sujets parisiens. L'analyse des erreurs en réponse à la présentation des planches dessinées A1 à A8 est intéressante. Trois types d'erreurs étaient possibles. Le premier type d'erreur (I) consistait à utiliser la forme verbale pronominale réfléchie et à faire précéder le nom de la partie du corps de l'adjectif possessif (par exemple, *Il se lave ses mains*). Le second type d'erreur (II) consistait à utiliser une forme verbale non-pronominale et à faire précéder le nom de la partie du corps de l'adjectif possessif (par exemple, *Il lave ses mains*). Enfin, le troisième type d'erreur (III) consistait à utiliser une forme verbale non-pronominale et à faire précéder le nom de la partie du corps de l'article (par exemple, *Il lave les mains*). En ce qui concerne les réponses aux planches B, C et D, la seule alternative possible à la production d'une réponse grammaticale était la production d'une réponse employant l'adjectif possessif devant le nom de la partie du corps pour les phrases du type B et C, et d'une réponse faisant usage de l'article au sein du syntagme nominal complément du verbe dans les phrases du type D. Pour les phrases de la catégorie A, le type d'erreur III est rare (moins de 4 % en valeur moyenne) dans les réponses des enfants liégeois et parisiens. L'erreur la plus fréquente, dans les deux groupes de sujets et à chaque niveau d'âge est l'erreur de type II. L'erreur de type I, pratiquement absente avant le niveau d'âge 3 (environ 5 ans), dans les deux groupes de sujets, augmente modérément en fréquence aux niveaux d'âge suivants, en parallèle avec l'emploi plus fréquent de la forme verbale pronominale réfléchie dans les phrases produites à ces niveaux d'âge, sans cependant dépasser, à aucun niveau d'âge et pour aucun groupe de sujets, 10 % d'erreurs en valeur moyenne.

On ajoutera à ces données les pourcentages moyens de réponses correctes obtenues pour les catégories de phrases A, B et C, chez un groupe de dix sujets adultes de la région liégeoise et chez un groupe de dix sujets adultes de la région parisienne. Pour les adultes de la région liégeoise, ces pourcentages s'élèvent à 81 %, 72 % et 66 % pour les phrases des catégories A, B et C, respectivement. Pour les adultes de la région parisienne, les pourcentages s'élèvent à 89 %, 86 % et 98 % pour les catégories de phrases A, B et C, respectivement. Une comparaison statistique (test t pour échantillons indépendants) indique que les différences entre les pourcentages moyens des deux groupes de sujets adultes sont significatives pour les trois catégories de phrases ($p \leq .05$, $p \leq .05$ et $p \leq .01$, pour les phrases des catégories A, B et C, respectivement). On a testé de la même façon les différences entre les pourcentages moyens de réponses correctes obtenues avec les adultes et les enfants du 9e niveau d'âge. Le test n'a révélé aucune différence significative entre les adultes et les enfants du 9e niveau d'âge, et ce pour chacune des catégories de phrases A, B et C. Le type d'erreur prédominant chez les adultes liégeois et parisiens pour les phrases de la catégorie A est le même que pour les enfants, c'est-à-dire la tournure avec emploi d'une forme verbale non-pronominale suivie de l'emploi de l'adjectif possessif devant le nom de la partie du corps (erreur de type II).

La réponse à la question posée au départ de l'étude, à savoir dans quelle mesure le développement des structures linguistiques liées à l'expression de la possession intrinsèque dans le cas des parties du corps, en français, reflète l'ordonnancement de ces structures telle qu'on peut l'établir sur la base d'une étude comparative à travers les langues, est positive. Au moins en ce qui concerne le groupe de sujets parisiens, les premières tournures à atteindre un certain niveau de correction exprimé en pourcentage moyen (par exemple, 80 % de réponses grammaticales) sont celles de la catégorie C (type : *Avoir une bosse sur le front*) qui correspondent à ce que nous avons appelé plus haut la stratégie 2; suivies par les phrases de la catégorie A (type : *Se laver les mains*), qui correspondent à la stratégie 3; et par celles de la catégorie B (type : *Tirer la langue*), qui correspondent à la stratégie 4. En ce qui concerne les enfants liégeois, la situation est rendue plus complexe par l'influence du parler adulte local sur le parler enfantin, influence illustrée indirectement dans les réponses obtenues de la part des sujets adultes liégeois en réponse à la présentation des planches dessinées. Cette influence du parler local semble être particulièrement marquée en ce qui concerne les phrases des catégories B et C, où les réponses fournies par les enfants liégeois des derniers niveaux d'âge et par les adultes liégeois ne dépassent pas 70 % de correction en valeur moyenne. Cela atteste la tendance qui existe dans le parler français de la région liégeoise [certainement influencé indirectement par le wallon, et peut-être par l'allemand et le flamand (néerlandais)] à employer l'adjectif possessif plus souvent que ne le voudrait le grammairien du français standard devant les noms désignant les parties du corps lorsque ces noms sont les compléments de verbes exprimant des gestes corporels ou exprimant eux-mêmes la possession, comme le verbe *avoir*. Une telle influence du parler régional est manifeste dans les réponses des enfants dès le premier niveau d'âge étudié (environ 3 ans). Le cas des phrases de la catégorie A (type : *Se laver les mains*) est particulier. L'influence des modèles régionaux ne s'y fait pas sentir nettement avant environ 7 ans, sans doute en raison du fait que les structures verbales pronominales tendent à apparaître plus tardivement dans le parler des enfants. *Les données exposées démontre clairement la nécessité de prendre en compte les variations régionales dans l'évaluation langagière, y compris pour les aspects morpho-syntaxiques.*

Développement morphosyntaxique

Il est évidemment utile de pouvoir disposer de clairs points de référence quant au développement morpho-syntaxique de façon à interpréter correctement les résultats aux tests et aux épreuves de morpho-syntaxe, particulièrement ceux qui concernent le développement. Ce qui suit n'est qu'un rapide et bref résumé du développement morpho-syntaxique chez l'enfant. Le lecteur désireux d'approfondir son information pourra consulter l'un ou l'autre des ouvrages spécialisés existant dans la littérature sur cette question.

La capacité de combiner plusieurs mots dans le même énoncé accroît considérablement le pouvoir expressif du système langagier. La réalisation de messages verbaux contenant plusieurs mots renforce notablement la valeur informative des énoncés; secondement, un énoncé à plusieurs mots permet, beaucoup plus facilement qu'un énoncé à un mot, l'expression de *relations de sens*, par exemple l'expression d'un rapport de possession ou de localisation (*ma voiture, parking à droite*, etc.). L'accession de l'enfant au langage combinatoire vers 20-24 mois représente une phase de première importance dans le développement linguistique.

Cette accession est souvent précédée d'une période intermédiaire entre les *holophrases* et *l'expression combinatoire* au cours de laquelle l'enfant produit des «mots isolés successifs» dont le rapport sémantique apparaît aisément à l'observateur à défaut d'être marqué formellement. Ces énoncés sont caractérisés par une succession de deux mots disposant chacun de leur contour intonatoire et séparés par une pause de courte durée, par exemple *papa... pati (parti)*. La suppression de la pause entre les mots et la production des deux mots sous couvert du même contour intonatoire, c'est-à-dire avec abaissement de la voix sur le second mot seulement (par exemple, *papa pati*) assure le passage au stade des énoncés à deux mots.

Dès qu'il y a expression combinatoire, il y a possibilité, disons-nous, d'exprimer plus clairement qu'au stade des holophrases les *relations sémantiques* de base (*cf.* le Tableau 4-13, précédemment). Les *marquages morphologiques inflexionnels* (pluriel, accord en genre et en nombre adjectif épithète-substantif; accord en nombre sujet-verbe; accord référentiel pronom-référent; conjugaison verbale pour marquer le temps et l'aspect; etc.) permettent d'exprimer des *relations sémantiques additionnelles*.

La façon dont le jeune enfant apprend à comprendre les énoncés en utilisant *l'ordre des mots* et à ordonner correctement ses propres énoncés selon les règles de la langue n'est pas complètement élucidée. Ce qui frappe, c'est la rapidité avec laquelle le jeune enfant maîtrise les règles séquentielles de base du discours dans sa langue. Dès 30 mois environ, la plupart des énoncés sont correctement ordonnés.

Au plan de la *forme*, les principales différences entre les énoncés à deux et à trois mots du jeune enfant et les énoncés de l'adulte sont de deux ordres. Elles concernent, d'une part, ce qu'on peut appeler pour faire simple les classes de *«mots grammaticaux»* — ce sont les articles, les prépositions, les auxiliaires, les conjonctions et les adverbes — et les *morphèmes inflexionnels*. Ces éléments sont généralement absents du langage du jeune enfant, d'où l'appellation «langage télégraphique» parfois utilisée pour caractériser ce type de langage. Elles concernent, d'autre part, le *marquage syntaxique* des modalités du discours (différents types de phrases) inexistant ou très réduit chez le jeune enfant. Cela n'implique nullement que ce dernier soit dans l'incapacité de pratiquer les principales fonctions pragmatiques du langage à son niveau. Il le fait mais avec des moyens formels réduits, peu différenciés et largement dépendants du contexte.

L'augmentation de la charge sémantique des énoncés, l'allongement qui en résulte, et les exigences accrues de précision dans la communication rendent ces perfectionnements nécessaires. Il est utile de garder en mémoire qu'ils interviennent à titre de superstructures sur la base d'une structure formelle minimale déjà présente, mais à valeur sémantique et communicative réelle.

La phrase est une unité grammaticale. Les développements subséquents portent sur le développement du syntagme nominal et sur le marquage du verbe pour l'aspect et le temps. On verra la littérature spécialisée pour des détails sur ces développements (par exemple, Rondal, 1981, et Rondal & Brédart, 1983, en français). Le Tableau 4-18 illustre, à titre d'exemple, les principales étapes de l'acquisition d'un certain nombre de structures grammaticales en français.

Syntagme nominal

Le syntagme nominal peut contenir un ou plusieurs articles, adjectifs (épithètes et autres), prépositions et adverbes, en plus du ou des noms qui en constituent le noyau. L'article, en français, sert à marquer le genre, le nombre et le caractère défini ou indéfini du substantif qu'il accompagne. L'évolution de l'utilisation correcte de l'article par l'enfant se fait dans cet ordre. Les raisons en sont probablement la complexité intrinsèque des trois marquages, d'une part, et l'exposition au langage de l'en-

Tableau 4-18 — Chronologie de l'apparition des principaux constituants non-nominaux du syntagme nominal dans le parler de l'enfant.

Ages (mois)	Articles	Pronoms personnels	Pronoms possessifs	Adjectifs possessifs	Prépositions et adverbes
27		moi			Préposition marquant la possession et le bénéfice (*à, de, pour*)
30	Indéfinis	*je, tu, toi*			
-	Accord en genre avec le nom déterminé	*il*		*ton, ta, tes* *son, sa, ses*	Adverbes de lieu (*dedans, dessus, devant, derrière*)
36		*elle, le, la*	*mon mien*		Préposition de lieu (*à, dans, sur, sous, près de, en*); *avec* (exprimant l'accompagnement)
-	Définis	*vous, me, te*	*ton tien*		
42	Accord en nombre avec le nom déterminé	*nous, on*	*son sien*	*notre, votre* *nos, vos*	
-					
48		Autres pronoms personnels			*Avec* (exprimant l'instrumentation)
54	Les indéfinis tendent à être employés en lieu et place des définis			*leur(s)*	Adverbes de temps (*aujourd'hui, hier, demain, maintenant, tout de suite, d'abord, tout à l'heure,* etc.)
-					
60			*le mien*		Prépositions de temps (*avant, après, pendant*)
66			*le tien*		
72	Emploi correct des articles		*le sien, le nôtre, le vôtre, le leur*		

tourage, d'autre part. Le genre grammatical est le plus souvent arbitraire en français. Il n'y a pas plus de raison de spécifier *automobile* comme étant du genre féminin qu'*ouragan* comme étant du genre masculin. Par contre certaines spécifications de genre sont motivées (par exemple, *un homme, une femme, un cerf, une biche*, etc.). Diverses langues ont une catégorie *neutre*, où on regroupe une série d'entités que l'on n'a pas de raison particulière d'affecter à tel ou tel genre. Une telle catégorie n'existe pas en français. L'arbitraire de la spécification du genre grammatical oblige à apprendre et à retenir de mémoire la spécification du genre pour un grand nombre de mots de la langue. C'est une tâche énorme et pourtant le jeune enfant s'y trompe rarement alors que l'étranger s'y laisse souvent piéger («*J'ai mis le clef dans mon poche*»). C'est sans doute en raison des centaines d'épisodes où l'enfant a entendu de la bouche des interlocuteurs plus avancés de son entourage les mots associés directement à un article ou à un adjectif (démonstratif, possessif, interrogatif, qualificatif) qui en spécifie le genre grammatical. On associe ainsi, à condition d'y avoir été exposé suffisamment, article ou adjectif et nom (par exemple, *le cheval, la vache, ma poche*, etc.), ce qui constitue simultanément un moyen pratique de conserver en mémoire l'indication de genre du substantif en question. A la longue, des raccourcis associatifs prennent sans doute place, par exemple, entre la terminaison du mot et son genre grammatical (par exemple, *-ais, -eur, -illon*, ↔ masculin, *-ssion, -stion, -(a)tion* ↔ féminin). Les articles sont ensuite correctement utilisés quant au nombre et ensuite seulement au plan de la spécification du caractère défini ou non défini de l'acceptation du substantif utilisé. Cette dernière spécification est malaisée pour le jeune enfant, d'où le caractère relativement tardif de sa maîtrise. La règle stipule que l'article indéfini est utilisé si le nom accompagné désigne n'importe quel représentant d'une classe donnée de référents ou une classe de référents en général sans autre spécification (par exemple, *Il a acheté un Van Gogh*). L'article défini est d'usage si le référent est connu ou s'il a été introduit préalablement dans la conversation, c'est-à-dire si le référent en question a été précédemment identifié comme étant une unité particulière d'une classe de référents (par exemple, *Il a acheté la villa à l'orée du bois*). En dernière analyse, c'est la connaissance prêtée à l'interlocuteur du caractère déterminé ou non du référent qui fait la décision dans le choix de l'article défini ou indéfini. L'article indéfini tend à être employé là où le défini devrait être utilisé jusqu'à environ 6 ans. Avant cet âge, l'enfant semble souvent incapable d'apprécier la connaissance de l'interlocuteur et d'intégrer en mémoire les spécifications qui sont intervenues dans la ou les conversations préalables.

Les pronoms personnels de 3ᵉ personne (*il, elle, lui, eux*, etc.) apparaissent plus tardivement dans le parler de l'enfant que les pronoms personnels sujets et objets de 1ʳᵉ et 2ᵉ personne du singulier (*moi, je, tu, toi*). Au plan réceptif, on assiste à une intéressante évolution dans les stratégies d'interprétation des référents pronominaux avec l'âge. Avant 6-7 ans, l'enfant ne fait pas une utilisation systématique des marques de genre et de nombre dans l'identification du substantif auquel renvoie le pronom. Une stratégie courante consiste à prendre pour référent du pronom le nom le plus proche dans la chaîne du discours. Cette stratégie permet d'identifier correctement le référent du pronom dans certains cas (par exemple, *Pierre est venu avec Arlette ; elle va mieux*), mais non dans d'autres cas (par exemple, *Pierre est venu avec Arlette ; il va mieux*). Une autre stratégie qui peut recouper la précédente, est celle dite du «non-changement de rôle». On tend à conserver dans la seconde proposition (contenant le pronom) les mêmes fonctions grammaticales que dans la première proposition (par exemple, *Robert s'est tourné vers Jacques après qu'il eut vidé son verre*).

L'acquisition des pronoms possessifs se fait d'une façon comparable à celle des pronoms personnels mais à des âges plus avancés. Comme pour les pronoms personnels, les pronoms possessifs des deux premières personnes, particulièrement au singulier, sont acquis en compréhension et production avant les pronoms de 3ᵉ personne.

En ce qui concerne les adjectifs possessifs, il y a peu de données disponibles. L'emploi de l'adjectif possessif répond à un principe d'économie. Il permet de ramener les expressions du type *X appartient à Y* ou *X fait partie de Y* — où X est tout ou partie d'un objet ou d'une personne et Y une personne ou un objet — aux expressions du type *adjectif possessif + X*. La sélection de l'adjectif possessif (AP) comporte obligatoirement les opérations suivantes :

Opération 1 : Sélection de la personne de l'AP selon le contexte interpersonnel de l'interaction linguistique : 1ʳᵉ personne : lorsque le(s) locuteur(s) est (sont) le(s) possédant(s) — 2ᵉ personne : lorsque le(s) récepteur(s) est (sont) le(s) possédant(s) — 3ᵉ personne : lorsque le(s) possédant(s) est (sont) autre(s) que le(s) locuteur(s) récepteur(s).

Opération 2 : Sélection de l'AP selon le nombre et le genre du *possédé*, la sélection selon le genre n'étant offerte qu'à l'intérieur de la catégorie nombre singulier. Une exception existe qui concerne la sélection de l'AP selon le genre. En effet, si le mot qui suit l'AP commence par une voyelle, l'AP masculin est sélectionné obligatoirement (par exemple, *ma voiture, mon automobile, ma belle automobile, mon extraordinaire auto-*

mobile, ma très belle automobile, mon extrêmement spectaculaire automobile).

Opération 3 : Sélection de l'AP selon le nombre du *possédant* (singulier ou pluriel, selon qu'il y a possession simple ou co-possession ou selon le degré de déférence manifesté (forme polie) au possédant; ce dernier choix ne pouvant intervenir que pour les AP des deux premières personnes.

Ce système complexe (résumé au Tableau 4-19 est acquis graduellement. L'enfant, dans un premier temps, n'utilise pas l'AP. Il exprime cependant la relation *X appartient à Y* mais par d'autres moyens verbaux. Il faut se rappeler que la relation de possession est une des premières relations sémantiques à être exprimées. Le jeune enfant l'exprime de trois façons (les parenthèses signalent le caractère facultatif de certains composants) : (1) [(préposition *à*) + possédant] par exemple (*à*) *moi*. (2) [(article) + possédé + (préposition *à/de*) + possédant], par exemple, (*La*) *balle (à)(de) Dédé*. (3) [possédant + possédé], par exemple, *Papa bic (glose, le bic de papa)*. Les premières productions de l'AP par l'enfant semblent se rapporter à des situations où le possédant est une personne. On relève peu ou pas de formes possessives répondant aux cas où il y a co-possession (*notre, nos, votre, vos, leur, leurs*). Ces dernières formes impliquent une analyse plus complexe du contexte interpersonnel de la situation de communication. L'opération 3 décrite ci-dessus n'est donc pas appliquée par le jeune enfant ou alors elle ne comporte qu'une alternative, celle du singulier. La sélection productive de l'AP et l'expression de la possession s'en trouve simplifiées et restreintes. Les données manquent encore pour établir s'il y a une séquence développementale dans l'apparition de l'AP selon la personne, le genre, et le nombre. La première personne semble être la première à apparaître dans le parler de l'enfant — Rondal et Neves (1979) — (on ne dispose pas d'information sur les capacités réceptives de l'enfant à ce point de vue et sur leur développement). Dès ce moment, l'accord en genre et en nombre entre l'AP et le possédé est marqué correctement (par exemple, *ma main, mon sou, ma poche, mes cheveux*). Les 2e et 3e personnes apparaissent un peu plus tard. L'enfant accomplit donc correctement les opérations 1 et 2 assez tôt dans le développement et ces deux opérations sous-tendent la production correcte de l'AP lorsque le possédant est singulier.

Tableau 4-19 — Les adjectifs possessifs.

Personne	Possédant	Possédé Masculin	Possédé Féminin	Possédé Pluriel
1ʳᵉ pers.	Sg	mon	ma	mes
	Pl	notre	notre	nos
2ᵉ pers.	Sg	ton	ta	tes
	Pl	votre	votre	vos
3ᵉ pers.	Sg	son	sa	ses
	Pl	leur	leur	leurs

Les premières prépositions à apparaître dans le parler de l'enfant sont *à* indiquant le possesseur (*cf. supra*), *de* marquant la possession (idem), et *pour* indiquant le bénéficiaire [par exemple, (*C'est) pour moi*]. Les prépositions de lieu apparaissent dans le courant de la troisième année souvent précédées par certains adverbes de lieu comme *dedans* et *dessus* (*d'dans, sur, d'sus*). L'usage des adverbes et des prépositions de temps est rare jusqu'à environ 3 ans. Il s'intensifie ensuite. Cependant, la compréhension des prépositions et des adverbes, notamment ceux qui expriment des relations spatiales et temporelles, reste approximative et partielle tant que l'enfant ne maîtrise pas les notions cognitives qui sous-tendent la référenciation de ces termes, ce qui peut prendre un certain temps.

Aspect et temps

On désigne par *aspect*, un certain nombre de caractéristiques qui concernent la signification exprimée par le verbe, indépendamment de la chronologie impliquée. Au nombre des caractéristiques aspectuelles figurent :

— La distinction entre l'action en cours et l'action intemporelle (respectivement, *Elle est en train d'étudier Hamlet - Elle était en train d'étudier Hamlet; Elle étudie Hamlet - Elle étudiait Hamlet*).

— Le centrage sur le résultat de l'action ou sur son déroulement (*Elle a joué de la flûte au 14 juillet; Elle jouait de la flûte à bec*).

— L'événement répétitif et l'événement isolé (*Elle joua de son instrument pour nous; Elle jouait chaque fois qu'elle en avait l'occasion*).

— L'expression du souhait («futur désidératif») -(*Ca va être bientôt Saint-Nicolas*).

– La convention dans l'imaginaire (*On disait que j'étais le chef*).

A partir de la 5ᵉ année environ, l'enfant utilise essentiellement les mêmes formes verbales que l'adulte. Il ne s'ensuit pas, cependant, qu'il s'en serve uniquement pour marquer le rapport de temps entre le moment de l'énonciation et celui de l'action, de l'état ou du processus, exprimé par le verbe ou entre les différents événements mentionnés dans l'énoncé. Jusqu'à 6 ans au moins l'enfant semble recourir davantage aux adverbes et aux conjonctions de temps (*après, tantôt, avant, pendant que*, etc.) pour exprimer les relations temporelles entre les événements rapportés. Les inflexions verbales jusqu'à cet âge serviraient surtout à exprimer des caractéristiques aspectuelles de l'action.

Le Tableau 4-20 énumère les principaux aspects du développement du langage jusqu'à environ 4 ans.

Il s'en faut de beaucoup, cependant, pour que le développement langagier soit achevé à quatre ans. Par exemple, la production de certains phonèmes articulatoirement délicats, c'est-à-dire pour lesquels la marge de manœuvre dont on dispose au plan de la mécanique articulatoire est plus étroite, comme *s, z, ch, j, l*, et *r*, en langue française, reste à acquérir, ou à perfectionner et à stabiliser dans nombre de cas. Il arrive souvent chez l'enfant entre 4 et 6 ou 7 ans que des phonèmes articulatoirement délicats soient correctement prononcés en isolation ou dans des mots courts et par ailleurs faciles à articuler. Cependant, dès que le phonème en question est intégré dans un ensemble où figurent plusieurs phonèmes

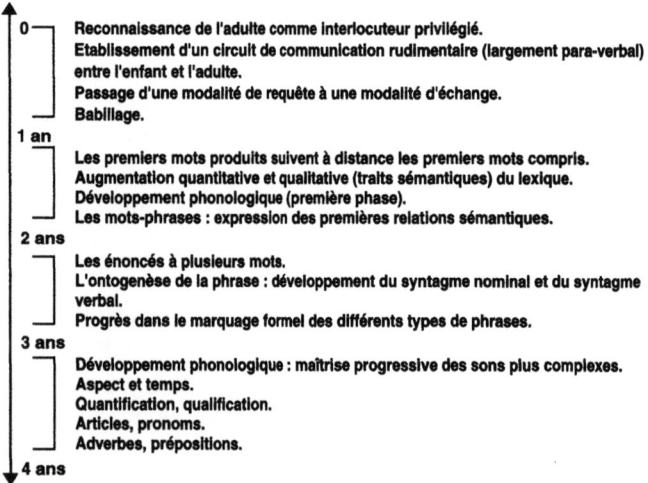

Tableau 4-20 — *Principaux aspects du développement du langage jusqu'à 4 ans.*

difficiles ou dans un ensemble d'une certaine longueur, moins ou pas familier, l'enfant éprouve des difficultés sérieuses à le co-articuler. La maîtrise progressive sur les phonèmes constrictifs et latéraux et les progrès de la co-articulation des ensembles articulatoires complexes constituent l'essentiel des perfectionnements qui interviennent au plan articulatoire après 4 et 5 ans.

La parataxe (prévalence de la coordination dans le discours complexe) prédomine jusqu'aux environs de 4 ans, âge à partir duquel se met en place l'hypotaxe (marquage formel de la subordination). Les subordonnées sont souvent précédées dès la 3è année, par ce qu'on appelle les «fausses relatives» (par exemple, *Bébé qui pleure*) où il n'y a pas subordination mais plus simplement positionnement du pronom relatif entre le sujet et le verbe de la phrase. On trouve ensuite des constructions où il y a subordination dans les faits, si on peut dire, mais où le relatif ou la conjonction de subordination font encore défaut (*Regarde la voiture Parrain a apporté*; *Maman dit tu dois venir*). Apparaissent ensuite les relatives et les complétives correctement construites au plan de la subordination. Les relatives produites à ce stade se constituent presque exclusivement en constituants propositionnels du syntagme verbal de la proposition principale. Ils se substituent aux structures juxtapositives et coordonnées (par exemple, *J'entends le bébé. Il est en haut*; *J'entends le bébé qui est en haut*). L'enfant ne produit que plus tard des phrases où la relative est enchâssée à titre de constituant du syntagme nominal sujet (par exemple, *Le bébé qui est en haut est en train de pleurer*). Les enchâssements «à gauche», avec allongement consécutif du syntagme nominal sujet et mise à distance du verbe principal, sont plus rares, même en langage adulte, en raison notamment de la charge procédurale accrue sur la mémoire à court terme.

Pour ce qui est des *subordonnées circonstancielles*, une catégorie numériquement importante reprend les circonstancielles de cause et de conséquence. Elles sont les premières à apparaître aux environs de 4 ans, [par exemple, *Il est parti parce que («pasque»)* tu es méchant; *Il est parti, alors* (dans un sens consécutif) *je joue tout seul*]. Le passage à la subordination dans le cas des temporelles s'effectue entre 5 et 10 ans. Cette formulation implique que l'un des deux événements décrits dans la phrase complexe soit pris comme point de référence temporel pour situer discursivement l'autre événement et que les deux événements décrits soient situés l'un par rapport à l'autre dans un rapport de simultanéité, d'antériorité, ou de postériorité. La mise en relation des deux événements décrits est arbitraire au sens où l'ordre des propositions peut ne pas refléter l'ordre des événements. Par exemple, je peux dire indistinctement

Avant d'effectuer ses recherches à Princeton, Einstein était fonctionnaire, ou *Einstein était fonctionnaire avant d'effectuer ses recherches à Princeton*. La complexité des repérages cognitifs à effectuer, celle des marquages lexico-sémantiques, et la relative indépendance de l'ordre discursif par rapport à l'ordre réel des événements référés font longtemps problème à l'enfant.

Comme nous l'avons indiqué précédemment, les phrases passives adoptent pour *sujet grammatical* non pas l'agent de l'action exprimée par le verbe (prenons le cas commun des verbes d'action; mais il existe d'autres types sémantiques de verbes), comme c'est le cas pour les phrases actives, mais bien le patient de cette action. L'agent de l'action exprimée par le verbe ou *sujet «logique»* est introduit en surface au moyen d'une préposition dite agentive (*par* le plus souvent). Il arrive aussi qu'il reste sous-entendu. On parle alors de *passive tronquée*. La passivisation implique l'intervention de l'auxiliaire *être* et du *participe passé*. Par exemple, *Un médicament lui a été prescrit* (sous-entendu *par quelqu'un*); *Les enfants sont aimés des parents*; *La bête fut maîtrisée par un garçon d'écurie*. La co-existence dans le langage de phrases actives et passives correspondantes (par exemple, *La fille a poussé le garçon*; *Le garçon a été poussé par la fille*) implique la capacité d'envisager un même événement à un double point de vue, celui de l'agent et du patient, respectivement, et de coder chaque alternative d'une manière formellement différente. La fonction principale des phrases passives est *stylistique*. Ce type de phrase permet d'attirer l'attention de l'interlocuteur sur l'information nouvelle fournie dans la phrase (en plaçant cette dernière en tête de phrase) alors qu'habituellement l'information nouvelle correspond au prédicat et est donc située dans la seconde partie de la phrase. Les notions d'information nouvelle et ancienne renvoient soit à ce que les interlocuteurs ont pu apprendre dans le cours de l'échange discursif, soit aux connaissances dont ils disposaient au préalable. Prenons, toujours à titre d'exemple, la phrase *Le garçon a été poussé par la fille* et comparons-la à l'active correspondante *La fille a poussé le garçon*. La phrase passive met en évidence la «victime», c'est-à-dire dans ce cas-ci, le garçon. La passivisation, en ce sens, joue un rôle comparable dans la langue à celui de l'emphase (par exemple, *C'est le garçon que la fille a poussé!*) (*cf.* le Chapitre 5 pour plus d'informations sur cette dernière notion).

Sur un plan *sémantique-pragmatique*, il convient de distinguer au sein des phrases passives, d'une part, les phrases dites *renversables* (par exemple, *La fille est poussée par le garçon*) et les phrases non-renversables (sinon de façon métaphorique dans l'univers que nous connaissons), comme *Le médicament est prescrit par le médecin*). La production des phrases passives reste statistiquement faible même dans le langage adulte (environ 5 %). L'enfant ne formule guère de phrases passives syntaxiques complètes avant 7 ou 8 ans. Il est capable de comprendre les phrases passives non-renversables dès 4 ou 5 ans, tandis qu'il faut attendre jusqu'à 9 ou 10 ans pour voir se stabiliser la compréhension des passives renversables. La raison en est simple. Il n'est nullement indispensable de façon à comprendre un énoncé passif non-renversable, d'en faire une analyse syntaxique approfondie. Il suffit de conjuguer une certaine connaissance des éléments lexicaux de la phrase et des réalités de l'univers habituel. Il y est exclu, par exemple, d'assister à la prescription d'un médecin par un médicament. C'est tellement vrai que nombre de passives non-renversables donnent lieu, dans la pratique, à des passives tronquées. De leur côté, les passives renversables exigent une analyse syntaxique plus approfondie.

Dimension métamorpho-syntaxique

Cette dimension est liée à la capacité de prendre conscience de l'organisation grammaticale du langage et de celle qui sous-tend l'une ou l'autre langue, en particulier. Elle peut être rudimentaire chez l'usager moyen et très développée chez le linguiste professionnel. Chez l'enfant, les réalisations conscientes de cet ordre apparaissent tardivement et elles restent habituellement très limitées comme on vient de le dire (voir Brédart & Rondal, 1982; et Gombert, 1990; pour davantage de détails définitionnels et développementaux). Elles sont largement précédées par une maîtrise graduelle sur les aspects fonctionnels de la morpho-syntaxe (c'est-à-dire, la capacité de construire et de comprendre des phrases grammaticales, sans pouvoir expliquer la façon de procéder). L'école cherche, certes, à favoriser les prises de conscience de l'organisation grammaticale de la langue maternelle, et ensuite, éventuellement, des langues secondes et tierces; en général, avec beaucoup de difficultés ainsi qu'en témoignent les recherches (malheureusement encore trop peu nombreuses) sur le sujet. A titre d'exemple et de démonstration, nous pouvons citer le travail réalisé en notre laboratoire par Brigitte Théwis (1991).

Théwis a proposé à un groupe d'enfants de 4e année primaire et à un autre groupe d'enfants de 6e année primaire, tous en développement normal, d'identifier le mot ou le groupe de mots *sujet* (grammatical), le *verbe*, et le mot ou groupe de mots complément d'objet direct (COD), dans une cinquantaine de phrases (actives, passives, interrogatives, impératives, avec ou sans proposition subordonnée, etc.), présentées en modalité écrite. Les pourcentages moyens globaux de réussite ne diffèrent pratiquement pas dans les deux groupes d'enfants (64,7 % en 4ᵉ année contre 65,4 % en 6ᵉ année primaire). Davantage d'erreurs portant sur le COD que sur le verbe ou le sujet, sont commises par les enfants des deux groupes d'âge. Cependant, l'identification des sujets et des verbes restent souvent problématique, et ce quel que soit le type de phrase ou le type de verbe (état, action, perception, transitif, intransitif), ou encore le type de sujet (nom commun, nom propre, pronom personnel, proposition infinitive, syntagme nominal élaboré), même en 6e année primaire (en opposition, donc, aux «exigences» ou aux recommandations, comme on voudra, des plans d'études pour l'enseignement primaire).

Comme le note Théwis (1991), les données recueillies posent la question de la pertinence de l'enseignement métasyntaxique à l'école primaire (voir déjà Rondal, 1978, à ce sujet); mais ce n'est pas notre propos dans le présent ouvrage. Pour ce qui nous concerne plus directement, on insistera de nouveau sur le caractère tardif et en partie facultatif du développement métalinguistique, particulièrement métamorpho-syntaxique, et sur la nécessité de ne pas confondre dans la même évaluation le fonctionnement grammatical et les éventuelles prises de conscience qu'on peut susciter à ce propos chez les utilisateurs d'une langue.

4.2.4. Composante pragmatique

Par composante pragmatique ou «pragmatique du langage», on entend habituellement les aspects plus spécifiquement sociaux du langage, la façon dont les énoncés sont adaptés aux caractéristiques de l'interlocuteur et de la situation, et selon les connaissances dont on sait que l'interlocuteur dispose ou qu'on lui prête, ainsi que l'adéquation des messages aux objectifs communicatifs. On y ajoute souvent la pratique de la conversation et la mise en jeu des règles implicites qui y président.

Comme on le comprend à la lecture de la définition, l'évaluation du volet pragmatique du langage se fait plus naturellement et plus aisément par le biais du langage spontané en situation naturelle. Il existe quelques tests ou parties de test qui cherchent à évaluer tel ou tel aspect de la compétence pragmatique en situation nécessairement artificielle ; en proposant aux sujets, par exemple, une situation d'échange communicatif imaginaire (avec éventuellement un support imagé) et en leur demandant comment ils s'exprimeraient en semblable situation. En ce qui concerne le volet productif, le recours à des situations naturelles, fonctionnelles, et l'analyse des productions spontanées sont davantage recommandables. Nous renvoyons, dès lors, le lecteur à la partie pertinente du Chapitre 5.

Pour ce qui est d'évaluer la capacité réceptive et la compréhension en matière de pragmatique du langage, l'analyse des échanges langagiers entre interlocuteurs peut renseigner utilement. Mais il convient de rester prudent puisque dans de tels cas on confond dans la même approche évaluative production et compréhension. De façon à évaluer plus sûrement la compréhension pragmatique, on pourra recourir à des montages vidéo ou à des logiciels avec animation (voir plus loin), sans pour autant éliminer le «non-naturel» et l'arbitraire partiel — il convient de s'en souvenir au moment de l'interprétation des résultats. De tels outils, cependant, sont pratiquement inexistants à l'heure actuelle.

4.2.5. Composante discursive

Les dictionnaires usuels définissent le terme *discours* de façon variée. Tantôt, il s'agit de penser rationnellement et de s'exprimer en conséquence; tantôt il s'agit d'exposer ou d'échanger des idées et des arguments (synonyme de conversation, échange verbal, exposé, plaidoirie, etc). Nous utilisons le terme *discours*, dans le présent contexte, au sens linguistique (*cf.* Crystal, 1991) comme renvoyant à une *série continue* de phrases, énoncées vocalement ou écrites, se rapportant à une thématique générale, et qui peut être articulée en paragraphes dévolus au développement de sous-thématiques particulières. Une caractéristique importante du discours est l'organisation de l'information d'une façon spécifique à l'objectif général poursuivi par l'énonciation. Le terme *texte* est parfois utilisé pour désigner le même niveau d'analyse. Il vaut mieux sans doute éviter cet usage en raison de l'association sémantique trop étroite du terme avec l'expression écrite. Comme indiqué au Tableau 1-1, deux dimensions discursives intéressantes à évaluer sont *l'organisation macrostructurale* (les macrostructures discursives) et l'utilisation par les sujets des dispositifs permettant d'assurer la *cohésion discursive*.

Comme l'évaluation du discours se fait naturellement par le biais du langage spontané, nous avons fait figurer entièrement les indications la concernant dans le cours du Chapitre 5.

Procédures de testing et support matériel

A ce stade, et en notant que les remarques et les suggestions qui suivent sont valables en principe pour l'évaluation de toutes les composantes langagières, il est intéressant de discuter des moyens matériels habituellement mis en œuvre dans les épreuves et tests de langage. Ces moyens sont fort élémentaires, restreints au papier-crayon, avec présentations d'images statiques et naïves tentatives de suggérer le mouvement ou un rapport temporel, causal, ou encore une relation quelconque en juxtaposant plusieurs images et/ou en s'efforçant d'amener les sujets [le plus souvent sans indication explicite (ce qui peut constituer une sorte de piège méthodologique avec des personnes fonctionnant moins bien au plan cognitif)] à inférer le rapport en question par un raisonnement portant sur le matériel proposé (alors qu'il ne s'agit pas d'épreuves visant à mesurer une capacité de raisonnement). Il est fréquent, par exemple, dans les tests de langage de représenter une relation temporelle au moyen d'une juxtaposition (donc spatiale) d'images statiques que le sujet doit appréhender dans un ordre donné lequel donne la clé de la relation temporelle. Ce type de démarche, venant se surajouter aux variables linguistiques à l'étude, constitue une variable parasite.

Un hiatus existe entre la pauvreté relative de la présentation du matériel de test et les remarquables possibilités de l'informatique. Il est grand temps que les constructeurs de tests se rendent compte des potentialités de ce secteur pour l'évaluation des grandes fonctions psychologiques et notamment du langage. Les programmes informatiques disponibles permettent déjà un enregistrement « on-line », c'est-à-dire en temps réel, d'un nombre de caractéristiques analytiques de la performance de sujets confrontés à un ordinateur, jusqu'à et y compris un début d'analyse statistique descriptive (et même inférentielle) des données prises en compte par la machine. Détaillons davantage.

La présentation des stimuli servant de support matériel aux tests de langage et l'enregistrement des réponses non-verbales (et même verbales; on dépasse, en effet, pour le moment le stade expérimental en ce qui concerne les interfaces vocaux homme-machine) se trouvent grandement facilitées et automatisées par le recours à l'ordinateur. Cela n'aboutit pas, et n'aboutira pas (on peut rassurer certains esprits portés à l'inquiétude) à éliminer le facteur humain de la procédure d'évaluation. Mutatis mutandis, le microphone ne s'est pas substitué à l'orateur ou au conférencier. Il s'agit, dans le cas de l'ordinateur comme du microphone, de « simples » objets et non d'entités biologiques compétitives avec l'esprit humain. Cependant, la machine est de nature à faciliter considérablement la tâche de l'examinateur humain en lui permettant, précisément, de se centrer sur les composantes de l'évaluation où il est irremplaçable, à savoir la conception du travail, l'interprétation des données, le dépistage des biais divers qui peuvent survenir du fait de la situation de test, la prise en compte de l'état mental et/ou physique du sujet, de son éventuelle insuffisante compréhension des consignes, etc.

Un domaine où l'ordinateur peut être particulièrement utile est celui de la présentation bien contrôlée, attrayante, et psychologiquement plausible, de *séquences d'événements*. A condition de disposer des programmes informatiques adéquats, l'animation des stimuli sur écran d'ordinateur est chose aisée. Elle ouvre de grandes possibilités pour l'évaluation, tant en production qu'en compréhension langagière, des items lexicaux et des structures morpho-syntaxiques se rapportant ou impliquant des déplacements ou des localisations dans le temps ou l'espace, des rapports temporels ou spatiaux, des déterminismes particuliers liés à des rapports « mouvants » entre les référents symbolisés par certains items lexicaux, certaines structures grammaticales, et leurs combinaisons.

Il n'existe pas encore, à notre connaissance, de test ou d'épreuve de langage largement diffusé qui utiliserait le support informatique de façon consistante. Par contre, on trouve depuis quelques années un certain nombre de systèmes informatiques visant à l'instruction directe par ordinateur ou à l'enseignement (apprentissage contrôlé) assisté par ordinateur (*cf.*, par exemple, Boutard, 1996b, et annexe). Ce n'est pas le lieu ici d'effectuer une revue systématique de cette littérature, par ailleurs rapidement changeante selon l'élargissement des possibilités des machines et l'ingéniosité des techniciens. Nous signalerons simplement, parce que nous en avons une connaissance détaillée, le travail et le software spécialisé mis au point récemment par le groupe de recherche « Computer e Handicap », de la Région des Marche (Assessorato ai Servizi Sociali), en Italie ; projet mené à bien avec la collaboration de plusieurs spécialistes universitaires italiens. On verra à ce sujet les articles de C. Ricci, G. Mascioni, G. Rotunno, P. Vetrano, D. Tamburo, L. Cottini, M. Giampieri et L. Giacco, dans le numéro spécial 78, novembre-décembre 1995 du *Giornale Italiano di Psicologia e Pedagogia dell'Handicap e delle Disabilità di Apprendimento*. Le software réalisé est *ouvert* au double sens (Vetrano, 1995) où il permet l'intégration de nombreuses composantes et particularités de fonctionnement au-delà de ceux prévus et exploités au départ du travail, et où il peut fonctionner comme système de communication entre l'apprenant et la machine. Au départ de ce travail et toujours à l'heure actuelle, les apprentissages envisagés et qui font l'objet d'une expérimentation sur grande échelle dans la Région Marche, concernent les concepts de base. Il est tout-à-fait possible de « greffer » sur cette méthodologie des programmes d'entraînement langagier dans la perspective de l'intervention développementale avec des groupes de sujets présentant des difficultés importantes dans l'acquisition du langage. Nous avons jeté les bases, au Laboratoire de Psycholinguistique de l'Université de Liège, d'un programme informatisé d'entraînement langagier destiné à de tels sujets. Il s'agit du Programme d'Intervention Langagière Informatisé pour Enfants en Retard de Développement (PILI-ERD) (Rondal, Comblain & Thibaut, 1996). Ce programme comporte une série d'applications correspondant à six modules langagiers : les modules phonologique, lexical, cognitivo-sémantique, morpho-syntaxique, de lecture et écriture, et de mémoire de travail (mémoire à court terme). Des technologies multimédia sont prévues de façon à permettre des activités interactives impliquant des images fixes, des animations, une synthèse de parole, et un écran sensible au toucher. Nous envisageons actuellement une intégration du PILI-ERD au sein du programme d'apprentissage contrôlé de Ricci et collaborateurs.

Chapitre 5
L'analyse du langage spontané

Par *Langage spontané*, nous entendons le langage produit par un sujet en situation naturelle (ou quasi-naturelle). Ce langage peut être recueilli, transcrit, et analysé selon divers dispositifs et mesures dont il sera question dans ce chapitre. L'analyse du langage spontané et son interprétation sont *complémentaires* de l'utilisation des tests et épreuves formelles dans l'évaluation de la fonction langagière. Cette complémentarité n'est pas bien comprise, en général, par les cliniciens du langage, qui tendent parfois à opposer tests de langage et analyse du langage spontané au moyen de techniques davantage psycholinguistiques. Il est évident, par ailleurs, que le langage spontané ne peut être utilisé en toute rigueur pour évaluer la compréhension du langage, faute de confondre dans la même démarche évaluative capacité réceptive et capacité productive. L'étude du langage spontané est par nécessité méthodologique restreinte au langage productif.

Cependant, tout recueil de langage spontané n'est pas nécessairement de nature à livrer des informations pertinentes. Pour être efficace, l'étude du langage spontané doit se faire selon certaines règles et en tenant compte du contexte. Idéalement, on devrait toujours pouvoir utiliser plusieurs échantillons de langage obtenus dans plusieurs situations représentatives de l'environnement habituel des sujets. L'étude du langage spontané exige également de la part de son analyste une formation au moins minimale en psycholinguistique, et, s'il s'agit d'enfants, en psycholinguistique développementale. Nous envisageons dans le chapitre les règles à suivre en matière de collecte, enregistrement, transcription, segmentation, analyse, et interprétation de corpus de langage spontané.

L'idée d'analyser le langage spontané pour évaluer le fonctionnement langagier, certes, n'est pas neuve. On trouve déjà des recueils sélectifs de mots et expressions produites par de jeunes enfants dans la littérature spécialisée de la fin du 19e siècle. Certes, ces observations étaient effectuées sans guère de technique, au sens où nous l'entendons aujourd'hui, sans recourir à des mesures particulières de l'objet linguistique à l'étude, et sans constitution d'échantillons de sujets comparables entre eux. Il faut attendre la première moitié du 20e siècle pour voir se préciser une technologie d'analyse du langage spontané particulièrement dans son application à l'enfant. Il est intéressant de remarquer que cette technologie et un intérêt systématique pour l'étude du langage *spontané* ont précédé notablement la mise au point des tests de langage («*provoqué*»). Ceux-ci, en effet, apparaissent, en force, si on peut dire, dans les années 50, peut-être sous l'influence des études factorielles de l'intelligence et des fonctions mentales lesquelles mettent en évidence la nécessité d'aller au-delà des tests globaux vers une évaluation de fonctions mentales particulières [aptitude numérique, vitesse et exactitude perceptive, aptitude verbale, etc. — *cf.* les aptitudes mentales primaires de Thurstone (1938) par exemple].

5.1. TRANSCRIPTION, SEGMENTATION ET INFORMATISATION DE CORPUS DE LANGAGE

Le double problème qui se pose initialement lorsqu'il s'agit d'analyser le langage spontané est celui de retranscrire le discours entendu et ensuite de le segmenter en unités d'analyse. Voyons d'abord le problème de la transcription. Il convient évidemment de transcrire exactement le langage entendu. A l'heure actuelle, cette tâche, précédemment redoutable, est facilitée par la disponibilité de dispositifs d'enregistrements sophistiqués, soit auditifs, soit audiovisuels. Cependant, la tâche de transcription reste toujours, il ne faut point s'en cacher, fastidieuse et difficile. On doit s'efforcer de «coller» aussi exactement que possible au langage produit par le ou les sujets à l'étude. C'est seulement à cette condition qu'on peut disposer d'un matériau linguistique de qualité et fiable.

Diverses techniques existent de façon à limiter ou à éliminer autant que possible l'équation personnelle de l'observateur. Parmi celles-ci le calcul d'un coefficient d'accord entre transcripteurs est devenu une opération standard dans ce type de tâche. Il existe plusieurs façon de procéder. Le plus habituellement, on s'arrange pour que certains extraits du corpus soient transcrits indépendamment par plusieurs transcripteurs. On compare les transcriptions et on mesure le degré d'accord entre les transcripteurs (par exemple, en utilisant l'indice statistique Kappa de Fliess). Si l'indice d'accord est trop bas, il convient impérativement de retravailler les transcriptions jusqu'à ce qu'un accord suffisant soit dégagé. La procédure de mesure de l'accord entre examinateurs est également applicable à la segmentation du discours en unités d'analyse et aux analyses du langage spontané elles-mêmes. Voyons plus en détail les procédures de transcription et de segmentation du langage spontané, avant de considérer à la fin de cette section les possibilités qu'offre aujourd'hui les moyens informatiques pour l'analyse de ce langage.

5.1.1. Transcription de corpus de langage

Le code écrit usuel ne satisfait que très partiellement à l'exigence de correspondance bi-univoque entre son et graphie en langue française. Une telle exigence est souvent souhaitable dans les études de psycholinguistique. On préférera, le cas échéant, au code écrit habituel, l'Alphabet Phonétique International (*cf.* le Tableau 4-5), une version modifiée de celui-ci, ou tout autre système notationnel qui assure une correspondance satisfaisante entre les sons à transcrire et les symboles graphiques. On peut, certes, se dispenser de transcrire exactement les données langagières du point de vue phonologique si on ne s'intéresse pas particulièrement à cet aspect des productions verbales ou si les interlocuteurs ont une maîtrise articulatoire parfaite.

Le système de notation que nous présentons ici simplement à titre d'exemple, est une version modifiée de l'Alphabet Phonétique International pour le français qui est compatible avec les claviers d'ordinateurs. Le Tableau 5-1 reprend ce système de notation (pour plus de détails, on consultera Rondal, Bachelet & Pérée, 1985).

Tableau 5-1 — Alphabet Phonétique Modifié (APM).

/i/	(riz)	/u/	(pu)	/ou/	(pou)	/i̲/	(bain)
/é/	(ré)	/eu/	(peu)	/ô/	(peau)	/u̲/	(brun)
/ê/	(raie)	/œ/	(peur)	/o/	(port)	/o̲/	(bon)
/a/	(rat)	/e/	(petit)	/â/	(pâte)	/a̲/	(banc)
/p/	(pain)	/b/	(banc)	/f/	(fend)	/v/	(vend)
/t/	(temps)	/d/	(dent)	/s/	(sans, cent)	/z/	(zone, rose)
/k/	(quand, kilo)						

/l/	(lent)	/ch/	(chant)		/j/	(je, gens)
/r/	(rang)	/y/	(yeux)			
/m/	(mon)	/w/	(juin)			
/n/	(non)	/w/	(oui, wagon)			
/ing/	(parking)	/h/	(h aspiré)		/./	(point marquant l'allongement d'un son)

Autres indications de notations :

1. Les énoncés (voir la définition plus loin) sont placés entre deux traits verticaux. Les énoncés transcrits ne commencent pas par une majuscule et ne se terminent pas par un point.

2. Le point qui marque l'allongement d'un son doit être placé immédiatement à côté du son allongé sans laisser d'intervalle.

3. En situation de conversation, les interférences entre les productions verbales des deux partenaires sont signalées par l'astérisque * placé immédiatement avant ou après le mot prononcé par les deux partenaires au moment de l'interférence. Par ex. : *Mère :* /c't un gros bateau ça*/ *Enfant :* /bato*/

4. Un mot ou une partie de mot fortement accentué est souligné. Par ex. : Mère /*dé*panner/

5. Les passages incompréhensibles (mots, énoncés, ou parties d'énoncés) sont notés (...). Le symbole (...) correspond à un mot, un énoncé, ou une partie d'énoncé, selon ce qui peut être identifié dans le discours. Par ex. : Mère /(...) déjà mangé/ (...) /tu m'donnes même tout ça sur ton (...)?/

6. Les apocopes sont signalées par l'apostrophe. Par ex. : Mère /ça n'fait rien/; voir aussi les exemples ci-dessus.

7. Les pauses de longue durée sont signalées par un double trait vertical.

Comme illustré ci-dessus, les énoncés dialogiques sont identifiés selon leur auteur — par exemple, M : mère; E : enfant. Ils sont numérotés séparément, ce qui facilite leur repérage et leur désignation ultérieure. L'exemple ci-dessus (3) illustre également une disposition fréquente; celle qui consiste à transcrire le langage de l'adulte au moyen du langage écrit habituel et le langage du jeune enfant au moyen de l'API ou d'un APM.

5.1.2. Segmentation en énoncés

Une fois la transcription de l'enregistrement effectuée, on peut procéder à la segmentation en énoncés. Une telle segmentation est souhaitable parce que le calcul de nombreux indices analytiques repose sur la notion d'énoncé. Cette segmentation n'est pas une tâche aisée. Il convient d'en préciser le critère.

La définition d'un énoncé (terme moderne pour «unité expressive») a souvent été «tout lexème ou séquence de lexèmes compris(e) entre deux pauses ou interruptions clairement perceptibles du débit de parole ou marqué «de chaque côté» par un changement dans l'intonation (par exemple, Siegel, 1963). Cependant, ce type de définition reste trop général pour être utile dans la pratique. Le critère prosodique à, en outre, deux désavantages majeurs. Premièrement, il est difficile à appliquer. Secondement, il peut conduire à séparer ce qui constitue une phrase grammaticale en deux ou plusieurs énoncés dans les cas où la phrase est interrompue par une ou plusieurs pauses (par exemple, /il a dit.../ qu'il ne pouvait révéler ce.../secret/). Le second problème est particulièrement délicat dans les analyses qui se centrent particulièrement sur les aspects grammaticaux du langage, puisque la segmentation en énoncés ainsi effectuée peut très bien ne pas rendre complètement justice à la compétence grammaticale du locuteur.

Nous avons opté dans nos travaux pour une «grammaticalisation relative» de la notion d'énoncé (*cf.* Rondal, Bachelet & Pérée, 1985; Rondal, 1995a,b). Les critères permettant la segmentation du discours en énoncés ainsi définis sont repris au Tableau 5-2.

Tableau 5-2 — Critères de segmentation en énoncés.

Critère 1.
Chaque fois qu'une phrase est identifiée, elle constitue automatiquement un énoncé. Rappelons qu'une phrase est constituée minimalement d'un verbe conjugué et d'un sujet, les deux éléments étant correctement ordonnés selon les règles de la langue. Les phrases impératives font exception qui n'expriment pas le sujet. Maximalement, une phrase peut contenir une ou plusieurs propositions explicitement coordonnées les unes aux autres ou se trouvant dans un rapport de subordination. Rappelons encore qu'un syntagme nominal peut contenir une ou plusieurs propositions subordonnées (par ex., une subordonnée relative, *L'homme que j'ai vu ce matin avait un visage familier*). Il en va de même pour le syntagme verbal (par ex., une subordonnée complétive, *L'homme m'a affirmé qu'il ne m'avait jamais vu*).

Critère 2.
Si la séquence de lexèmes ou le lexème isolé identifiés ne correspondent pas à une phrase mais sont séparés du reste du discours par une pause clairement perceptible, on considérera qu'ils constituent un énoncé.

Critère 3.
Si la ou les répétitions d'éléments verbaux interviennent à l'intérieur d'une phrase, on compte la phrase pour un seul énoncé. Si la ou les répétitions interviennent en dehors d'une structure phrastique, l'élément ou le groupe verbal répétés sont considérés comme autant d'énoncés distincts. Par ex. /plus d'clous/plus d'clous/plus d'clous/.

Critère 4.
Dans tous les autres cas, c'est la présence de pauses clairement perceptibles qui permet de décider quant à l'identification de l'énoncé.

Critère 5.
Les interjections et les éléments lexicaux oui, non ne peuvent être considérés comme des énoncés distincts sauf dans les cas où ils constituent le seul élément (elliptique) de réponse apporté à une question ou le seul commentaire (elliptique) portant sur l'un énoncé précédent.

5.1.3. Informatisation de corpus de langage

Une procédure informatisée de transcription, codage, et segmentation de corpus de langage, ainsi qu'un instrument permettant un certain nombre d'analyses informatisées ont été mis au point sous le nom de *Childes Project (Tools for Analysing Talk)* par MacWhinney et ses collaborateurs, à l'Université Carnegie-Mellon de Pittsburgh, Etats Unis, et à travers un important réseau de collaborations internationales. CHILDES (MacWhinney, 1991) dispose en outre d'une banque de données développementales (une série de corpus de langage portant sur une vingtaine de langues, dont le français) qui fait l'objet d'ajouts réguliers. La signification du sigle CHILDES est d'ailleurs Child Language Data Exchange System.

5.2. ANALYSE ET INTERPRÉTATION DU LANGAGE SPONTANÉ

L'opération la plus importante, et le but du travail, consiste à utiliser le corpus ainsi transcrit de façon à obtenir des informations précises sur le niveau de développement linguistique productif atteint par le sujet examiné, à un ou à plusieurs points de vue (par exemple, la correction de l'articulation, la diversité lexicale, l'organisation morpho-syntaxique des énoncés, l'utilisation correcte des macrostructures discursives, la cohésion du discours).

Laissant de côté l'évidente possibilité d'analyser l'articulation des sujets à travers le langage spontané, voyons, successivement, l'usage qu'on peut faire des corpus de langage de façon à obtenir des mesures portant sur les aspects mentionnés du langage.

5.2.1. Diversité du vocabulaire de production

L'évaluation de l'étendue du vocabulaire de *production* se heurte à une limitation drastique. Il s'agit de l'impossibilité pratique dans laquelle on se trouve de dresser un inventaire *exhaustif* du vocabulaire expressif d'un sujet. Il n'est pas possible d'envisager des situations de testing dans lesquelles on demanderait au sujet de nommer l'ensemble des composantes du monde matériel. Quand bien même cette situation serait envisageable, il resterait à procéder à un enregistrement continu des émissions du sujet, vingt-quatre heures par jour, pendant des jours et des jours. Cette limitation est cependant atténuée par le fait que le vocabulaire de production est quantitativement inférieur au vocabulaire de réception chez un même sujet. On comprend habituellement plus de mots qu'on en utilise dans son langage. Le rapport toutefois est difficile à quantifier. Un indice intéressant calculable à partir du langage spontané est l'IDL (indice de diversité lexicale). Celui-ci est fourni par le rapport du nombre de mots différents au nombre de mots produits en un nombre d'énoncés déterminé. Le critère pour établir qu'un mot est *différent* d'un autre mot rencontré dans l'échantillon de langage analysé, est purement lexical. Les inflexions verbales (temps, aspect, personne) et les inflexions nominales (genre, nombre) ne sont pas prises en considération. Par conséquent, des items comme *manger, mangera, mangeront*, etc., seront considérés comme un seul et même élément lexical. De même pour *berger, bergère, bergers, bergères*, etc. Cependant, les produits dérivationnels seront considérés comme constituant des mots différents. Par exemple, *cheval, chevalier, chevalin, cavalier, chevaleresque*, etc. Les dictionnaires usuels peuvent être utilisés de façon à fonder la dichotomisation mentionnée. Leurs entrées correspondent généralement à ce qui peut être considéré comme des mots différents dans l'indice IDL. Il convient, cependant, de garder en mémoire que l'IDL est étroitement lié au contexte fonctionnel dans lequel les échantillons de langage sont recueillis. Un sujet peut fournir plusieurs dizaines d'énoncés sans guère varier le thème de la conversation. Dans ce cas, l'IDL sera relativement peu élevé, le sujet procédant à de nombreuses répétitions à l'intérieur du même champ lexical. La diversification des contextes de recueil des échantillons de langage est donc souhaitable.

Un indice de diversité lexical voisin de l'IDL, l'IDL corrigé a été construit de façon à corriger un biais qui existe dans l'IDL «simple». Ce dernier met en rapport le nombre de mots différents avec le nombre total de mots dans l'échantillon de langage analysé. Or, il se trouve, dans les termes lexicaux, un petit groupe de lexèmes qui surviennent avec une grande fréquence; ce sont les pronoms, les auxiliaires, les copules, les articles, les conjonctions, et les prépositions. Le fait de faire entrer ces mots dans le comptage de l'IDL a pour effet de limiter ce dernier et de le rendre moins sensible à la diversité lexicale réelle de l'échantillon de langage. L'IDL corrigé a été peu appliqué jusqu'ici. Il devrait pouvoir remédier au biais signalé puisqu'il est calculé uniquement à partir des mots à contenu sémantique «fort», soit les substantifs, les adjectifs épithètes, les verbes, et les adverbes.

Quelle *quantité de langage* convient-il d'analyser de façon à obtenir un IDL ou un IDL corrigé *fiable*? Le problème de la fiabilité des indices se pose pour toute forme d'analyse qu'il s'agisse de langage spontané ou de réponses à des questions posées dans le cadre d'une évaluation effectuée au moyen de tests ou d'épreuves formelles de langage.

On fait généralement l'hypothèse qu'un indice calculé sur un échantillon de langage «suffisamment important» est fiable. Il convient certes de mettre cette hypothèse à l'épreuve des faits pour tous les indices analytiques utilisés. Mais que faut-il entendre par *un échantillon de langage « suffisamment important »*? Intuitivement, il est déjà clair qu'on ne peut donner une réponse unique à une question de ce type. La taille de l'échantillon de langage nécessaire pour obtenir une mesure satisfaisante variera selon la fréquence «naturelle» de la structure étudiée dans le langage. Quelques énoncés suffiront pour évaluer la qualité de l'articulation car les différents phonèmes de la langue sont susceptibles d'y apparaître au moins quelques fois chacun et dans des contextes articulatoires variés. Il n'en va pas de même pour le lexique. Une évaluation lexicale en langage spontané ne peut être qu'illustrative parce que les termes lexicaux susceptibles d'intervenir dans un corpus de langage, même de bonne taille, ne représentent encore qu'une très petite partie du répertoire lexical des interlocuteurs (sauf pour les très jeunes enfants). En ce qui concerne les indices morpho-syntaxiques, la situation est variable. Certaines structures apparaissent relativement fréquemment, d'autres sont plus rares.

Nous ne disposons présentement que de peu de données sur la taille de l'échantillon de langage nécessaire de façon à obtenir une mesure satisfaisante des différents indices analytiques. En ce qui concerne l'IDL, on conseille souvent d'exploiter un échantillon de 50 énoncés consécutifs au minimum, mais aucune étude de fiabilité n'a été publiée, à notre connaissance. Pour l'IDL corrigé, Grégoire (1980; voir aussi Rondal, Bachelet & Pérée, 1985) a rapporté les indications suivantes: pour des échantillons de 25, 50 et 75 énoncés consécutifs, on obtient un indice de fiabilité (correspondant à la corrélation de Pearson entre l'IDL corrigé calculé sur la portion du corpus en question et le corpus complet — comportant 100 énoncés par sujet dans le travail de Grégoire) de .56, .79 et .87, respectivement. La conclusion à partir de cet unique indication empirique est qu'il est sans doute préférable de travailler avec 100 énoncés pour calculer un IDL corrigé mais qu'à toute fin pratique 50 énoncés peuvent convenir.

Il est évidemment souhaitable de pouvoir disposer d'étalonnages ou au moins d'indications normatives pour les indices analytiques du langage spontané. Hélas, les psycholinguistes ne se préoccupent généralement que peu de ce genre de considération et c'est regrettable dans la perspective de l'évaluation langagière. Il conviendrait de favoriser la diffusion des indications normatives en possession des chercheurs au bénéfice des cliniciens du langage. Concernant l'IDL corrigé, Grégoire (1980; voir aussi Rondal, Bachelet & Pérée, 1985) a fourni des données normatives relatives à des enfants francophones en développement normal. Elles sont reprises au Tableau 5-3. Ces données font état d'une sensibilité développementale satisfaisante de l'IDL corrigé. On remarquera que Grégoire a utilisé comme dénominateur non le nombre total de mots produits mais un nombre *fixe* de mots (100) apparaissant *consécutivement* dans l'échantillon de langage. Cela permet de neutraliser le parasitage de l'IDL, lorsqu'il est utilisé développementalement, par le fait que les énoncés des enfants plus âgés sont normalement plus longs que ceux des enfants plus jeunes et donc comptent davantage de mots. Si le numérateur et le dénominateur augmentent tous deux en proportions égales ou proches avec l'augmentation en âge, le quotient, c'est-à-dire l'IDL, ne peut évidemment guère varier.

Tableau 5-3 — Indications normatives concernant l'Indice Corrigé de Diversité Lexicale (IDL corrigé) (reprises à Grégoire, 1980).

	Age chronologique (années; mois)					
	2-2;05	2;06-2;11	3-3;05	3;06-3;11	4-4;05	4;06-4;11
Moyenne	.45	.44	.49	.57	.57	.54
Déviation standard	.09	.07	.10	.05	.07	.08

Note. Les enfants ont été enregistrés en situation de jeu et de conversation libre à domicile avec leurs mères respectives. Les familles étaient d'un niveau social moyen à moyen supérieur. Le nombre de mots analysés par échantillon individuel est 100.

Bien qu'il ne s'agisse pas à proprement parler d'IDL, Le Normand (1996) a fourni en langue française d'intéressantes indications sur le nombre de mots différents produits dans des échantillons de langage spontané obtenus en situation naturelle par 360 enfants parisiens, âgés entre 2 et 4 ans (étude transversale). Ces données font état d'une légère supériorité des filles sur les garçons, laquelle disparaît au-delà de 3 ans, et d'une supériorité plus marquée des enfants de milieux favorisés par rapport aux enfants de milieux défavorisés, laquelle tend, par contre, à augmenter avec l'âge.

5.2.2. Longueur moyenne d'énoncé ou de production verbale

Une mesure utilisable dans l'évaluation du langage spontané particulièrement dans ses aspects mopho-syntaxiques, est la longueur moyenne d'énoncé ou de production verbale (LMPV). Le calcul de cet indice se fait de la façon suivante (voir Rondal *et al.*, 1985; et Rondal, 1995a,b). Le LMPV est obtenu par le rapport du nombre de mots plus morphèmes inflexionnels dans les énoncés au nombre total d'énoncés analysés. Les morphèmes inflexionnels considérés sont ceux qui servent à marquer le genre et le nombre sur les noms, les pronoms, les articles, et les adjectifs, et à marquer la personne, le mode, le temps et/ou l'aspect sur les verbes. Une unité est comptée pour chaque mot. Une unité additionnelle est comptée pour chaque morphème inflexionnel correctement réalisé et clairement audible dans la parole du locuteur. Ci-dessous se trouvent quelques exemples arbitraires dont le seul but est d'illustrer la procédure de comptage :
– *berger* : 1 unité (mot)
– *bergère* : 1 unité (mot) et 1 morphème inflexionnel (qui exprime le genre féminin), c'est-à-dire, 2 unités pour le comptage du LMPV.
– *les bergères* : 2 unités pour *les* (mot + marqueur du pluriel), 2 unités pour *bergère* (mot + marqueur féminin) — le marquage du pluriel sur bergère, c'est-à-dire /s/, n'est pas compté car il n'est pas réalisé ouvertement dans le langage oral.
– *jolies* : 2 unités (mot + marqueur féminin) — le marquage du pluriel, c'est-à-dire /s/, n'est pas compté car il n'est pas réalisé ouvertement dans le langage oral.
– *manger* : 1 unité (mot)
– *mangera* : 3 unités (mot + temps + personne)
– *mangerons* : 3 unités (mot + temps + personne)
– *elles auront mangé* : 2 unités pour *elles* (mot + forme féminine) — le marquage du pluriel, c'est-à-dire /s/, n'est pas compté —, 3 unités pour *auront* (mot + temps + personne); 1 unité pour *mangé* (bien qu'il s'agisse d'une forme participiale, en langage oral elle ne diffère pas de la forme infinitive).

La procédure de Rondal pour calculer le LMPV inclut également les règles suivantes reprises à Brown (1973, p. 54) :
1. Seuls les énoncés complètement transcrits sont utilisés ; aucun énoncé incluant un mot inintelligible n'est utilisé.
2. Toutes les répétitions exactes de mots, bégaiement ou bredouillement, ou phénomènes de ce type, sont comptés une fois seulement et ce dans la forme la plus complète produite.
3. Les formes de remplissage telles que *mm*, *oh*, etc., ne sont pas comptabilisées.
4. Les mots composés, les noms propres, et les productions répétitives standardisées (exemple : *tou-tou*, etc.) sont comptés comme des mots simples.

Une variante du LMPV, proposée par Klee et Fitzgerald (1985), se calcule de la même manière que le LMPV mais en ne prenant en considération que les énoncés à deux mots et davantage. Klee et Fitzgerald nomment cet indice la longueur syntaxique moyenne (LSM). Il permet, en quelque sorte, de purifier le LMPV en en retirant la part provenant des énoncés à 1 mot, par définition non structurés ni structurables syntaxiquement (à moins qu'il ne s'agisse d'énoncés elliptiques). Certains chercheurs ou cliniciens calculent le LMPV seulement en nombre de *mots* (par exemple, Le Normand, 1991). Cette façon de procéder qui était également celle de «pionniers» de l'étude du langage spontané chez l'enfant comme les américaines McCarthy (1930) et Templin (1957), est déconseillable. En effet, la mesure en nombre de mots uniquement ne tient pas compte des marquages morphologiques inflexionnels lesquels jouent un rôle grammatical important dans nombre de langues, comme on sait. L'enfant acquiert graduellement non seulement des mots et des séquences organisées de mots mais encore des marques inflexionnelles dont il est souhaitable qu'elles soient intégrées au calcul du LMPV. A défaut, ce dernier manquera de sensibilité développementale.

Une première indication que l'on peut fournir à propos du LMPV est qu'il est bien corrélé avec *l'âge chronologique* (*AC*) des enfants. Plusieurs études en attestent. Miller et Chapman (1981) ont rapporté une corrélation positive élevée ($r = .88$; significatif à $p \leq .001$) entre AC et LMPV avec un échantillon de 123 enfants âgés de 18 mois et 5 ans. AC y rendait compte de 77 % de la variance du LMPV (coefficient de détermination). Ces auteurs observent un accroissement moyen de 1.2 mots et/ou morphèmes inflexionnels par année aux âges considérés et une augmentation de la variabilité individuelle entre enfants avec l'élévation du LMPV. Rondal, Ghiotto, Brédart, et Bachelet (1987) rapportent également une corrélation élevée, positive et statistiquement significative, entre AC et LMPV ($r = .75$; $p \leq .001$) avec un groupe de 21 enfants anglophones en développement normal, âgés de 20 à 32 mois.

Le même rapport entre AC et LMPV est observable chez les enfants retardés mentaux, malgré les décalages chronologiques existant dans le développement linguistique de ces enfants par rapport aux enfants normaux. Rondal, Ghiotto, Brédart, et Bachelet (1988) ont rapporté un coefficient de corrélation (r de Pearson) de .87 (significatif à $p \leq .001$) entre AC et LMPV chez des enfants porteurs du syndrome de Down. Les enfants étaient âgés entre 2 et 12 ans (AC). Comme les enfants en développement normal dans l'étude précédente (Rondal et al., 1987), les enfants retardés mentaux furent enregistrés en conversation et jeu libre à domicile, avec leurs mères respectives.

En se basant sur leurs données développementales, Miller et Chapman (1981) ont établi des tables de correspondance (fondées sur des équations de regression) entre AC et LMPV et LMPV et AC (voir aussi Miller, 1981). Nous reproduisons une partie de ces indications au Tableau 5-4 car elles peuvent être d'utilité pour les cliniciens du langage. On se souviendra, cependant, qu'il s'agit de données concernant la langue anglaise. Elles peuvent servir en première approximation étant donnée la proximité de l'anglais et du français au moins pour ce qui est des caractéristiques structurales captées par le LMPV, en attendant le développement d'une base de données similaires en langue française.

Tableau 5-4 — **Rapport moyen entre l'âge chronologique (AC) et la longueur moyenne de production verbale (LMPV); et intervalles de variation sur le LMPV (à ± 1 déviation standard -DS-, soit 68 % de la distribution normale) entre 18 mois et 5 ans (modifié d'après Miller & Chapman, 1981).**

AC (mois)	LMPV	Intervalle de variation sur LMPV (± 1 DS)
18	1.31	0.99-1.64
21	1.62	1.23-2.01
24	1.92	1.47-2.37
30	2.54	1.97-3.11
33	2.85	2.22-3.48
36	3.16	2.47-3.85
39	3.47	2.71-4.23
42	3.78	2.96-4.60
45	4.09	3.21-4.97
48	4.40	3.46-5.34
51	4.71	3.71-5.71
54	5.02	3.96-6.08
57	5.32	4.20-6.45
60	5.63	4.44-6.82

Une deuxième indication importante à propos de LMPV concerne sa variabilité à l'intérieur des échantillons de langage. Klee et Fitzgerald (1985) ont mis au point une technique permettant d'effectuer ce type d'analyse. La procédure est la suivante. Il s'agit de : (a) calculer la déviation standard (DS) concernant le LMPV individuel de chaque sujet avec un groupe de n sujets; (b) diviser le nombre obtenu par le nombre d'énoncés dans chaque échantillon de langage (100 dans l'étude initiale de Klee & Fitzgerald); (c) calculer un intervalle de confiance (IC) à 98 % autour de chaque LMPV individuel, en appliquant la formule : IC = LMPV ± 2 DS. Rondal *et al.* (1987) ont également appliqué cette procédure à leurs groupes de sujets. Si on intègre les données de Klee et Fitzgerald (1985) et celles de Rondal *et al.* (1987), il apparaît que jusqu'à LMPV 2.00 approximativement, les intervalles de confiance établis sur base de blocs de 100 énoncés sont relativement petits et ne dépassent pas en général .50 LMPV. Entre LMPV 2.00 et 3.50, les intervalles de confiance tendent à augmenter et peuvent s'étendre jusqu'à 1.00 LMPV. Au-delà de LMPV 3.50, la variabilité du LMPV augmente sensiblement et devient statistiquement moins intéressante.

Une troisième indication concernant le LMPV, se rapporte au problème de la validité de cet indice en tant que témoin du développement morpho-syntaxique. Bien que le problème ait été posé depuis longtemps et que diverses réponses aient été données à la question (dans des sens divers, voir, par exemple, Brown, 1973, et Crystal, 1979), il n'existe que très peu d'études systématiques sur le sujet. Les deux études principales sont celle de Klee et Fitzgerald (1985), d'une part, et celle de Rondal *et al.* (1987), d'autre part. Comme l'intervalle de LMPV est légèrement différent dans les deux séries d'analyse (LMPV 2.50-4.00, dans l'étude de Klee & Fitzgerald; LMPV 1.00-3.00, dans celles de Rondal *et al.*), il est intéressant de les comparer et de les intégrer pour une caractérisation de la validité de LMPV en tant qu'indice de développement morpho-syntaxique. Les études en question ont utilisé le LARSP (Language Assessment, Remediation and Screening Procedure, Crystal, 1979; Crystal, Fletcher & Garman, 1976), un instrument formalisé d'analyse morpho-syntaxique du langage spontané. Dans le LARSP (voir également plus loin dans ce chapitre), les énoncés sont analysés à quatre niveaux d'organisation : (1) *le niveau des phrases complexes* (pluripropositionnelles; par exemple, principale et subordonnée complétive); (2) *le niveau propositionnel* (par exemple, les structures sujet-verbe-objet, SVO); (3) *le niveau syntagmatique* (par exemple, syntagme nominal, SN, composé d'un ou de plusieurs déterminants facultatifs et d'un nom); et (4) *le niveau du mot* (morphème-s).

Rondal *et al.* (1987) ont établi pour chaque enfant la fréquence des différentes constructions morpho-syntaxiques prises en compte dans le LARSP. Ils ont ensuite calculé le coefficient de corrélation de Pearson entre les différentes mesures au LARSP, d'une part, et quant au LMPV, d'autre part. Les résultats révèlent que les mesures de LMPV sont positivement et significativement corrélées avec les niveaux d'analyse du LARSP, sauf en ce qui concerne les niveaux inférieurs (énoncés à un mot et structures prépositionnelles élémentaires — à deux éléments, par exemple) lesquels sont très normalement non-corrélés ou corrélés significativement négativement avec l'accroissement du LMPV.

Dans leur étude, Klee et Fitzgerald (1985) ne rapportent qu'une faible valeur prédictive du LMPV par rapport aux scores au LARSP, à l'exception des propositions formellement élaborées et du nombre moyen de morphèmes inflexionnels produits. Il faut rappeler, cependant, que l'intervalle de développement étudié par Klee et Fitzgerald variait de LMPV 2.50 à 4.00, tandis que celui exploité par Rondal *et al.* (1987) s'étendait de 1.00 à 3.00. Cela signifie que la plupart des sujets étudiés par Klee et Fitzgerald étaient plus loin dans leur développement langagier que ceux de Rondal *et al.* (1987); ce qui donne à penser que le LMPV pourrait être un moins bon prédicteur du développement morpho-syntaxique plus avancé.

On signalera qu'appliquant la procédure d'analyse décrite ci-dessus à un groupe d'enfants retardés mentaux présentant des LMPV compris entre 1.00 et 3.50, Rondal *et al.* (1988) ont obtenu des résultats correspondants à ceux de Rondal *et al.* (1987). Intégrant les analyses de Rondal *et al.* (1987, 1988) et celles de Klee et Fitzgerald (1985), on peut suggérer que le LMPV est un prédicteur valide du développement morpho-syntaxique au moins jusqu'à LMPV 3.00 ou peut-être 3.50. Il est fort possible, et probable en fait, qu'au-delà de LMPV 3.00 ou 3.50, la variabilité du LMPV augmente de telle manière qu'elle devienne statistiquement moins intéressante et que l'association statistique entre le LMPV et les mesures de complexification structurale des énoncés puisse faiblir de façon notoire. Comme le notait déjà Brown (1973), avec les progrès langagiers, l'enfant dispose d'un répertoire de constructions grammaticales plus diversifié. Certaines de ces constructions sont de nature à accroître la complexité structurale de l'énoncé sans que cet accroissement soit directement reflété ou en proportion au niveau de l'indice de longueur moyenne, car la complexification structurale au-delà d'un certain niveau ne détermine plus nécessairement un allongement des énoncés. C'est le cas pour les opérations de relativisation, d'enchâssement, de subordination, qui aboutissent à des énoncés plus courts que si on produisait les propositions coordonnées correspondantes in extenso, c'est-à-dire avec les répétitions lexicales que ces opérations permettent précisément d'éviter. Brown (1973) situait aux alentours de 4 ans la phase au-delà de laquelle la valeur prédictive du LMPV décroît notablement. Précédemment, Shriner (1967; voir aussi Shriner & Sherman, 1967) indiquait que, quel que soit le nombre de phrases recueillies et analysées, la validité des indices de longueur comme prédicteur du développement linguistique se réduisait considérablement au-delà de 5 ans d'âge chronologique.

Lorsque sa valeur prédictive rétrocède, cela ne signifie pas que le LMPV n'est plus d'aucune utilité. Il peut encore servir (et il sert couramment dans les recherches en psycholinguistique développementale) au moins à deux types d'entreprises. Le LMPV peut servir de variable d'appariement (non parfaite sans doute dès qu'on est à des niveaux de LMPV plus élevés, mais suffisamment fine pour être heuristiquement pertinente) dès qu'il s'agit de comparer deux ou plusieurs groupes d'enfants. Le LMPV est également de grande utilité dans les études sur les interactions verbales entre parents et enfants ou entre enfants plus âgés et enfants plus jeunes, lorsqu'il s'agit d'évaluer la différence de complexité linguistique du langage des uns et des autres.

Il reste, à l'évidence, que les mesures de longueur ne sont que des mesures de longueur. Elles ne peuvent fournir aucune caractérisation directe des structures morpho-syntaxiques du langage produit (déjà Shriner, 1969). Pour ce faire, il importe d'utiliser des indices syntaxiques et/ou morpho-syntaxiques spécifiques et/ou de recourir à des schémas particuliers d'analyse grammaticale (voir plus loin).

Une question qui se pose lorsqu'on envisage d'utiliser une mesure de longueur moyenne comme le LMPV ou un de ses proches parents, c'est *la quantité de langage* sur laquelle le calcul doit être basé pour être *fiable*. La notion de fiabilité concerne l'erreur de mesure éventuelle. Brown (1973) a suggéré 100 énoncés *consécutifs*. La suggestion était intuitive et ne reposait sur aucun calcul de fiabilité. Avant lui, Nice (1925) utilisait 100 phrases. Shriner (1967) et Barlow et Miner (1969), préconisaient 50 phrases. McCarthy (1930) recommandait 50 verbalisations (énoncés); mais toujours selon des appréciations intuitives. La seule étude systématique sur le sujet, en ce qui concerne le LMPV, calculé en nombre de mots plus morphèmes inflexionnels, à notre connaissance, est celle de Rondal et Defays (1978). Ces auteurs ont analysé les mesures de LMPV effectuées sur des échantillons de langage spontané obtenu avec un groupe de 42 enfants anglophones (garçons et filles de milieux sociaux moyens à moyen supérieur) de l'Etat du Minnesota, aux Etats-

Unis. Les enfants étaient âgés entre 20 et 32 mois. Ils furent enregistrés en situation de jeu et de conversation libre avec leurs mères respectives. A partir des transcriptions individuelles, les LMPV furent calculés pour chaque enfant sur la base des 25, 50, 75, 100, 125, 150, 175 et 200 premiers énoncés consécutifs, et pour chaque bloc de 25 énoncés entre 25 et 200 énoncés consécutifs. Les LMPV moyens obtenus pour les différentes tailles d'échantillon de langage spontané sont essentiellement les mêmes quel que soit le nombre d'énoncés considérés. On observe également une diminution (attendue) de la variabilité des scores de LMPV avec l'augmentation de la taille des échantillons analysés. Il est donc permis de considérer que les divers LMPV calculés sur les échantillons de langage de 25 énoncés, constituent des mesures parallèles au sens statistique du terme (Lord & Novick, 1968). Les résultats attestent que la fiabilité du LMPV dépasse.80 pour des échantillons de 50 énoncés et davantage. L'accroissement en fiabilité au-delà de 50 énoncés, et ce jusqu'à 175 énoncés est modérée seulement. La conclusion de ce travail est que, en situation de conversation libre, *des échantillons de 50 énoncés* consécutifs sont suffisants de manière à obtenir un LMPV fiable avec des enfants dont les LMPV sont compris entre 1.00 et 3.00 (au moins).

Des études plus anciennes, menées à partir d'autres indices de longueur moyenne des énoncés, fournissent des indications de fiabilité selon l'importance de l'échantillon de langage analysé qui sont compatibles avec les conclusions de Rondal et Defays (1978). Par exemple, Darley et Moll (1960) ont obtenu des corpus de langage provenant de 150 enfants américains âgés de 5 ans. Leur calcul de fiabilité effectué quant à l'indice LMR, soit un LMPV établi en nombre de *mots*, soutient également la conclusion selon laquelle 50 énoncés consécutifs constituent un échantillon de langage suffisant à toute fin pratique. En fait, selon les données de Darley et Moll, des échantillons de langage comportant 25 énoncés consécutifs, présentent déjà une fiabilité de l'ordre de .90. Les gains en fiabilité pour le LMR sont relativement faibles entre 25 et 50 énoncés.

Comme indiqué plus haut, Shriner (1967) ainsi que Barlow et Miner (1969) avaient suggéré que 50 *phrases* étaient nécessaires et suffisantes pour obtenir un indice LMR fiable. Il faut insister sur le mot «phrase» dans l'indication précédente. Une phrase est distincte d'un énoncé dans la mesure où elle comporte obligatoirement un syntagme verbal et un syntagme nominal en fonction de sujet grammatical (sauf dans les cas des phrases impératives). En outre, dans les définitions les plus habituelles de la notion d'énoncé (*voir à la Section 5.1.2, la discussion sur la segmentation des corpus de langage*), un énoncé peut comporter plusieurs phrases pour autant que celles-ci se suivent sans interruption notoire dans le débit de parole. Le LMR-en phrases est donc une mesure potentiellement différente du LMR-en énoncés. Quoi qu'il en soit, l'indication de Shriner (1967) est en contradiction avec un travail plus ancien de Fisher (1934). Ce dernier auteur, véritable pionnier de l'étude de la fiabilité des indices de longueur moyenne selon la taille de l'échantillon de langage, avait rapporté un coefficient de fiabilité de.58 seulement pour des échantillons de 50 phrases obtenus auprès d'un groupe d'enfants de niveau préscolaire. Elle en concluait que 50 phrases ne peuvent constituer un échantillon de langage adéquat pour les analyses de longueur moyenne de *phrases*.

D'autres questions techniques se posent lors de l'utilisation des indices de longueur moyenne de production langagière pour caractériser le développement langagier, pour lesquelles nous disposons au moins d'indications empiriques partielles. Nous les envisageons brièvement dans ce qui suit.

Une de ces questions concerne la *fiabilité temporelle* (correspondance test-retest) des indices. Minifie, Darley, et Sherman (1963) ont rapporté des coefficients de fiabilité temporelle de l'ordre de.80, donc satisfaisants à toute fin pratique, pour des mesures de longueur effectuées sur des échantillons de langage obtenus à un jour d'intervalle.

On doit également se poser la question de la *correspondance entre les scores calculés par différents examinateurs* pour les indices de longueur moyenne appliqués à l'étude du langage spontané. Diverses études font état de coefficients d'accord entre examinateur, concernant l'établissement du LMR (en nombre de mots), de l'ordre de.90 (et parfois davantage), soit une excellente indication (voir Minifie, Darley & Sherman, 1963, pour des détails sur ces recherches). Il est évident toutefois qu'un coefficient élevé d'accord inter-examinateurs ne peut être obtenu que si les critères de transcription, segmentation, et le calcul des indices sont suffisamment clairs, et si ces opérations sont bien maîtrisées par les analystes.

Enfin, il est souhaitable de pouvoir disposer d'indications précises en matière de *normalisation* des indices de longueur calculés sur le langage produit spontanément par les sujets. Le manuel du CHILDES project (MacWhinney, 1991) fournit une première ébauche de centralisation de données développementales. Ce type de travail devrait s'intensifier dans les prochaines années, et enrichir la banque internationale de données langagières initiée à l'Université Carnegie-Mellon (Etats-Unis). Reste que le travail normatif à faire est considérable. Pour les enfants en voie d'acquisition du langage, on dispose d'un certain nombre d'indications

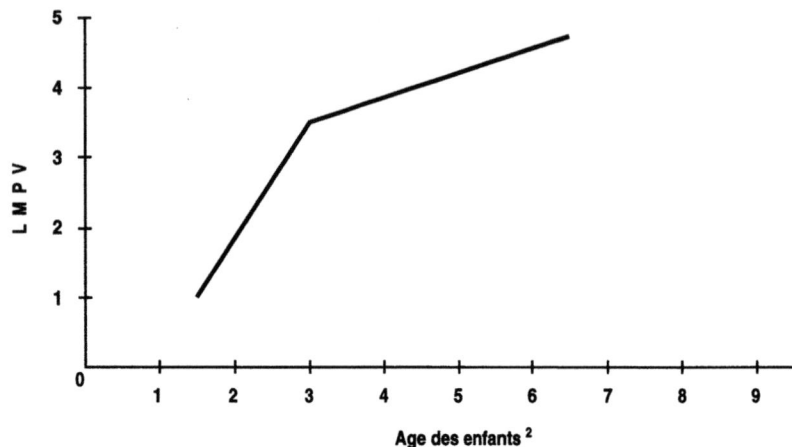

[1] Longueur moyenne de production verbale calculée en nombre de mots + morphèmes inflexionnels.
[2] Il s'agit de l'âge chronologique exprimé en années.

Figure 5-1 — *Représentation schématique de l'évolution développementale du LMPV[1] (d'après la synthèse empirique de Rondal, 1985b).*

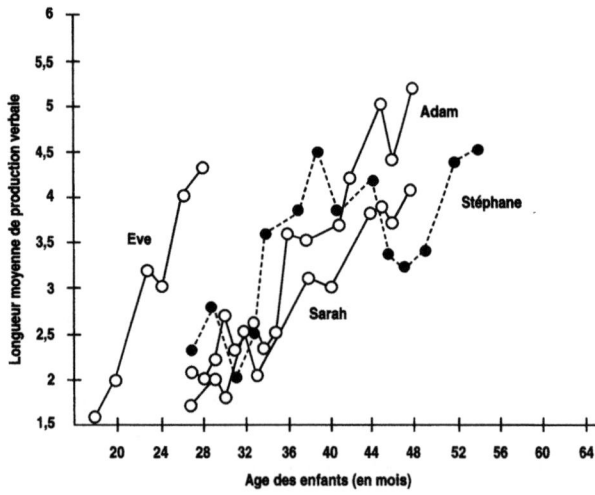

- en traits pleins, les enfants américains : Eve, Adam, Sarah
- en traits discontinus, l'enfant francophone : Stéphane

Figure 5-2 — *Evolution du LMPV selon l'âge des enfants (données longitudinales de Brown, 1973, et de Rondal, 1993). Le calcul du LMPV a été effectué en nombre de mots plus morphèmes inflexionnels.*

sur l'évolution du LMPV calculé en nombre de mots plus morphèmes inflexionnels. On rappellera les données de Miller et Chapman (1981) — Tableau 5-4 — sur le rapport entre AC et LMPV. La Figure 5-1 fournit d'autres indications basées sur une série de recherches avec des enfants anglophones. Ces indications sont congruentes avec celles de Miller et Chapman (1981), sauf au-delà de 4 ans où les données de Miller et Chapman sont légèrement plus favorables. La Figure 5-2 illustre les différences individuelles qui peuvent exister par rapport aux aspects métriques mentionnés au moyen de données longitudinales en provenance du travail de Brown (1973) mené avec 3 enfants anglophones américains et de celui de Rondal (1993) mené avec un enfant francophone.

En français, nous disposons des indications transversales de Le Normand (1991; voir aussi Le Normand, 1996, pour des données complémentaires) sur le LMPV calculées en nombre de mots. Elles fournissent d'intéressantes précisions sur l'influence du sexe de l'enfant, de l'âge chronologique, et du milieu socio-économique sur le développement morpho-syntaxique.

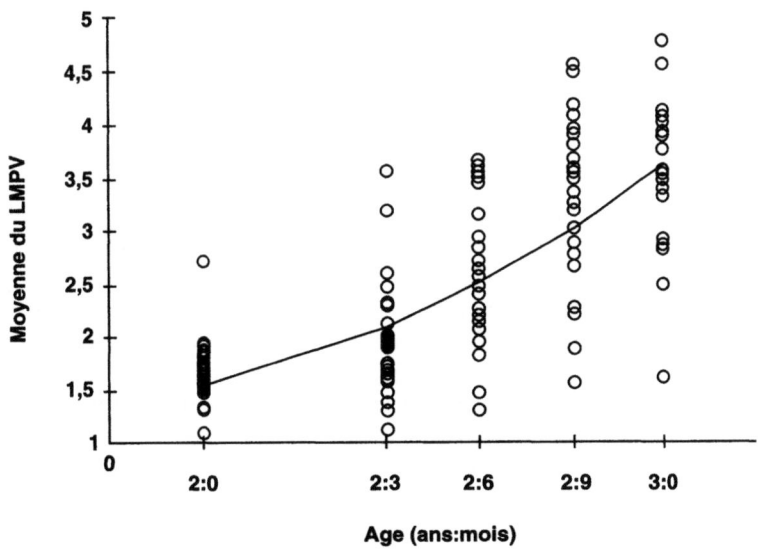

Figure 5-3 — *LMPV (Longueur Moyenne de Production Verbale) en mots chez l'enfant de deux à trois ans (N = 100) (d'après Le Normand, 1991, reproduit avec permission).*

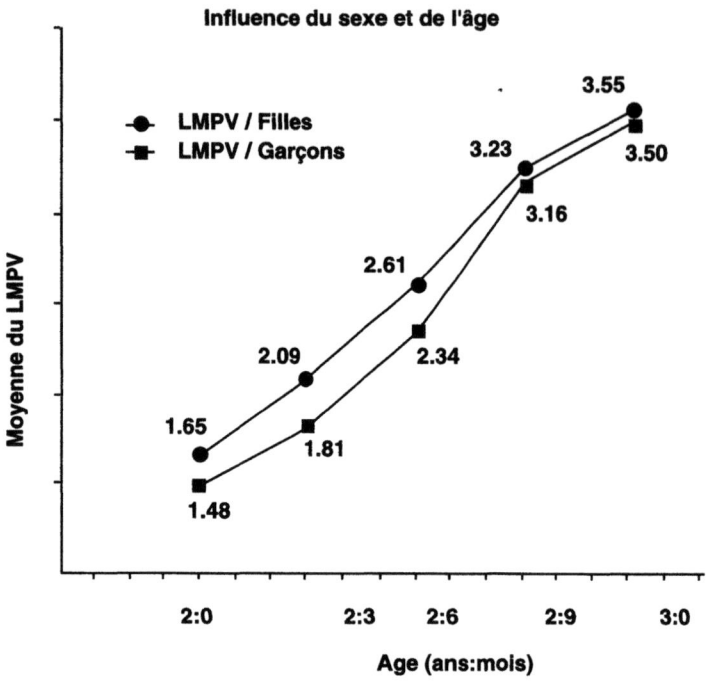

Figure 5-4 — *LMPV en mots chez l'enfant de deux à trois ans (N = 100) (d'après Le Normand, 1991, reproduit avec permission).*

Un problème récurrent, et mal résolu en patholinguistique, est celui du diagnostic précoce du retard du langage, lequel peut annoncer une dysphasie développementale. On a tout intérêt, évidemment, à diagnostiquer aussitôt que possible ce type de problème et à intervenir thérapeutiquement. Une intervention suffisamment précoce est sans doute un élément décisif de façon à pouvoir agir efficacement pour résorber les retards de langage et prévenir la survenue d'une dysphasie, qui une fois bien installée est beaucoup plus difficile à réduire. Encore faut-il pouvoir disposer de mesures adéquates au sens où elles sont prédictive, du retard de langage. Chevrie-Muller, Simon, Dufouil, et Goujard (1993) ont proposé d'utiliser les enseignants de maternelle de façon à dépister les difficultés langagières dans le développement du langage à partir de 3 ans et demi. L'instrument, dans ce cas, est un questionnaire portant sur une série d'aspects du langage du jeune enfant tel qu'observable par les ensei-

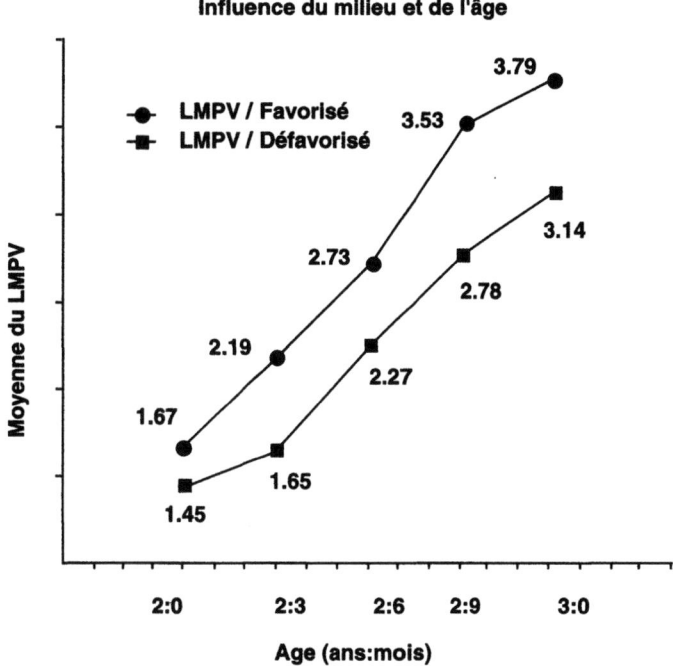

Figure 5-5 — *LMPV en mots chez l'enfant de deux à trois ans (N = 100) (d'après Le Normand, 1991, reproduit avec permission).*

gnants de l'école maternelle (voix et parole, compréhension du langage, expression langagière, interactions verbales, etc.). L'outil et la démarche proposés peuvent fournir les éléments d'un premier triage à un moment précoce de développement langagier. En cas de doute, il conviendrait ensuite de procéder à un examen plus poussé.

Mais, il est possible, en réalité de procéder à une évaluation directe du langage spontané du jeune enfant et d'obtenir ainsi de précieuses et fiables indications sur la possibilité d'un retard de langage ou, au moins, sur une suspicion de retard de langage dans la sphère productive au moins. Nous avons proposé une démarche en ce sens (*cf.* Rondal, 1987a). Elle consiste dans la mise en rapport d'une série d'indices simples à propos desquels on dispose de points de repère développmentaux clairs (Tableau 5-5).

Tableau 5-5 — **Indices ponctuels et repérages temporels utilisables dans le dépistage précoce des retards de langage.**

Age	Indications ponctuelles	Repères temporels
3e/4e mois	Babillage : sons de type vocalique ayant valeur d'instrument pour agir sur autrui; évoluant vers 8 mois en redoublements syllabiques (papapa, bababa, mamama...)	Absence ou perte de babillage : - surdité - I.M.C. -trouble grave de la personnalité
A partir du 9e mois	Premiers mots (associations signifié/signifiant)	Aucun mot à 24 mois → 1re suspicion de retard (surtout si doublé d'une absence de compréhension du vocabulaire usuel)
18 mois	1res combinaisons verbales avec ou sans termes grammaticaux («pati papa»)	Non employées à 30 mois → signale un retard de structuration de l'expression verbale
2 ans 3 mois	Production des prépositions marquant la possession (à, de, pour)	Non maîtrisées à 30 mois
2 ans 6 mois	- Production des pronoms personnels de 1re et 2e personne (singulier) -Production des articles (marquage du genre)	Non maîtrisé(e)s à 36 mois
3 ans	-Production des prépositions spatiales -Production des pronoms personnels de 3e personne (singulier)	Non maîtrisé(e)s à 42 mois
3 ans 6 mois	Utilisation des auxiliaires être et avoir	Non utilisés à 48 mois

Vers 4 ans, au plus tard, il devrait être possible en utilisant les repérages temporels concernant les indications ponctuelles reprises au Tableau 5-5, de poser un diagnostic de retard potentiel de langage incipiens. Cet éventuel retard devra, certes, être confirmé (ou infirmé) par un examen approfondi à l'aide de tests de langage normalisés et d'une analyse plus approfondie du langage spontané de l'enfant et de ses capacités réceptives.

5.2.3. Analyses morpho-syntaxiques

De façon à pouvoir dépasser l'évaluation encore trop globale, bien qu'elle puisse être très utile, des mesures de longueur moyenne, il est pertinent de recourir à des analyses syntaxiques ou morpho-syntaxiques du langage spontané. Parmi les indices *ponctuels* les plus utilisés dans la littérature psycholinguistique, particulièrement développementale, on trouve l'ICS (indice de complexité syntaxique), la longueur moyenne préverbale (LMP, à ne pas confondre avec le LMPV, longueur moyenne de production verbale; ce dernier indice impliquant que l'entièreté des énoncés soient pris en compte), et la proportion de modificateurs par énoncé (PME). L'ICS (Snow, 1972; Rondal, 1978) est fourni par le rapport du nombre de verbes composés additionné du nombre de propositions subordonnées, au nombre total d'énoncés analysés. Le LMP (Snow, 1972; Rondal, 1978) s'obtient en rapportant le nombre de mots et/ou de morphèmes inflexionnels au nombre total d'énoncés analysés. On exclut habituellement les phrases impératives de ce comptage. La pertinence du LMP est établie par le fait que plus la partie préverbale d'un énoncé est longue plus cet énoncé tend à être difficile à appréhender perceptuellement et à comprendre, toutes choses étant égales par ailleurs. Enfin, la PME (Philips, 1973; Rondal, 1978) est fourni par le rapport du nombre de modificateurs (adjectifs épithètes et/ou adverbes) au nombre total d'énoncés analysés. Il est clair également que plus il y a d'adjectifs épithètes et/ou d'adverbes dans les syntagmes nominaux et/ou verbaux, plus ceux-ci tendent à devenir perceptuellement plus difficiles à appréhender et à comprendre, toutes choses étant égales par ailleurs.

On ne dispose que de très peu d'indications normatives concernant les indices morpho-syntaxiques ponctuels définis ci-dessus. Rondal (1978; voir aussi Rondal, 1985b) a fourni des indications normatives développementales en provenance de l'étude du langage spontané d'une vingtaine de jeunes enfants anglophones. Le Tableau 5-6 reprend celles concernant l'indice PME.

Tableau 5-6 — **Indications normatives concernant la PME** (proportion de modificateurs par énoncé).

Niveaux de langage [1]	PME
1	.19
2	.35
3	.41

[1] L'étude portait sur 21 enfants à trois niveaux de langage : LMPV 1.00-1.50; 1.75-2.25; 2.50-3.00.

L'inconvénient des indices morpho-syntaxiques mentionnés ci-dessus est qu'ils sont ponctuels. Ils sont certes de nature à éclairer tel ou tel aspect du développent ou du fonctionnement langagier, mais ne peuvent fournir une analyse suffisamment systématique et raisonnablement complète du secteur considéré. Pour ce faire, il faut se tourner vers des dispositifs d'analyse morpho-syntaxique plus ambitieux. Il en existe un certain nombre parmi lesquels on peut citer :

(1) *L'indice de longueur-complexité* (*ILC*) (Shriner, 1967; Miner, 1969; Barlow & Miner, 1969).

(2) *Le dispositif d'analyse linguistique d'échantillons de langage spontané* mis au point par Engler, Hannah et Longhurst (1974), et qui est proche de l'ILC.

(3) Le *DSA* (Developmental Sentence Analysis) de Lee (1966, 1974; Lee & Canter, 1971).

(4) Le *LARSP* de Crystal et collaborateurs, dont il a déjà été question dans ce qui précède (Crystal, 1979; Crystal, Fletcher & Garman, 1989).

(5) L'*ASS* (Assigning Structural Stage) de Miller (1981).

(6) L'*IPS* (Index of Productive Syntax) de Scarborough (1990).

(7) Le *schéma d'analyse fonctionnelle de Halliday* (1985), adapté au français par Rondal (1995a,b).

Aucun de ces dispositifs n'a été adapté au français, sauf le dernier. Le travail de normalisation est à faire en sus. Plusieurs parmi les systèmes mentionnés ont fait l'objet de présentations parfois exhaustives dans la littérature spécialisée. Nous en résumerons seulement les points essentiels, et ce à fin suggestive et illustrative, renvoyant le lecteur aux textes publiés pour davantage de détails.

1. L'indice ILC

Cet indice a été mis au point par des chercheurs dans les années soixante de façon à mieux caractériser la dimension grammaticale du langage spontané. Shriner (1967), partant du constat qu'un pur indice de longueur moyenne comme le LMR ou le LMPV, ne peut fournir que des indications indirectes et globales sur le développement morpho-syntaxique (voir aussi le constat de Menyuk, 1964) a proposé de calculer un indice basé à la fois sur la longueur d'énoncé et sur une pondération relative à la composition structurale des énoncés produits. Il s'agissait pour les *syntagmes nominaux* de pondérer l'utilisation des *articles*, des *modificateurs* (adjectifs épithètes et adverbes) et des inflexions plurielles et possessives (le génitif saxon, en anglais); et pour les *syntagmes verbaux* de pondérer l'utilisation de l'*auxiliaire*, des *verbes*, et du *participe présent*. On aboutissait à une évaluation de la complexité structurale des énoncés selon une échelle de 0 à 7 points, du moins développé au plus développé. Cinquante phrases étaient habituellement analysées pour obtenir un ICL considéré comme valide. Cependant, Griffith et Miner (1969) ont rapporté des données suggérant que 15 énoncés pouvaient être suffisants pour ce faire.

L'ICL n'est plus utilisé aujourd'hui et n'a guère connu le succès. Cela est sans doute dû au fait, que l'analyse structurale effectuée est incomplète et que l'intégration longueur-complexité structurale, annoncée dans l'intitulé de l'indice, n'est pas réalisée malgré la suggestion additionnelle de Miner (1969) d'ajouter des points pour l'utilisation des *conjonctions*, des *négations*, et des *marqueurs interrogatifs* (pronoms, adjectifs, ou adverbes interrogatifs). Ce qu'on pratique, en fait, dans ce contexte, ce sont deux indices distincts, un indice de longueur moyenne «classique», le LMR, basé sur le nombre de mots, et l'ICL pondéré comme indiqué ci-dessus.

De Filippis (1996) a proposé une technique évaluative applicable en langage spontané (la technique dite Phonos CL) qui s'apparente à l'ICL de Shriner (1967). On recueille les 50 premiers mots produits par l'enfant à partir d'une image d'ordinateur représentant une scène animalière. On tabule la fréquence relative de six catégories d'éléments grammaticaux : les substantifs, les adjectifs, les articles, les verbes, les prépositions, et les conjonctions. Cette technique est plus simple encore que celle de Shriner. Elle est donc à fortiori passible des mêmes critiques.

2. Le Dispositif d'analyse linguistique

Engler, Hannah et Longhurst (1974) ont proposé un instrument d'analyse morpho-syntaxique du langage spontané basé sur la notion de *types de phrases*. Cinq types sont identifiés par ordre de complexité structurale croissante. *Le premier type* reprend les phrases dites équationnelles (copulaires) avec un élément minimal, adjectival ou adverbial, en position post-verbale. Les *phrases de type II* reprennent les verbes intransitifs avec adverbes optionnels en position post-verbale. *Les phrases de type III* catégorisent les verbes qui admettent un objet nominal ou des objets grammaticaux autres que nominaux en position post-verbale. *Les phrases de type IV* sont construites autour de verbes expérientiels transitifs suivis d'une construction correspondant aux éléments situés en position post-verbale dans les types de phrases I à III. Il s'agit, par exemples, d'énoncés comme *Je l'observai en train de chanter*, ou *Je le vis donner un cadeau à sa femme*. Enfin, *les phrases de type V* sont les passives. Le système d'Engler *et al.* (1974) comprend en outre une identification et un classement des éléments qui interviennent dans les phrases en fonction de *sujet grammatical* [par exemple, les noms, les pronoms, les infinitives, les «ing form» (en anglais), etc.], de *verbe*, et de *constituant post-verbal*. On identifie également la *coordination* et la *subordination* des propositions élémentaires au sein des *phrases complexes*.

Le système analytique mis au point par Engler *et al.* (1974) correspond effectivement à une taxonomie structurale relativement simple effectuable sur les échantillons de langage spontané.

3. Le DSA

Lee et ses collaborateurs (Lee, 1966, 1974; Lee & Canter, 1971) ont mis au point un dispositif d'analyse morpho-syntaxique du langage spontané, particulièrement applicable aux jeunes enfants. Il s'agit, selon la présentation majeure de Lee elle-même (1974), d'un instrument dont le but est d'effectuer un premier «triage» (screening) entre enfants en développement langagier normal, ou considérables comme tels, et enfants potentiellement en retard de développement au point de vue morpho-syntaxique. Dans le second cas, il importera de confirmer (ou d'infirmer) le premier «diagnostic» au moyen d'une épreuve, d'un test, et/ou d'une analyse plus systématique.

Le DSA procède de la façon suivante. Lee et collaborateurs ont enregistré le langage de 200 enfants pris individuellement en situation de conversation familière avec un examinateur dans un contexte de jeu libre. Les enfants étaient âgés de 2 à 7 ans. Ils étaient répartis également en tranches d'âge de trois mois en trois mois. Il y avait autant de garçons que de filles dans chaque tranche d'âge. Les enfants étaient homogènes monolingues. Ils provenaient de couches sociales moyennes. A partir de ce matériel, on a relevé l'ordination développementale d'une série de structures langagières, comme les *verbes principaux*, les *négatives*, les *conjonctions, le renversement de l'ordre sujet-premier élément verbal dans les questions de type oui/non*, et *les questions wh* (en anglais). En d'autres termes, on a repéré dans les échantillons de langage des enfants, les structures qui surviennent avant les autres (ou après les autres). On a posé que les structures apparaissant les premières sont les plus simples. On a ordonné ces structures selon leur ordre d'apparition dans le développement du langage en leur faisant correspondre une note déterminée. On obtient ainsi un schéma développemental d'analyse. Pour les questions wh, l'ordre développemental obtenu est le suivant :

– *Who, what, what* + nom, *where, how much*, etc.
– *When, how, how* + adjectif
– *Why, what if, how come, how about* + gérondif
– *Whose, which, which* + nom

En possession de cet instrument, on peut analyser des échantillons de langage. Lee recommande de prendre 50 phrases différentes dans un échantillon continu de langage à fin d'analyse. D'autres études (par exemple, Johnson & Tomblin, 1975) suggèrent qu'il est préférable d'analyser bien davantage que 50 phrases (de l'ordre de 175 phrases) de façon à obtenir une analyse plus fiable. Cette indication tempère l'impression de légèreté que l'on peut avoir en appliquant la technique de Lee et la rend moins attirante puisqu'on se trouve à recueillir et traiter une quantité de langage qui devient importante tout en fournissant seulement des indications de type screening, donc préliminaires.

4. Le LARSP

Le Language Assessment Remedial Screening Procedure (LARSP) mis au point par David Crystal et ses collaborateurs (Crystal, Fletcher & Garman, 1989) est comme son nom l'indique également une procédure de *screening*.

Les constructeurs du LARSP proposent une procédure d'évaluation en sept étapes. Il s'agit séquentiellement : (1) d'obtenir un échantillon de langage spontané du sujet ; (2) de transcrire cet échantillon ; (3) d'en faire l'analyse grammaticale ; (4) d'effectuer divers comptages structuraux (voir ci-dessous) ; (5) d'évaluer les «patrons développementaux» (voir ci-dessous) ; (6) de définir les objectifs de la rééducation à mener éventuellement avec le sujet ; et (7) de définir les procédures d'intervention clinique. Dans ce qui suit, nous traiterons uniquement des points 1 à 5.

Crystal et collaborateurs recommandent le recueil d'échantillons de langage conversationnel de l'ordre de 30 minutes. Les quinze premières minutes de recueil se déroulent en situation de jeu libre, tandis que la conversation est davantage structurée (par le parent ou l'examinateur) au moyen de questions portant sur divers aspects de la vie de l'enfant (et non sur la situation de jeu immédiate) pendant la seconde partie de la séance d'enregistrement. Crystal *et al.* (1989) déconseillent l'utilisation de livres d'images (sauf lorsqu'il n'y a pas moyen de faire autrement), affirmant que beaucoup d'enfants répondent moins bien à des images qu'à des jouets qu'ils peuvent manipuler de diverses manières tout en s'exprimant verbalement sur ces manipulations.

L'analyse grammaticale s'effectue de la façon suivante. On identifie d'abord les phrases complètes et non-ambiguës sémantiquement parlant, dont on établit si elles ont été produites à l'initiative du sujet ou en réponse à des questions ou commentaires produits par l'examinateur. On distingue également parmi les réponses à des questions posées par l'examinateur, celles qui sont elliptiques et celles qui ne le sont pas. On s'intéresse également aux rapports logico-sémantiques entre les phrases de façon à évaluer leur degré de cohésion. Les étapes suivantes consistent à analyser chaque phrase quant à sa structure interne : la coordination et la subordination pour les phrases complexes, les syntagmes (nominaux, verbaux, prépositionnels, adverbiaux), et les constituants grammaticaux (formels et fonctionnels : verbes, auxiliaires, noms, sujets, objets, etc.). Enfin, les marques morphologiques inflexionnelles sont analysées. Les fréquences de chacune des formes et structures sont établies et servent de base pour l'interprétation psycholinguistique. Celle-ci s'effectue en classant les sujets par rapport à une échelle en 7 stades censés correspondre à des périodes chronologiques du développement langagier (de neuf mois à 4 ans et six mois et plus). L'examinateur doit utiliser son jugement de façon à situer le sujet de la manière la plus appropriée dans un des stades de développement définis par rapport à la littérature développementale; chaque stade étant caractérisé par une haute fréquence de certaines structures particulières. Le point faible, à notre avis, du LARSP est sans doute l'hypothèse axiomatique selon laquelle une sorte de linéarité développementale serait la règle dans l'évolution linguistique de l'enfant. Selon notre expérience, il n'en est rien, et dès lors, les tentatives de figer le développement psycholinguistique en une série de stages morpho-syntaxiques successifs tient largement de l'arbitraire. En outre, la mise en correspondance de chaque stade de développement avec une période chronologique strictement définie (variant de 6 mois à 1 an selon les stades) est également artificielle. La bonne corrélation que nous avons mentionnée plus tôt dans ce chapitre entre l'élévation en âge chronologique et des mesures de développement morpho-syntaxique, particulièrement les mesures de longueur moyenne d'énoncé, ne signifie évidemment pas qu'il existe nécessairement une bonne correspondance entre l'âge chronologique et l'atteinte de tel au tel niveau de développement étroitement défini. Toutes les données sur la variabilité interindividuelle dans le développement du langage par rapport à l'âge chronologique suggèrent le contraire.

5. L'ASS

La démarche de Miller (1981) est dans la ligne des travaux auxquels nous avons fait allusion précédemment et qui cherchent à associer les indications issues des indices de longueur moyenne à l'évolution de caractéristiques particulières du développement morpho-syntaxique. A l'issue d'un travail important d'analyse d'échantillons de langage provenant de plusieurs centaines d'enfants américains en développement normal ou en retard de développement langagier, Miller fournit une série de tableaux normatifs se rapportant à l'évolution du langage spontané depuis le stade du babillage (LMPV=0) jusqu'aux énoncés plus complexes à 4

Tableau 5-7 — Elaboration des syntagmes nominaux (adapté d'après Miller, 1981).

Niveau LMPV	Age chronologique	Formes	Exemple(s)
1.00-1.99	19-26 mois	SN[1] → (M[2]) + N[3] Les SN élaborés sont produits en isolation.	*Un pardessus* *Ma maman* *Encore du lait* *Ça à toi*
2.00-2.49	27-30 mois	SN → (M) + N Les SN surviennent en position d'objet grammatical uniquement.	*Un bébé* *Dans cette boîte* *Ça un chien* *Clé dans la boîte*
2.50-2.99	31-34 mois	SN → (démonstratif ou article) + (M) + N 1. Les démonstratifs incluent : *ceci, ceux-ci, cela, ceux-là*. 2. Les modificateurs incluent : - les quantificateurs : *certains, quelques, un peu, beaucoup, deux*. - les possessifs : *son, sien, le mien*. N.B. Des SN élaborés apparaissent en position de sujet grammatical.	*Ça une fleur bleue* *Chien mange le déjeuner* *Un cheval qui pleure* *Ça ma tasse* *Cheval stoppe*
3.00-3.74	35-40 mois	SN → (démonstratif, article, modificateur, possessif) + (adjectif) + N 1. Les modificateurs incluent : *quelque, autre*. 2. Les SN sujets grammaticaux sont obligatoires, soit sous forme nominale, soit sous forme pronominale.	*J'aime ces jouets* *Mets-y celui-ci en plus* *Je veux autre camion* *Il a cogné mon camion*
3.75-4.50	41-46 mois	SN → (démonstratif, article, modificateur, possessif) + (adjectif) + N L'accord en nombre entre le sujet et le verbe reste problématique.	*Ceux-là mes crayons*

[1] SN : syntagme nominal; [2] M : modificateur (adjectif ou adverbe); [3] N : nom. Un constituant formel facultatif dans le système productif de l'enfant est indiqué entre parenthèses.

ans d'âge chronologique et davantage. Il s'agit de tendances générales correspondant à des échelles de mesure ordinales plutôt qu'à des indications métriques précises et mathématiquement plus sophistiquées. Ces indications sont issues de recherches sur l'acquisition de l'anglais (anglo-américain, plus exactement). Elles n'ont pas automatiquement valeur de norme pour d'autres langues. L'évolution morpho-syntaxique en anglais et en français n'est pas identique et, comme nous l'avons signalé, le rapport entre l'évolution de la longueur moyenne des énoncés et les acquisitions structurales n'a pas fait l'objet d'études comparatives entre ces deux langues (de même qu'entre n'importe quel autre couple ou groupe de langues). Il serait évidement souhaitable, pour le bénéfice des praticiens du langage, que l'ASS, et des outils du même type, soient adaptés au français, et à d'autres langues; mais à ce jour, rien n'existe sur ces points à notre meilleure connaissance.

Le Tableau 5-7, adapté de Miller (1981), fournit un exemple de la démarche analytique pour les syntagmes nominaux.

6. *L'ISP*

L'IPS a été conçu au départ comme une quantification de l'ASS de Miller (1981). On y trouve 4 sous-échelles, à savoir celles qui se rapportent : (1) aux syntagmes nominaux, (2) aux syntagmes verbaux, (3) aux questions et aux négations, et (4) à l'analyse interne des phrases. On dispose d'une liste de 60 formes lexico-grammaticales dont il s'agit d'évaluer la productivité dans l'échantillon de langage recueilli. Le Tableau 5-8, adapté de Scarborough (1990), fournit une illustration de la procédure d'analyse cumulative utilisée concernant les syntagmes nominaux.

Tableau 5-8 — Analyse développementale cumulative des syntagmes nominaux (adaptée d'après Scarborough, 1990).

Typologie des syntagmes	Description	Exemple(s)
N1	Noms propres et communs	*chien, lait, maman*
N2	Pronoms ou locatifs	*je, ici, qui, mien*
N3	Les modificateurs incluent : les adjectifs épithètes, les quantificateurs bipolaires, les adjectifs possessifs et les génitifs saxons.	*son, ce garçon, chaud, n'importe lequel, tasse de bébé*
N4	Syntagmes nominaux (SN) à deux mots : un nom précédé par un article ou un modificateur.	*ma poupée, encore lait, le cheval*

N5	Utilisation systématique des articles précédant les noms.	*ma poupée, la scie, une pomme, une orange*
N6	Syntagmes nominaux à deux mots (comme au stade N4) mais produit après un verbe (SV → V + SN) ou une préposition (SP → P + SN).	*conduire une voiture, vois deux chats, est un banc, ça pour mon papa*
N7	Suffixes marquant la pluralité.	*chevaux*

7. Le schéma d'analyse fonctionnelle de Halliday

Nous avons fourni une représentation détaillée, et utilisé avec succès pour l'analyse fine d'un important corpus de langage spontané (*cf*. Rondal, 1995a,b), le schéma analytique du linguiste anglais Halliday (1985). Ce dispositif intègre (sans les amalgamer) une analyse des aspects *morpho-syntaxiques* et de certains aspects *informationnels* et *pragmatiques* du langage. On ne peut malheureusement lui rendre justice en quelques pages et nous nous limiterons à une présentation sommaire, renvoyant le lecteur intéressé à la source originale ainsi qu'à l'adaptation française que nous en avons faite.

L'unité fondamentale d'analyse dans le schéma de Halliday (1985) est la *proposition*. Celle-ci est la même unité qu'elle fonctionne en isolation (en tant que phrase simple) ou qu'elle fasse partie d'un complexe de propositions (dans les phrases complexes). L'analyse procède selon le découpage suivant : niveau de la *proposition*, niveau *infra-propositionnel* (groupes et syntagmes), niveau *supra-propositionnel* (complexes de propositions et phrases), niveau *para-propositionnel* (unités d'information), et niveau *péri-propositionnel* (cohésion et discours). Halliday définit la proposition comme une unité dans laquelle des significations de trois sortes sont mises en rapport les unes avec les autres selon un ordre séquentiel unique. En conséquence, une proposition peut être considérée simultanément comme étant un *message*, un *échange*, et une *représentation*. Chacun de ces trois types de signification est exprimé au moyen de certaines structures et sous-structures qui les définissent et doivent en conséquence être analysées dans toute évaluation de la compétence langagière.

Dans tous les langages, la proposition a la nature d'un *message*. La forme d'utilisation qui lui donne le statut d'un événement communicatif est appelée la *structure thématique*. Cette structure correspond à l'organisation suivante : un élément dans la proposition est énoncé comme étant le thème. Cet élément se combine avec le reste de la proposition de telle manière que les deux parties mises ensemble constituent un message. Le *thème* est l'élément qui sert de point de départ au message. C'est par rapport à lui que la proposition se définit (par exemple, *le duc*, dans la proposition *Le duc a donné cette théière à ma tante*). Le reste du message est appelé le *rhème*. Au niveau de la structure du message, une proposition consiste en un thème qui survient toujours en première position, quel qu'il soit, accompagné d'un rhème. Dans la structure thème-rhème, c'est le thème qui est l'élément proéminent. Il reçoit une attention particulière dans l'analyse de Halliday.

Parallèlement à leur organisation en tant que message, les propositions sont organisées comme des *échanges*, c'est-à-dire des événements interactifs qui impliquent un locuteur et une audience (au minimum un interlocuteur ou un « écouteur »). A ce point de vue, on peut distinguer quatre sous-fonctions principales du langage : les ordres, les avis, les questions, et les offres. La série des réponses correspondantes consiste à : accepter une offre, exécuter un ordre, recevoir un avis et en prendre acte, et poser une question.

Les propositions existent également en tant que *représentation*. Selon Halliday, notre conception de la réalité est faite d'actions, de rencontres, des sentiments, d'états, etc. Ces phénomènes sont représentés dans la sémantique du langage et sont exprimés grâce à la grammaire des propositions. L'élément central est constitué par le système de la *transitivité*. La transitivité spécifie les différents types de processus qui sont reconnus dans le langage et les structures servant à les exprimer. Un processus est potentiellement composé de trois éléments : (1) le processus lui-même, (2) les participants dans le processus, et (3) les circonstances associées au processus. Cette interprétation sous-tend la distribution grammaticale des mots dans les classes de syntagmes : groupe verbal, groupe nominal, groupe adverbial, groupe attributif, et syntagme prépositionnel, respectivement. Il est possible, cependant, de spécifier davantage les différents types de processus (matériels, mentaux, relationnels) et les types de rôles participatifs associés à ces processus.

Au *niveau infra-propositionnel*, on retrouve les structures groupales et syntagmatiques habituelles (groupe nominal, groupe verbal, groupe attributif, groupe adverbial, groupes conjonctif et prépositionnel, et syntagmes conjonctif et prépositionnel. Un groupe représente l'expansion d'un mot (il constitue « un complexe de mots », un mot servant de pivot en relation avec d'autres mots qui le modifient).

De la même manière qu'un groupe peut être interprété comme un complexe de mots au niveau infra-propositionnel, une phrase peut être interprétée comme « un complexe de propositions » au niveau supra-propositionnel, c'est-à-dire, un dispositif dans lequel une proposition noyau figure avec d'autres propositions qui la modifient. Les relations qui existent entre les propositions sont de première importance. Deux dimensions distinctes sont considérées : (1) le type de dépendance qui existe entre propositions, ou «taxis»; et (2) les relations logico-sémantques entre propositions (essentiellement, l'expansion et la projection). Lorsque deux (ou davantage de) propositions ont un statut grammatical égal, une clause étant *initiatrice*, et l'autre(s) *continuatrice*, il s'agit de *parataxe*. Par contre, il y a l'*hypotaxe* lorsque une ou plusieurs propositions en modifie une autre. La proposition modificatrice (ou les propositions modificatrices) est (sont) sous la dépendance de la proposition modifiée (*dominante*). Par exemple, il existe une relation parataxique entre *Je pourrais si je voulais* et *mais je ne peux pas* et une relation hypotaxique entre *Je voudrais* et si *je pouvais*.

Le schéma de Halliday (1985) comporte également un *volet pragmatique*, appelé «interactif» par Halliday (voir la proposition en tant qu'échange). Une telle analyse n'épuise cependant pas la dimension pragmatique du langage, laquelle dépasse parfois de beaucoup le niveau de la proposition ou de la phrase. L'analyse de la dimension pragmatique du langage se fait naturellement mieux par le moyen du langage spontané en situation de communication aussi proche que possible de la réalité linguistique et culturelle. Les situations de tests ne conviennent guère pour ce genre d'évaluation bien qu'on trouve çà et là dans les tests de langage des épreuves assez artificielles à cet effet.

L'évaluation de la dimension pragmatique du langage et de son fonctionnement est peu développée encore aujourd'hui. Il conviendrait de mettre au point des analyses détaillées de cette dimension et d'y faire correspondre une démarche évaluative basée sur le langage spontané en situation fonctionnelle ou proche. Une des difficultés principales dans une entreprise de ce genre provient du caractère quelque peu hétéroclite de ce qu'on est convenu d'appeler la dimension pragmatique du langage. Celle-ci regroupe une série de sous-dimensions diverses. Le Tableau 5-9 (repris à Rondal, 1995c) identifie plusieurs sous-fonctions envisageables dans cette perspective. La liste en question ne prétend pas à l'exhaustivité et n'est pas disposée hiérarchiquement. On y ajoutera (*cf.* le Tableau 1-1) l'*emphase* et l'*ellipse*. L'emphase ou mise en évidence d'une partie de l'énoncé de façon à influencer l'interlocuteur est une sous-fonction pragmatique d'importance. Elle peut se faire avec des moyens simples comme l'accent d'insistance ou la prosodie de la phrase ou par le recours à des moyens formels particuliers comme les présentatives ou la passivisation. Les présentatives sont des phrases introduites par les formes *c'est*, *ce sont*, etc., suivies du syntagme mis en évidence avec éventuellement relativisation consécutive (par exemple, *C'est lui qui a tiré le signal d'alarme*). Le formalisme des passives a été défini précédemment. La fonction pragmatique de la passivation est de permettre la mise en évidence du patient en position de sujet grammatical et de «renvoyer» le sujet logique en position d'objet grammatical (par exemple, *La vieille dame a été agressée par les loubards*). Clivage et passivisation peuvent intervenir tous deux dans la même procédure d'emphase, renforçant cette dernière (par exemple, *C'est la vieille dame qui a été agressée par les loubards*).

L'ellipse consiste à ne pas répéter entièrement une partie de la phrase ou du paragraphe précédent ou a y substituer un pronom. Mais il convient que l'information ellipsée puisse être aisément récupérée par l'interlocuteur. On peut également ellipser ou renvoyer par un pronom exophorique à un élément du contexte extralinguistique pour autant que ce dernier soit accessible à l'interlocuteur. Le lecteur intéressé verra le Chapitre «Development of linguistic communication» dans l'ouvrage de Rosenberg et Abbeduto (1993) pour des détails sur le développement des principales sous-fonctions pragmatiques du langage.

Tableau 5-9 — Sous-fonctions pragmatiques du langage (d'après Rondal, 1995b).

1. *Pratique de la conversation* : - prise de tour (y compris les mécanismes régulateurs : contacts oculaires avec l'interlocuteur, direction du regard, contrôle de l'intonation, contrôle des contenus exposés); - réciprocité; - maintien du sujet de conversation; - production de sujets de conversation appropriés à l'interlocuteur et au contexte situationnel; - production et réponse appropriée de/aux «réparations conversationnelles» (conversational repairs);	- pratique appropriée de la distance dyadique (par opposition à la conversation à distance, par exemple, au téléphone), soit les usages proxémiques en vigueur dans la communauté culturelle; 2. *Compréhension* (réaction appropriée) et *formulation adéquate* (selon les règles de la langue, les dispositifs culturels habituels, par exemple les formules de politesse et les conventions hiérarchiques dans les rapports communicatifs entre personnes, et les réalités de la situation de communication) *des divers types illocutoires de*	phrases; déclarations, exclamations, questions, ordres, propositions, promesses, menaces, requêtes diverses (en information, en action, en confirmation). 3. «Enracinement» correct du locuteur dans son énonciation (*sous-fonction deictique*) par l'utilisation référentiellement appropriée principalement des pronoms, adjectifs démonstratifs, adverbes de temps et de lieu.

5.2.4. Analyse discursive

Le niveau intégratif maximum du langage est celui du *discours*. La production et la compréhension du discours reprennent toutes les dimensions du langage, des phonèmes aux structures morpho-syntaxiques en passant par les structures sémantiques relationnelles et le lexique, la dimension pragmatique, et, certes, les *contenus* particuliers que les locuteurs y font figurer. Spécifiques au niveau discursif, outre cette intégration maximale, sont les *objectifs communicatifs généraux* (narrer, convaincre, décrire, expliquer, etc.), l'organisation notamment séquentielle des *informations* contenues dans le discours, et les exigences de *cohésion* et de *cohérence* discursive. Voyons ces dernières indications plus en détail.

De façon à ce qu'une séquence de phrases constitue un discours, il est nécessaire que les relations entre les phrases et/ou les paragraphes soient explicitées, et que soit maintenue une cohésion discursive au moins minimale. Quatre moyens sont principalement utilisés de façon à assurer la cohésion discursive : (1) la référence; (2) l'ellipse; (3) la conjonction; et (4) la cohésion lexicale. Nous les définissons ci-dessous.

RÉFÉRENCE. Un participant ou un élément circonstanciel introduit à un moment dans le texte peut être pris comme référence dans ce qui suit (par exemple, Le garçon qui garde les moutons... il... lui... il, etc.).

ELLIPSE. Une proposition ou une partie de proposition, ou encore une partie d'un groupe nominal ou verbal, peuvent être correctement présupposés à un moment dans le discours. L'élément en question peut alors être omis ou substitué, sans dommage pour l'intelligibilité du discours. Les ellipses bien menées sont, par définition, un facteur de cohérence discursive.

CONJONCTION. Une proposition ou une portion plus grande du discours peuvent être mises en relation avec ce qui suit (restriction, expansion, concession, conséquence, spécification, etc.) au moyen d'une conjonction de coordination particulière (*mais, ou, et, donc, encore, ni, car*).

COHÉSION LEXICALE. La continuité discursive peut également être établie par le choix des mots. Elle peut prendre la forme d'une répétition de mots, du choix d'un mot particulier en relation sémantique ou bien distributionnelle avec un mot précédent, ou encore de «mots clefs», par exemple, des mots qui ont une importance particulière pour la signification du texte.

La *cohésion discursive* ne doit pas être confondue avec la *cohérence discursive*, c'est-à-dire «la connectivité» de la production ou de la conversation à un «niveau macro», la séquence des tours de parole, et également les rapports entre l'activité verbale et le contexte non-verbal. La cohérence textuelle, en outre, a beaucoup à voir avec le principe de non-contradiction « explicite » appliqué aux informations fournies dans un discours donné.

Au niveau des *objectifs généraux de la communication*, les discours peuvent se répartir en plusieurs catégories (dont l'identité exacte et le nombre varient selon les auteurs). En gros, on peut distinguer au moins cinq types de discours : les discours *narratif, argumentatif, expositif, théorique,* et *descriptif*. Chaque type de discours dispose de sa *macrostructure* propre. Par là, il faut entendre l'organisation de l'*information* fournie. Il importe de remarquer que la notion d'information est distincte de celles de structure sémantique, lexicale, morpho-syntaxique, ou de type illocutoire d'énoncé. Elle suppose, certes, la mise en place adéquate de ces structures dans la production ou leur traitement adéquat dans la réception langagière. Mais, elle les dépasse, en quelque sorte, au profit du but ultime, et en fin de compte unique, de l'échange linguistique à savoir le transfert de connaissances (concrètes ou abstraites, référentielles ou idiosyncratiques, réelles ou imaginaires) entre personnes. Il convient de distinguer au niveau de la *phrase* (*cf.*, par exemple, Halliday, 1985) entre l'*information dite ancienne* (ou encore le *thème* ou le présupposé) et l'*information nouvelle* (ou le rhème ou le *posé*). L'information ancienne est celle qui peut être considérée comme partagée par les interlocuteurs avant même la production de l'énoncé en question, soit en raison du contexte communicatif commun, soit en raison de connaissances et/ou d'expériences communes, soit encore en raison d'une communication préalable ou des énoncés précédemment échangés). Une information nouvelle est toute information non commune aux interlocuteurs avant le début de l'énoncé et qui motive informationnellement ce dernier. En principe, l'information ancienne est présentée en premier lieu dans la phrase et lui sert d'assise ou de point de départ informationnel. A partir de là, on pourra dans la seconde partie de la phrase fournir ce qui constitue l'objectif communicatif principal à savoir la transmission de l'information nouvelle. Celle-ci sera intelligible dès lors qu'elle est raccordable à une information ancienne.

La macrostructure des *discours narratifs* est en rapport avec l'objectif narratif à savoir « raconter un événement, une histoire ». Pour ce faire, il convient canoniquement d'organiser l'information selon une trame principalement *chronologique*. On peut s'en écarter mais il convient alors de *marquer* l'expression, c'est-à-dire d'en avertir explicitement l'interlocuteur (par exemple, « A la fin, on arrive à.... mais je vais d'abord vous expliquer le début de l'histoire »). Les histoires, habituellement, ont une définition du contexte et des personnages principaux, une « intrigue », un déroulement, un dénouement, et éventuellement un ou des commentaires terminaux, voire une «morale». Les discours *argumentatifs* ont une macrostructure principalement de nature logique, au sens où les informations fournies sont orientées vers la démonstration d'un point particulier, laquelle démonstration doit, en principe, découler d'un enchaînement irréprochable des arguments proposés. Les discours *expositifs* sont orientés vers l'apport conscient et organisé d'informations. Ils doivent partir du connu, de l'indiscuté, du plus facile vers le moins connu, le plus discutable, ou le plus ardu. Les informations pertinentes sont organisées en conséquence. Les discours *théoriques* visent à informer tout en présentant une structuration particulière et considérée comme éclairante ou explicative du donné. Les discours *descriptifs*, enfin, sont peut-être les moins contraints du point de vue de leur macrostructure, étant donné qu'il existe une grande variété de façons de décrire de manière satisfaisante un objet, une personne, une action, un processus, ou un événement. Il convient, cependant, même à cette dernière fin, d'assurer une présentation cohérente et cohésive de l'information.

L'analyse du discours procède évidemment du langage spontané. Elle se centre sur deux aspects particuliers : (a) l'analyse de la macrostructure textuelle dont nous venons de parler ; et (b) l'analyse microstructurelle qu'il nous faut définir brièvement.

La *microstructure* d'un texte est constituée d'une liste de propositions (au sens logique et sémantique et non plus grammatical du terme) qui correspondent aux *contenus* du texte. Ces propositions peuvent utilement s'analyser comme stipulant les relations établies entre deux ou plusieurs signifiants. L'élément propositionnel central est le *prédicat* qui spécifie la relation sémantique en question (il s'agit souvent d'un verbe, mais d'autres classes formelles peuvent également assurer cette fonction, comme les prépositions). Les autres éléments propositionnels fournissent les *arguments* lesquels précisent les entités impliquées dans la relation exprimée par le prédicat. Dans ce qui suit, nous reproduisons, à titre d'illustration (Tableau 5-10), l'analyse propositionnelle que font Kintsch et Van Dijk (1978) d'un texte repris à Heussenstam (1971 ; cité par Kintsch & Van Dijk, 1978). Pour davantage de détails sur l'analyse propositionnelle, le lecteur intéressé pourra consulter Le Ny (1979), ainsi que l'ouvrage collectif dirigé par Denhière (1984).

Tableau 5-10 — Texte de Heussenstam (1971), intitulé «les auto-collants et les flics», et analyse propositionnelle de Kintsch et Van Dijk (1978).

Texte

Une série de heurts violents et sanglants entre la police et des membres du parti des Black Panthers ponctua les premiers jours de l'été 1969. Peu après, un groupe d'étudiants noirs à qui j'enseignais au California State College, à Los Angeles, et qui étaient membres du parti des Black Panthers, commencèrent à se plaindre du harcèlement continu des forces de l'ordre. Parmi leurs nombreux griefs, ils se plaignaient de recevoir de si nombreuses contraventions de circulation que certains risquaient de perdre leur permis de conduire. Au cours d'une longue discussion, nous avons réalisé qu'ils conduisaient tous des automobiles avec des signes du parti des Black Panthers collés sur leurs pare-chocs. Ceci est un compte rendu de l'étude que j'ai alors entreprise pour établir le sérieux de leurs charges et déterminer si nous écoutions la voix de la paranoïa ou de la réalité (Heussenstam, 1971, p. 32).

Analyse propositionnelle

1	(SERIE, HEURT)
2	(VIOLENT, HEURT)
3	(SANGLANT, HEURT)
4	(ENTRE, HEURT, POLICE, BLACK, PANTHER)
5	(TEMPS : EN, HEURT, ETE)
6	(DEBUT, ETE)
7	(TEMPS : DE, ETE, 1969)
8	(AUSSITOT)
9	(APRES)
10	(GROUPE, ETUDIANT)
11	(NOIR, ETUDIANT)
12	(ENSEIGNER, AUTEUR, ETUDIANT)
13	(LIEU : A, CALIFORNIA STATE COLLEGE)
14	(LIEU : A, CALIFORNIA STATE COLLEGE, LOS ANGELES)
15	(EST UN, ETUDIANT, BALCK PANTHER)
16	(COMMENCER)
17	(SE PLAINDRE, ETUDIANT)
18	(CONTINU)
19	(HARCELER, POLICE, ETUDIANT)
20	(PARMI, PLAINTE)
21	(NOMBREUSES, PLAINTE)
22	(SE PLAINDRE, ETUDIANT)
23	(RECEVOIR, ETUDIANT, CONTRAVENTION)
24	(NOMBREUSES, CONTRAVENTION)
25	(CAUSE)
26	(QUELQUES, ETUDIANT)
27	(RISQUER)
28	(PERDRE, PERMIS DE CONDUIRE)
29	(PENDANT, DISCUSSION)
30	(LONGUE, DISCUSSION)
31	(ET, AUTEUR, ETUDIANT)
32	(REALISER)
33	(TOUS, ETUDIANT)
34	(CONDUIRE, AUTOMOBILE)
35	(AVOIR, AUTOMOBILE, SIGNE)
36	(BLACK, PANTHER, SIGNE)
37	(COLLE SUR, SIGNE, PARE-CHOC)

38	(COMPTE RENDU, AUTEUR, ETUDE)
39	(FAIRE, AUTEUR, ETUDE)
40	(BUT, ETUDE)
41	(ETABLIR, ETUDE)
42	(VRAI)
43	(ENTENDRE)
44	(OU)
45	(DE LA REALITE, VOIX)
46	(DE LA PARANOIA, VOIX)

5.3. COMPLÉMENTARITÉ DES ANALYSES DE LANGAGE SPONTANÉ ET DES TESTS DE LANGAGE

Quelle que soit la production du sujet examiné, on ne peut inférer de ce qu'il ne dit pas une absence de compétence langagière particulière. C'est là une limitation importante de l'analyse du langage spontané. Ce type d'analyse ne peut évidemment faire usage que des données, disons positives, c'est-à-dire, effectivement produites par le sujet. On ne peut rien inférer, en principe, à partir de formes ou de structures linguistiques non représentées dans l'échantillon de langage analysé. Par exemple, si au cours d'une séance d'enregistrement, un sujet (disons un enfant) ne produit spontanément aucune subordonnée relative, il serait imprudent, et en réalité illicite, de conclure sur cette seule base qu'il ne maîtrise pas ou qu'il n'a aucune connaissance en matière de production des relatives. En outre, il est des structures langagières couramment produites dans toutes les situations de production, à un certain niveau de développement, et d'autres plus rares, non obligatoires, ou dépendant largement d'un contexte communicatif ou interactif particulier (par exemple, peu de requêtes en information sont produites par le jeune enfant en situation de jeu libre avec un adulte lequel prend habituellement la direction de l'interaction). De façon à compléter l'évaluation productive effectuée sur base d'un ou de plusieurs échantillon(s) de langage, on peut ajouter un autre volet à l'examen : *un volet plus directif* (langage dirigé ou provoqué) consistant soit à utiliser un ou plusieurs tests ou des épreuves ad hoc selon les objectifs particuliers de l'évaluation. Ce type d'évaluation complémentaire est optimalement informative si elle est menée en *complément de l'analyse du langage spontané*, et de façon à répondre à des questions éventuellement posées à l'issue de ce premier examen, ou à des questions que le premier examen n'a pu aborder, ou encore auxquelles il ne fournit pas une réponse claire. Cette démarche implique deux choses : (1) il est préférable que l'examen complémentaire en langage provoqué suive l'examen du langage spontané; (2) l'examen complémentaire doit être construit «*à la carte*» de façon à répondre aux questions issues du premier examen, lesquelles sont susceptibles de changer d'un examen à l'autre. Il convient idéalement de *revoir le sujet quelques jours* après la première évaluation en langage spontané de façon à en faire le bilan, à construire et à procéder ensuite à la seconde évaluation en langage provoqué. La démarche inverse à savoir procéder directement à l'analyse du langage provoqué est moins avantageuse, à moins de savoir exactement ce que l'on cherche à mesurer, ce qui peut être le cas en clinique langagière si la demande et/ou la motivation qui préside à l'examen de langage est suffisamment précise ou si les indications anamnésiques sont suffisamment claires pour se faire une idée précise de la nature du problème.

Les épreuves complémentaires en langage provoqué sont elles-mêmes susceptibles d'être *normalisées* malgré leur caractère ad hoc. Rien n'empêche en effet d'étalonner un certain nombre d'épreuves construites sur ce modèle quitte à ne les utiliser que lorsque cela est nécessaire dans le cours d'examens individuels.

On peut disposer ainsi par la combinaison de l'évaluation en langage spontané et de celle en langage provoqué d'un bilan plus complet du fonctionnement linguistique. La complémentarité des tests de langage et des évaluations du langage spontané a été soulignée depuis longtemps (par exemple, Johnson, Darley & Spriesterbach, 1963; Emerick & Hatten, 1974; et Leonard, Prutting, Perozzi & Berkley, 1978); mais la mise en pratique de cette complémentarité reste encore trop rare.

Chapitre 6
L'interprétation
des données langagières

L'étude du langage n'est simple qu'en apparence. Et les apparences dans ce cas sont trompeuses. Comme le montre la dissociation entre capacité linguistique et connaissance métalinguistique, il ne suffit pas de parler et de comprendre une langue pour être un expert dans cette langue ou un expert en matière de langage en général. C'est une évidence. Suffit-il de conduire une voiture automobile ou de tapoter le clavier d'un ordinateur pour être reconnu comme spécialiste en mécanique ou en informatique. La plupart des gens conviennent volontiers du second point. Mais le langage fait tellement partie de la nature humaine et de la vie de tous les jours, que beaucoup tendent peut-être à penser que dans ce cas l'usage sufit à la connaissance. Il n'en est rien.

Directement relatif à notre propos évaluatif, il convient de se méfier de toute analyse et/ou diagnostic langagier ou proposés par une personne non formée, même si cette personne dispose de connaissances approfondies dans d'autres secteurs de l'économie humaine. Parallèlement, il importe d'améliorer la formation de base des cliniciens du langage, particulièrement en ce qui se rapporte aux aspects évaluatifs et, dès qu'il s'agit d'enfants, aux aspects développementaux du langage.

L'application d'un test de langage peut sembler aisée. Elle est toujours délicate à une série de points de vue : respect des consignes et, donc, garantie de l'utilisation standard du test, faute de quoi la référence normative devient problématique; mise à l'aise des sujets et vérification des conditions matérielles et motivationnelles de la passation, faute de quoi les réponses obtenues ne renverront pas de façon fiable aux capacités réelles des sujets, etc. Plus encore que son application, *l'interprétation des résultats d'un test de langage est toujours une opération* qui exige connaissance et expérience. Le langage n'est pas un phénomène simple, comme nous l'avons rappelé. Son acquisition ou, plus exactement celle des différentes composantes langagières et leur intégration dans un ensemble fonctionnellement cohérent, n'est pas une question de tout ou rien. Il s'agit d'un long processus initié dès la fin de la période prénatale (avec la sensibilisation du fœtus à la voix maternelle) et qui continue pour certains aspects jusqu'à l'adolescence. L'examinateur doit être capable d'apprécier les subtilités du code et du fonctionnement langagier en regard des caractéristiques (et, éventuellement, des points forts et des points faibles) des outils évaluatifs disponibles, voire de perfectionner ceux-ci ou d'en construire de nouveaux lorsque la nécessité ou l'intérêt se font jour.

C'est encore trop souvent le cas aujourd'hui que des personnes peu ou pas formées au langage, se saisissant de l'un ou l'autre instrument, s'autorisent à évaluer et parfois se lancent dans des diagnostics et des pronostics aventureux.

Il importe d'insister également sur la nécessité de *recouper son information*. Nous pensons que le professionnel compétent est celui, correctement formé et informé, qui procède avec circonspection tant pour établir l'existence d'un trouble que pour réfuter cette possibilité. Dans cette perspective, la confrontation des résultats obtenus avec plusieurs instruments d'évaluation équivalents ou se recoupant, est de nature à assurer le diagnostic. Cette exigence suppose que suffisamment d'instruments d'évaluation valides soient disponibles pour une langue donnée et par rapport aux différents âges, s'il s'agit d'une évaluation développementale. Nous sommes renvoyés au problème, délicat à l'heure actuelle, de la construction d'instruments valides d'évaluation.

Enfin, si toute évaluation langagière est une opération délicate, c'est encore plus vrai pour *l'analyse du langage spontané*. L'utilisation de tests, par définition standardisés et normalisés, est en principe plus facile dans la mesure où, pour ainsi dire, le chemin est balisé. La marche à suivre est plus clairement indiquée. L'interprétation du langage spontané est plus difficile car elle repose davantage encore que celle du langage provoqué sur les compétences spécifiques de l'examinateur.

Conclusions

Nous avons insisté sur la dimension structurale du langage et sur la nécessité de partir de cette dimension pour organiser son évaluation. Nous avons insisté sur l'importance de distinguer entre fonctionnement linguistique et connaissance métalinguistique. Trop souvent, les deux niveaux sont confondus dans la même approche et cet amalgame n'est pas de nature à certifier la démarche interprétative.

Nous avons indiqué que l'arsenal des techniques statistiques, descriptives et inférentielles, paramétriques et non-paramétriques, est applicable en toute rigueur aux unités d'analyse langagière. Il convient d'y insister, car on a par le passé émit des avis à l'opposé, à savoir que les unités de mesure comportementales (donc y compris langagières) étaient essentiellement nominales et ordinales. A un examen plus approfondi, il semble bien qu'il n'en soit rien. Les niveaux de mesure les plus communément définis et les théories métriques correspondantes s'appliquent parfaitement aux données langagières. Il s'ensuit que le traitement statistique des données en provenance des instruments d'évaluation du langage, n'est grevé d'aucune limitation qui tiendrait à la nature des unités métriques utilisées.

Comme en atteste le Catalogue des Tests, fourni en annexe à l'ouvrage, il existe un nombre non négligeable d'instruments d'évaluation du langage en langue française. Il conviendrait de les améliorer à une pluralité de points de vue. Certains de ces instruments sont des épreuves et non des tests au sens strict. Il serait évidemment utile de les standardiser, lorsqu'elles ne le sont pas suffisamment, et surtout de les normaliser sur des échantillons de sujets représentatifs des populations cibles et des régionalismes francophones. Nous avons également distingué plusieurs qualités psychométriques auxquels les tests doivent satisfaire. Il importerait de chercher à y conformer mieux les instruments disponibles et à tenir un plus grand compte de ces indications pour la construction de nouveaux instruments évaluatifs.

Nous avons longuement analysé les principales difficultés existant dans la démarche des tests et des épreuves de langage en langue française. Ces difficultés sont gênantes. Particulièrement embarrassant est le constat relatif à la fréquente *non-randomisation* de l'ordre de présentation des épreuves, sous-épreuves, et des items. Les constructeurs de tests préfèrent indiscutablement les ordres fixes de présentation et affirment souvent disposer leurs items par ordre de difficulté/ou de complexité croissante ; une indication qui n'est pas toujours plausible ni étayée par des données extrinsèques convaincantes. L'absence de randomisation dans la présentation des items des tests rend problématique toute interprétation autre qu'en scores globaux, par définition peu informatifs puisqu'il y a de nombreuses façons d'obtenir une même note globale.

Délicat est le conseil donné par de nombreux constructeurs de test, *d'arrêter la passation* après un nombre donné (peu élevé, en général) d'erreurs commises par le sujet. Cette suggestion est rarement justifiée étant donné que les items de nombreux tests ne sont pas présentés dans un ordre réel de complexité croissante et qu'une présentation dans un ordre intangible n'est pas souhaitable.

Très discutable également est la tendance des constructeurs de tests à réduire excessivement la durée de passation et, en conséquence, le nombre d'items des tests. Dans certains cas, la réduction condamne inévitablement à l'impotence évaluative. D'autres problèmes techniques existent encore et nous les avons analysés.

Quant aux contenus des tests, nous en avons discuté les lacunes et les infélicités, au Chapitre 4, tout en proposant de nombreuses améliorations et compléments. Les imperfections s'expliquent en bonne partie par le manque de connaissances linguistiques chez de nombreux constructeurs de tests et par une insuffisante réalisation de la nature multicomponentielle du langage.

CONCLUSIONS

Au terme de notre revue analytique, il apparaît que la plupart des tests de langage en usage en langue française sont insatisfaisants. Au-delà des améliorations souhaitables, c'est l'apparition d'une nouvelle génération de tests de langage que nous appelons de nos vœux, une génération qui, basée bien davantage que la précédente sur les acquis de la linguistique et de la psycholinguistique, se conformerait mieux aux exigences méthodologiques et métriques des disciplines scientifiques inductives. C'est aussi à une meilleure exploitation du langage spontané à fin d'évaluation, en complémentarité avec l'analyse du langage provoqué, et dans le respect des procédures mises au point par les psycholinguistes, que nous invitons les cliniciens du langage. Négligeant souvent le langage spontané au profit des seuls tests, ils se privent d'une source d'information de première importance.

A ces fins, il est souhaitable qu'une collaboration plus étroite se mette en place entre cliniciens, psychométriciens, et linguistes et psycholinguistes, de façon à ce que cette fonction humaine primordiale qu'est le langage fasse enfin l'objet d'une démarche évaluative digne d'elle et conforme aux standards scientifiques.

Bibliographie

Barlow, M. & Miner, L. (1969), Temporal reliability of length complexity index, *Journal of Communication Disorders*, *2*, 241-251.

Beech, J. & Harding, L. (1992), *Assessment in speech and language therapy*, Londres : Routledge.

Berko, J. (1958), The child's learning of English morphology, *Word*, *14*, 150-177.

Borel-Maisonny, S. (1969), *Langage oral et écrit* (vol. 2), Neuchâtel, Suisse : Delachaux et Niestlé.

Boutard, C. (1996a), Note technique. EVIP : Echelle de Vocabulaire en Image Peabody, *ANAE* (Approche Neuropsychologique des Apprentissages chez l'Enfant), *8*, *37*, 62.

Boutard, C. (1996b), Apport de l'informatique dans la rééducation des dysphasies et des dyslexies, *ANAE*, *38*, 90-92. Annexe p. I-IV.

Boysson-Bardies, B. de (1996), *Comment la parole vient aux enfants*, Paris : Jacob.

Brédart, S. & Rondal, J.A. (1982), *L'analyse du langage chez l'enfant : Les activités métalinguistiques*, Bruxelles : Mardaga.

Brown, R. (1973), *A first language*, Cambridge, MA : Harvard University Press.

Camarazza, A., Grober, E.H., Garvey, C. & Yates, J. (1977), Comprehension of anaphoric pronouns, *Journal of Verbal Learning and Verbal Behavior*, *16*, 601-609.

Chafe, W. (1970), *Meaning and the structure of language*, Chicago : University of Chicago Press.

Chevrie-Muller, C., Simon, A., Dufouil, C. & Goujard, J. (1993), Dépistage précoce des troubles de développement du langage à 3 ans 1/2 : Vadidation de la méthode, *ANAE*, *5*, 82-91.

Chomsky, N. (1981), Lectures on government and binding, Dordrecht, Hollande : Foris.

Content, A., Mousty, P. & Radeau, M. (1990), Brulex. Une base de données lexicales informatisées pour le français écrit et parlé, *L'Année Psychologique*, *90*, 551-566.

Crystal, D. (1979), *Working with LARSP*, New York : Elsevier.

Crystal, D. (1991), *Dictionary of linguistics and phonetics*, Cambridge, UK : Cambridge University Press.

Crystal, D., Fletcher, P. & Garman, M. (1976), *The grammatical analysis of language disability : A procedure for assessment and remediation*, New York : Elsevier.

Crystal, D., Fletcher, P. & Garman, M. (1989), *Grammatical analysis of language disability*, Londres : Whurr.

Darley, F. & Moll, K. (1960), Reliability of language measures and size of language samples, *Journal of Speech and Hearing Research*, 3, 166-173.

De Filippis, A. (1996), L'évaluation de l'évolution de la comptence linguistique à l'aide de Phonos CL, *ANAE*, 38, 96-98.

Denhière, G. (éd.) (1984), *Il était une fois... Compréhension et souvenirs de récits*, Lille, France : Presses Universitaires de Lille.

Desmichels, B., Bosmans, L., Dumont, A. & François, M. (1996), Apport d'un logiciel d'analyse de la voix dans le diagnostic et le suivi d'enfants dysphoniques, *ANAE*, 38, 99-102.

Dubois, D. (1982), *Normes de production d'exemplaires appartenant à 22 catégories sémantiques à partir d'une consigne classique et d'une consigne d'imagerie*, Paris : Université de Paris VIII (non publié).

Dubois, G., Saley, A.M. & Gonzalez, J.P. (1978), Test de langage. Etalonnage bordelais, *Revue de laryngologie*, 99, 169-257, 447-451.

Dunn, L. & Dunn, L. (1965), *Peabody Picture Vocabulary Test*, Circle Pines, MN : American Guidance Service.

Emerick, L. & Hatten, J. (1974), *Diagnosis and evaluation in speech pathology*, Englewood Cliffs, NJ : Prentice-Hall.

Engler, L., Hannah, E. & Longhurst, T. (1974), Linguistic analysis of speech samples : A practical guide for clinicians, *Journal of Speech and Hearing Disorders*, 38, 192-204.

Fisher, M. (1934), *Language patterns of preschool children*, New York : Columbia University Press.

Fodor, J. (1983), *The modularity of mind*, Cambridge, MA : MIT Press.

Gaito, J. (1980), Mesurement scales and statistics : Resurgence of an old misconception, *Psychological Bulletin*, 87, 564-567.

Garvey, C., Camarazza, A. & Yates, J. (1975), Factors influencing assignment of pronoun antecedents, *Cognition*, 3, 227-243.

Gombert, J.E. (1990), *Le développement métalinguistique*, Paris : Presses Universitaires de France.

Goswami, U. & Bryant, P. (1990), *Phonological skills and learning to read*, Hillsdale, NJ : Erlbaum.

Gougenheim, G., Rivenc, P., Michea, R. & Sauvageot, A. (1964), *L'élaboration du français fondamental*, Paris : Didier.

Grammaire Larousse du 20ᵉ Siècle (1936), Paris : Larousse.

Grégoire, M.N. (1980), *L'analyse du langage spontané chez l'enfant*, Liège : Institut Provincial de Logopédie (non publié).

Grevisse, M. (1964), *Le bon usage*, Gembloux, Belgique : Duculot.

Griffith, J. & Miner, L. (1969), LCI reliability and size of language sample, *Journal of Communication Disorders*, 2, 264-267.

Halliday, M.A.K. (1985), *A functional grammar*, Londres : Arnold.

Hatcher, A. (1944a), *Il me prend le bras* vs *Il prend mon bras*, *Romanic Review*, 35, 156-164.

Hatcher, A. (1944a), *Il tend les mains* vs *Il tend ses mains*, *Studies in Philology*, 36, 457-481.

Hays, W. (1973), *Statistics for the social sciences*, New York : Holt, Rinehart and Winston.

Hollingshead, A. (1957), *A two-factor index of social position*, New Haven, CT : Yale University (non publié).
Johnson, M. & Tomblin, B. (1975), The reliability of developmental sentence scoring as a function of sample size, *Journal of Speech and Hearing Research*, 2, 372-380.
Johnson, W., Darley, F. & Spriesterbach, D. (1963), *Diagnostic methods in speech pathology*, New York : Harper and Row.
Kail, M. & Léveillé, M. (1977), Compréhension de la coréférence des pronoms personnels chez l'enfant et l'adulte, *L'Année Psychologique*, 77, 79-94.
Kerlinger, F. (1986), *Foundations of behavioral research*, New York : CBS Publishing.
Kersner, M. (1989), *Test of voice, speech, and language*, Londres : Whurr.
Kintsch, W. & Van Dijk, J. (1978), Toward a model of text comprehension and production, *Psychological Review*, 85, 363-394.
Klee, T. & Fitzgerald, M. (1985), The relation between grammatical development and mean length of utterance in morphemes, *Journal of Child Language*, 12, 251-269.
Le Normand, M.T. (1991), La démarche de l'évaluation psycholinguistique chez l'enfant de moins de trois ans, *Glossa*, 26, 14-21.
Le Ny, J.F. (1979), *La sémantique psychologique*, Paris : Presses Universitaires de France.
Lee, L. (1966), Developmental sentence types : A method for comparing normal and deviant syntactic development, *Journal of Speech and Hearing Disorders*, 4, 311-330.
Lee, L. (1971), *NorthWestern Syntax Screening Test (NSST)*, Evanston, IL : NorthWestern University Press.
Lee, L. (1974), *Developmental sentence analysis*, Evanston, IL : NorthWestern University Press.
Lee, L. & Canter, S. (1971), Developmental sentence scoring : A clinical procedure for estimating syntactic development in children's spontaneous speech, *Journal of Speech and Hearing Disorders*, 36, 315-340.
Le Normand, M.-T. (1991), La démarche de l'évaluation psycholinguistique chez l'enfant de moins de trois ans, *Glossa*, 26, 14-21.
Le Normand, M.-T. (1996), Modèles psycholinguistiques du développement du langage, *in* C. Chevrie-Muller & J. Narbona (éds), *Le langage de l'enfant, aspects normaux et pathologiques* (p. 27-42), Paris : Masson.
Leonard, L., Putting, C., Perozzi, J. & Berkley, R. (1978), Nonstandardized approches to the assessment of language behaviors, *Journal of Speech and Hearing Research*, 14, 371-379.
Leroy-Boussion, A. (1963), Tests de Fusion et d'Analyse Syllabique, *in* C. Bourrelier, *Les tests à l'école* (p. 46-47), Paris : Colin.
Levelt, W. (1989), *Speaking : From intention to articulation*, Cambridge, MA : MIT Press.
Lord, F. (1953), On the statistical treatment of footbal numbers, *American Psychologist*, 8, 750-751.
Lord, F. & Novick, M. (1968), *Statistical theories of mental test scores*, New York : Pergamon.
MacWhinney, B. (1991), *The CHILDES project (Tools for analyzing talk)*, Hillsdale, NJ : Erlbaum.
Martinet, A. (1970), *Eléments de linguistique*, Paris : Presses Universitaires de France.
McCarthy, D. (1930), *The language development of the preschool child*, Minneapolis, MN : The University of Minnesota Press.
McCarthy, D. (1954), Language development in children, *in* L. Carmichael (ed.), *Manual of child psychology* (p. 476-581), New York : Wiley.
Mehler, J. & Dupoux, E. (1993), *Naître humain*, Paris : Jacob.
Menyuk, P. (1964), Alternation of rules in children's grammar, *Journal of Verbal Learning and Verbal Behavior*, 3, 480-488.

Miller, J. (ed.) (1981), *Assessing language production in children*, Londres : Arnold.

Miller, J. & Chapman, R. (1981), The relation between age and mean length of utterance in morphemes, *Journal of Speech and Hearing Research*, 6, 139-149.

Miner, L. (1969), Scoring procedures for the length-complexity index : A preliminary report, *Journal of Communication Disorders*, 2, 224-240.

Minifie, F., Darley, F. & Sherman, D. (1963), Temporal reliability of seven language measures, *Journal of Speech and Hearing Research*, 6, 139-149.

Nice, M. (1925), Length of sentences as a criterion of a child's progress in speech, *Journal of Educational Psychology*, 16, 370-379.

Noizet, G. & Pichevin, C. (1966), Organisation paradigmatique et organisation syntagmatique du discours : Une approche comparative, *L'Année Psychologique*, 66, 91-110.

Osgood, C. (1957a), *Contemporary approaches to cognition. A behavioristic analysis*, Cambridge, MA : Harvard University Press.

Osgood, C. (1957b), *Motivational dynamics of language behavior*, Lincoln, NE : University of Nebraska Press.

Pareskevopoulos, J. & Kirk, S. (1969), *The development and psychometric characteristics of the revised Illinois Test of Psycholinguistic Abilities*, Urbana, IL : University of Illinois Press.

Philips, J. (1973), Syntax and vocabulary of mothers' speech to young children : Age and sex comparisons, *Child Development*, 44, 182-185.

Pichevin, C. & Noizet, G. (1968), Etude linguistique de la structure linguistique de l'association verbale, *L'Année Psychologique*, 68, 391-408.

Pichot, P. (1968), *Les tests mentaux*, Paris : Presses Universitaires de France.

Pieron, H. (1968), *Vocabulaire de la psychologie*, Paris : Presses Universitaires de France.

Prutting, C., Gallagher, T. & Mulac, A. (1975), The expressive portion of the NSST compared to a spontaneous language sample, *Journal of Speech and Hearing Disorders*, 40, 40-48.

Queixalos, F. (1989), Les conceptions linguistiques des indiens d'Amérique, *in* S. Auroux (éd.), *Histoire des idées linguistiques* (vol. 1, p. 45-64), Bruxelles : Mardaga.

Ricci, C. (éd.) (1995), Il computer insegna : Didattica sostenuta dal computer nell'insegnamento all'allievo con handicap psicofisico, *Giornale Italiano di Psicologia e Pedagogia dell'Handicap e delle Disabilita di Apprendimento*, 78, numéro entier.

Robert, M. (éd.) (1988), *Fondements et étapes de la recherche scientifique en psychologie*, Paris : Maloine.

Rondal, J.A. (1976), *L'emploi de l'adjectif possessif et de l'article devant le nom des parties du corps dans l'expression de la possession intrinsèque en français : aperçu synchronique et diachronique, et référence comparative à d'autres langues*, Liège : Université de Liège (non publié).

Rondal, J.A. (1977), L'emploi de l'adjectif possessif et de l'article devant le nom des parties du corps dans l'expression de la possession intrinsèque en français : Une étude génétique, *Psychologica Belgica*, 17, 165-181.

Rondal, J.A. (1978), Maternal speech to normal and Down's syndrome children matched for mean length of utterance, *in* C. Meyers (éd.), *Quality of life in severely and profoundly mentally retarded people : research foundations for improvement* (p. 193-265), Washington, DC : American Association on Mental Deficiency.

Rondal, J.A. (1979), *Langage et éducation*, Bruxelles : Mardaga.

Rondal, J.A. (1981), *Votre enfant apprend à parler*, Bruxelles : Mardaga.

Rondal, J.A. (1985a), *Langage et communication chez les handicapés mentaux*, Bruxelles : Mardaga.

Rondal, J.A. (1985b), *Adult-child verbal interaction and the process of language acquisition*, New York : Praeger Press.

Rondal, J.A. (1987a), Les retards de langage : Premiers indices et rééducation, *Glossa*, *4*, 28-35.

Rondal, J.A. (1987b), Tests et non-tests en psychologie en général et dans l'évaluation du langage en particulier (traduit de l'américain par J.-P. Broonen), *Questions de Logopédie*, *15*, 37-59.

Rondal, J.A. (1993), Computerized, longitudinal database concerning one French-speaking child (between 27 and 54 month of age; MLU 2.25-4.50) in half-an-hour twice-weekly interaction sessions with his mother, *CHILDES Language Databank*, présenté in the CHILDES Manual (1993, updating), Pittsburgh, PA : Carnegie Mellon University.

Rondal, J.A. (1995a), *Developpement exceptionnel du langage dans le syndrome de Down*, Lille, France : Atelier National de Reproduction des Thèses.

Rondal, J.A. (1995b), *Exceptional language development in Down syndrome. Implications for the cognition-language relationship*, New York : Cambridge University Press.

Rondal, J.A. (1995c, août), *Language development and use*, Communication au Symposium «Speech and language in Down's syndrome», Third European Down Syndrome Conference, University College, Dublin.

Rondal, J.A., Bachelet, J.F. & Pérée, F. (1985), Analyse du langage et des interactions verbales adulte-enfant, *Bulletin d'Audiophonologie*, *5-6*, 507-536.

Rondal, J.A. & Brédart, S. (1983), Développement psycholinguistique, in J.A. Rondal & X. Seron (sous la direction de), *Troubles du langage : Diagnostic et rééducation* (p. 21-61), Bruxelles : Mardaga.

Rondal, J.A., Comblain, A. & Thibaut, J.P. (1996), *Programme d'Intervention Langagière Informatisé pour Enfants en Retard de Développement* (PILI-ERD), Liège : Université de Liège (non publié).

Rondal, J.A. & Defays, D. (1978), Reliability of mean length of utterance as a function of sample size in early language development, *Journal of Genetic Psychology*, *133*, 305-306.

Rondal, J.A. & Edwards, S. (1997), *Language in mental retardation*, Londres : Whurr.

Rondal, J.A. & Neves, S. (1979), Quand «mon papa» est «ton papa». Une note sur le développement des adjectifs possessifs, *Le langage et l'Homme*, octobre, 37-46.

Rondal, J.A., Ghiotto, M., Brédart, S. & Bachelet, J.F. (1987), Age-relation, reliability and grammatical validity of measures of utterance length, *Journal of Child Language*, *14*, 433-446.

Rondal, J.A., Ghiotto, M., Brédart, S. & Bachelet, J.-F. (1988), Mean lenght of utterance of children with Down syndrome, *American Journal on Mental Retardation*, *93*, 64-66.

Rondal, J.A., Lambert, J. L. & Sohier, C. (1981), Elicited verbal and nonverbal imitation in Down syndrome and other mentally retarded children : A replication and an extension of Berry, *Language and Speech*, *24*, 245-254.

Rondal, J.A., Leyen, N., Brédart, S. & Pérée, F. (1984), Co-référence et stratégie des fonctions parallèles dans le cas des pronoms anaphoriques, *Cahiers de Psychologie Cognitive*, *4*, 151-170.

Rosch, E. (1978), Human categorization, in N. Warren (éd.), *Advances in cross-cultural psychology* (p. 122-148), New York : Academic.

Rosenberg, S. & Abbeduto, L. (1963), *Language and communication in mental retardation*, Hillsdale, NJ : Erlbaum.

Sampson, G. (1985), *Writing systems*, Stanford, CA : Stanford University Press.

Savage, I. (1957), Nonparametric statistics, *Journal of the American Statistical Association*, *52*, 331-334.

Savard, J.G. (1977), *Bibliographie analytique des tests de langue*, Québec, Canada : Presses de l'Université Laval.

Scarborough, H. (1990), *Index of productive syntax*, New York : City University of New York (non publié).

Schneiderman, N. (1955), A study of the relationship between articulation ability and language ability, *Journal of Speech and Hearing Disorders*, 20, 359-364.

Shriner, T. (1967), A comparison of selected measures with psychological scale values of language development, *Journal of Speech and Hearing Research*, 10, 828-835.

Shriner, T. (1969), A review of mean length of response as a mesure of expressive language development in children, *Journal of Speech and Hearing Disorders*, 34, 61-68.

Shriner, T. & Sherman, D. (1967), An equation for assessing language development, *Journal of Speech and Hearing Research*, 10, 41-48.

Siegel, G. (1963), Adult verbal behavior in «play therapy» sessions with retarded children, *Journal of Speech and Hearing Disorders Monograph*, 10, 34-38.

Siegel, S. & Castellan, J. (1988), *Nonparametric statistics*, New York : McGraw-Hill.

Sinclair, J. Hoelter, M. & Peters, M. (1995), *The languages of definition : The formalization of dictionary definitions for natural language processing*, Luxembourg : Office for Official Publications of the European Communities.

Slobin, D. & Welsh, C. (1973), Elicited imitation as a research tool in developmental psycholinguistics, *in* C. Ferguson & D. Slobin (éds), *Studies of child language developpment* (p. 485-486), New York : Holt, Rinehart and Winston.

Snow, C. (1972), Mothers' speech to children learning language, *Child Development*, 43, 549-565.

Stevens, S. (1946), On the theory of scales of measurement, *Science*, 103, 677-680.

Templin, M. (1957), *Certain language skills in children*, Minneapolis, MN : The University of Minnesota Press.

Thurstone, L. (1938), *Primary mental abilities*, Chicago : The University of Chicago Press.

Thewis, B. (1991), *A propos de métalinguistique développementale : Evaluation des capacités d'analyse syntaxique portant sur le verbe et les catégories grammaticales sujet et C.O.D. en quatrième et sixième années primaires*, Liège : Université de Liège (non publié).

Townsend, J. & Ashby, F. (1984), Measurement scales and statistics : The misconception misconceived, *Psychological Bulletin*, 96, 394-401.

Vetrano, P. (1995), Strategia generale di un progetto informatico orientato all'apprendimento controllato, *Giornale Italiano di Psicologia e Pedagogia dell'Handicap e delle disabilita di Apprendimento*, 78, 9-28.

Wechsler, D. (1995), *Echelle d'Intelligence de Wechsler pour la Période Préscolaire et Primaire* (forme révisée), Paris : Editions du Centre de Psychologie Appliquée.

Weir, C. (1990), *Communicative language testing*, Englewood Cliffs, NJ : Prentice-Hall.

Winer, B. (1971), *Statistical principles in experimental design*, New York : McGraw-Hill.

Zipf, J. (1949), *Human behavior and the principle of least effort*, Cambridge, MA : Adison-Wesley.

Catalogue des principaux tests de langage en langue française

LISTE DES TESTS RÉPERTORIÉS

1. Test de Vocabulaire Actif et Passif (3 à 5 ans), TVAP 3-5; Deltour, J-J. & Hupkens, D.

2. Test de Vocabulaire Actif et Passif (5 à 8 ans), TVAP 5-8; Deltour, J-J. & Hupkens, D.

3. Epreuve de Discrimination Phonémique pour Enfants de 4 à 8 ans, EDP 4-8; Autesserre, D., Deltour J-J. & Lacert, P.

4. Test de Vocabulaire en Images (3 à 9 ans); Lege, Y. & Dague, P.

5. Batterie d'Evaluation de la Morpho-Syntaxe, BEMS; Comblain, A.

6. Epreuve d'Evaluation des Stratégies de Compréhension en Situation Orale, 0-52; Khomsi, A.

7. Test de Closure Grammaticale (3 à 9 ans), TCG; Deltour, J-J.

8. Test des Déterminants, TDD; Deltour, J.-J. & Monseur, M.

9. Test des Relations Topologiques, TRT; Deltour, J.-J.

10. Test de Langage Productif pour Enfants de 5 à 10 ans, TLP; Caracosta, H., Piterman-Scoatarin, S., Van Waeyenberghe, M. & Zivy, J.

11. Epreuves pour l'Examen du Langage; Chevrie-Muller, C., Simon, A.-M., Le Normand, M.-T. & Fournier, S.

12. Epreuves de Repérage des Troubles du Langage chez l'enfant de 4 ans, ERTL-4; Roy, B. & Maeder, C.

13. Epreuve des Gnosies Auditivo-Phonétiques, GAP; Tardieu, G., Chevrie-Muller, C., Ballan, B., Simon, A.-M., Oddos, Y., Hourdin, C. & Houssin, N.

14. Evaluation des Aptitudes Syntaxiques chez l'Enfant; Weil-Halpern, F., Chevrie-Muller, C., Simon, A.-M. & Guidet, C.

15. Echelle de Vocabulaire en Images Peabody, EVIP; Dunn, L.M. & Thériault Whalen, C.M.

16. Test de Vocabulaire et de Langage, LOTO; Limbosh, N. & Wolf, C.

17. Etendue du langage à l'école maternelle pour enfants de 2 à 7 ans; Descœudres, A.

18. Etendue du langage à l'école primaire pour enfants de 8 à 14 ans; Descœudres, A.

19. Epreuves de Compréhension; Descœudres, A.

20. Batterie d'Evaluation Psycholinginguistique, BEPL; Chevrie-Muller, C., Simon, A.-M., Le Normand, M.-T. & Fournier, S.

21. Test d'Analyse Grammaticale du Langage; Moog, J., Kozak, V. & Geers, A.

22. Test de Langage; Sadek-Khalil, D.

23. Test de Langage et d'Orthophonie pour Enfants de 5 ans et 6 mois à 9 ans et 6 mois; Borel-Maisonny, S.

24. Test relatif au tout début du langage; Borel-Maisonny, S.

25. Démarche de l'Evaluation Psycholinguistique chez l'enfant de moins de 3 ans; Le Normand, M.-T.

26. Dépistage précoce des troubles de développement du langage à 3 ans et demi; Chevrie-Muller, C., Simon, A.-M., Dufouil, C. & Goujard, J.

27. Dépistage précoce des troubles du développement du langage à 3 ans et demi (*questionnaire*); Chevrie-Muller, C., Simon, A.-M., Dufouil, C. & Goujard, J.

28. Test de Vocabulaire; Binois, R. & Pichot, P.

29. Epreuve de Vocabulaire Productif; Comblain, A.

30. Echelle d'Intelligence de Wechsler pour la Période Préscolaire et Primaire, forme révisée, WPPSI-R (sous-test de vocabulaire); Wechsler, D.

31. Echelle d'Intelligence de Wechsler pour Enfants, WISC-III (sous-test de vocabulaire); Wechsler, D.

32. Echelle d'Intelligence de Wechsler pour Enfants, forme révisée, WISC-R (sous-test devocabulaire); Wechsler, D.

33. Echelle d'Intelligence de Welchsler pour adultes, WAIS (sous-test de vocabulaire); Wechsler, D.

34. Test de Conscience Syntaxique; Lacert, P., Chauvin, B., Gauthier, M. & Poirée, A.

35. Test de Construction de Phrases; Murphy, E., Sagar, D. & Gérard, L.

36. Test de Langage; Dubois, G., Salez, A.M. & Gonzalez, J.P.

1. TEST DE VOCABULAIRE ACTIF ET PASSIF POUR ENFANTS DE 3 A 5 ANS (T.V.A.P. 3-5)

Auteurs : Deltour, J.-J. & Hupkens, D.
Affiliation : Université de Liège
Année de publication : 1980
Editeur : Editions de l'Application des Techniques Modernes, Braine-Le-Château (Belgique)

Contenus

A. *Epreuves* :
– Planches de démonstration A et B (pour les sujets inhibés ou très jeunes)
– 30 planches numérotées de 1 à 30
1) *Définition verbale* : 1 mot (dont la représentation figure sur une planche parmi 5 autres) est proposé à l'enfant. Ce dernier doit en donner une définition verbale.
Ex. dire : *Je veux savoir combien de mots tu connais. Ecoute bien et dis-moi ce que veut dire camion... qu'est-ce que c'est qu'un camion?*
Noter la réponse sur le protocole.
2) *Désignation* : l'enfant doit trouver la représentation de ce même mot parmi 6 dessins figurant sur la planche.

B. *Matériel* :
– Une feuille sur laquelle transcrire la définition verbale du mot et sa cotation
– 30 planches avec sur chacune d'elles 6 représentations de mots, planches numérotées de 1 à 30.
– La liste des 30 mots dans l'ordre de succession fixé par les planches :

1. auto, 2. chapeau, 3. essence, 4. dormir, 5. manger, 6. se laver, 7. marteau, 8. balançoire, 9. se reposer, 10. camion, 11. travailler, 12. monter, 13. s'habiller, 14. clou, 15. facteur, 16. s'éveiller, 17. lettre, 18. parapluie, 19. courir, 20. âne, 21. éclabousser, 22. trébucher, 23. coquillage, 24. château, 25. gravier, 26. rire, 27. potage, 28. jonquille, 29. canif, 30. bâiller.

Normalisation

A. *Nombre de sujets* : – 245 enfants (125 garçons et 120 filles, âgés de 3 à 5 ans).

B. *Origine* : – Liège (Belgique)

C. *Niveaux socio-économiques* :
– professions libérales : 48 sujets
– ouvriers qualifiés : 76 sujets
– employés, techniciens : 100 sujets
– manœuvres, chômeurs : 21 sujets

Remarques

– *Passation* : 20 minutes
– *A propos des illustrations* :
1 illustration correspond au mot demandé
1 autre est une forme approchante
1 autre : un mot qui pourrait être choisi par confusion auditive ou fonctionnelle.
1 autre : une illustration qui pourrait révéler une connaissance imprécise du terme.
2 distracteurs
– *Cotation de la définition verbale* : 2, 1 ou 0 point(s) selon la qualité et la précision de la définition sans tenir compte de l'élégance de l'expression.
– Pas d'*aide* au-delà du 3e item
– *Arrêt* après 5 échecs consécutifs passé le 3e item
– Les résultats sont exprimés en âges de développement ou en scores standardisés.

2. TEST DE VOCABULAIRE ACTIF ET PASSIF POUR ENFANTS DE 5 A 8 ANS (T.V.A.P. 5-8)

Auteurs : Deltour, J.-J. & Hupkens, D.
Affiliation : Université de Liège
Année de publication : 1980
Editeur : Applications des Techniques Modernes, Braine-Le-Château (Belgique)

Contenus

A. *Epreuves* :

Ce test explore la connaissance de 30 mots concrets ou d'actions, suivant deux modalités : définition et désignation.

1. *Définition verbale* : demander une définition verbale d'un mot à partir d'une liste préalable de 30 mots.
Ex. de consigne : *Je veux savoir combien de mots tu connais. Ecoute bien et dis-moi ce que ce mot veut dire : l'hiver, qu'est-ce que c'est l'hiver.*
2. *Désignation d'images* : montrer à l'enfant une planche avec 6 représentations dont une correspond au mot à définir.
Ex. consigne : *Tu vois, il y a ici plusieurs dessins. Montre l'hiver avec ton doigt.*
Les 30 planches de dessins reprennent l'ordre des 30 mots de la liste.

B. Matériel :
– 1 liste de 30 mots préétablie : *1. hiver, 2. travailler, 3. clou, 4. offrir, 5. lettre, 6. âne, 7. éclabousser, 8. scier, 9. creuser, 10. courir, 11. s'éveiller, 12. potage, 13. château, 14. briser, 15. vautour, 16. rire, 17. coquillage, 18. jonquille, 19. bailler, 20. canif, 21. ficeler, 22. gravier, 23. librairie, 24. récolter, 25. averse, 26. flacon, 27. diligence, 28. chaudron, 29. poutre, 30. borne.*
– 30 planches de dessins relatives à la liste de mots (planches numérotées dans le coin inférieur droit).
– 1 feuille de cotation

Normalisation

A. *Nombre de sujets* : – 300 enfants : 161 garçons et 139 filles, âgés de 5 à 9 ans (60 enfants par tranche annuelle d'âge).

B. *Origine* : – francophone

C. *Niveaux socio-économiques* :
– 17 % d'origine étrangère (italienne, marocaine, espagnole). Leurs parents fournissent 2/3 de C3 (ouvriers qualifiés et spécialisés) et 1/3 de C4 (manœuvres, chômeurs, sans profession).
– C1 : 23,3 %
– C2 : 28,0 %
– C3 : 40,8 %
– C4 : 7 %

Remarques

– Le *TVAP 5-8* reprend une partie des items du *TVAP 3-5*
– *Arrêt* : après 5 échecs consécutifs en définition verbale et désignation d'images, et ce après le 3ᵉ item.
– *Cotation* : 2, 1 ou 0 point(s) :
2 points pour une réponse correcte

1 point pour une réponse approchante
0 point pour une réponse incorrecte
– Les résultats sont exprimés en âges de développement ou en scores standardisés.

3. EPREUVE DE DISCRIMINATION PHONÉMIQUE POUR ENFANTS DE 4 A 8 ANS (E.D.P. 4-8)

Auteurs : Autesserre, D., Deltour, J.-J. & Lacert, P.
Affiliation : Université d'Aix-en-Provence, Université de Liège, Hôpital Raymond-Poincaré à Garches (France)
Année de publication : 1989
Editeur : Editions Scientifiques et Psychologiques, Issy-Les-Moulineaux (Paris)

Contenus

A. *Epreuve* :
– Une liste de 32 paires de mots ou logatomes dissyllabiques; liste équilibrée comme suit : 16 paires semblables, 16 paires dissemblables, 16 paires de mots, 16 paires de logatomes; l'opposition, dans les paires dissemblables, ne porte que sur un seul phonème consonnantique placé en position intervocalique. Liste enregistrée dans 2 ordres différents :
1° enregistrement : items 1 à 32; 2° enregistrement : items 17 à 32, puis 1 à 16.
Consigne : Lever la main si les 2 mots de la paire sont jugés différents (mots diffusés par le magnétophone), ne pas lever la main s'ils sont jugés identiques.

B. *Matériel* :
– Passation individuelle
– 1 magnétophone (dont le volume sera réglé entre 60 et 70 db), 1 cassette (liste préalablement enregistrée), 2 casques branchés sur la même fiche, feuilles de cotation.

Normalisation

A. *Nombre de sujets* : – 364 sujets de 4 à 8 ans (117 garçons et 136 filles, âgés de 4 à 8 ans).

B. *Origine* : – Wallonie, Belgique (111 sujets de 3;9 à 6;3 ans) et France (253 sujets de 5;10 à 8;9 ans).

C. *Niveaux socio-économiques* :
− *France* : NSC I : 20 sujets ; II : 91 sujets et III : 20 sujets.
− *Belgique* : non spécifié

Remarque

− *Cotation* :
- réponses notées en = ou ≠ sur la feuille de cotation
- bonne réponse : 1 point, mauvaise réponse : 0 point.
- maximum possible : 32 points
- si doute : repasser la liste dans le 2e ordre proposé.

4. TEST DE VOCABULAIRE EN IMAGES POUR ENFANTS DE 3 À 9 ANS

Auteurs : Lege, Y. & Dague, P.
Affiliation : Non spécifié
Année de publication : 1974
Editeur : Editions du Centre de Psychologie Appliquée, Paris

Contenus

A. *Epreuves* :

− Le test existe en *2 formes parallèles* :
- forme A : 103 mots : 80 noms, 4 adjectifs et 19 verbes.
- forme B : 103 mots : 78 noms, 6 adjectifs et 19 verbes.
− Présenter à l'enfant les planches une à une.
Ex : planche présentant les dessins correspondants aux termes : *bébé, échelle, escargot, chat.*
- dans la forme A, on demande : *montre-moi le bébé ?*
- dans la forme B, on demande : *montre-moi le chat ?*

B. *Matériel* :

− 103 planches pour la forme A et 103 pour la forme B
− Feuilles de cotation

Normalisation

A. *Nombre de sujets* : − 350 enfants (âgés de 3 à 9 ans ; 25 garçons et 25 filles par tranche d'âge annuelle).

B. *Origine* : − 10 écoles de Paris

C. *Niveaux socio-économiques* :
− 1 école située dans un quartier de niveau socio-économique élevé

- 2 écoles situées dans des quartiers ouvriers
- 7 écoles fréquentées par des enfants de «classes moyennes»

Remarque

- *Cotation* : bonne réponse notée (+), mauvaise réponse notée (-) => arrêt après 12 mauvaises réponses dans une séquence de 16 planches.

5. BATTERIE D'ÉVALUATION DE LA MORPHO-SYNTAXE (B.E.M.S.)

Auteur : Comblain, A.
Affiliation : Université de Liège
Année de publication : En cours de publication; *cf.* Comblain, A. (1995), L'évaluation de la morpho-syntaxe chez l'enfant : Possibilités et limites. Un exemple, la BEMS, *in* M. Nicolay-Pirmolin (éd.), *Actes des Journées d'Etudes du Service de Logopédie du Centre Hospitalier Universitaire. La pratique des tests de langage oral et écrit en logopédie* (p. 91-99), Liège : Université de Liège (non publié).
Editeur : Non publié

Contenus

A. *Epreuves :*

1. **Compréhension**

Procédure : 1. désignation sur dessin; 2. acting out; 3. désignation de configuration

a) Pronoms personnels : évaluation de la compréhension de la coréférence pronominale.
D.1. : carnet de dessins; D.2. : pas de support visuel. On lit la phrase à haute voix et on demande ensuite à l'élève d'indiquer (D.1.) ou de dire qui est *elle, il, les, ...*
Ex. La petite fille dessine, *elle* a beaucoup de crayons.

b) Propositions coordonnées : évaluation de la compréhension des propositions coordonnées.
Montrer 4 images à l'enfant, lui demander de désigner l'image correspondant à ce qu'on va lui dire.

c) Articles définis et indéfinis : évaluation de la compréhension de l'opposition défini/indéfini et de l'accord en genre et en nombre des articles *le, la, les* et *un, une, des*.

Procéder comme pour l'épreuve précédente. Ex. *L'oiseau est posé sur la branche.*

d) Propositions relatives : évaluation de la compréhension des propositions subordonnées relatives introduites par *qui, que, dont, où,* uniquement dans le cadre des expansions du groupe du verbe.
Désignation de petites configurations : 1 configuration-cible + 3 distracteurs. Ex. *L'animal que caresse le garçon = un mouton.*

e) Flexions temporelles : évaluation de la compréhension des flexions temporelles simples (présent, imparfait, futur simple de l'indicatif).
D.1. : on utilise l'espace comme repère temporel, et donc l'élève doit placer un objet devant, à ses pieds ou derrière lui selon l'action de la phrase qu'on lui lit (futur, présent ou passé).
D.2. : on utilise des cartons où sont inscrits les mots *hier, aujourd'hui, demain.* L'enfant doit indiquer quel carton correspond au moment où se déroule l'action qui est verbalisée.
Pour tous les degrés, donner 3 exemples.
Ex. *La dame ira au cinéma.*

f) Phrases passives : évaluation de la compréhension des phrases passives.
Acting-out : (D.1. avec Playmobil; D.2. dans le village) on demande à l'enfant de jouer avec les accessoires qu'on place devant lui. Il mimera l'histoire qu'on va lui dire. [Tous les énoncés sont plausibles ; la moitié des énoncés est non plausiblement réversible (Ex. *la plante est mangée par la vache*); l'autre moitié est plausiblement réversible (Ex. *la fille est poussée par le garçon*).]

g) Propositions subordonnées : évaluation de la compréhension des propositions subordonnées de temps, lieu, but, cause, et condition.
Acting-out : comme pour les phrases passives.
Ex. : *La dame peut s'asseoir si la table est préparée.*

h) Phrases négatives : évaluation de la compréhension de la négation.
Désignation des configurations :
– D.1. (Playmobil) : l'enfant doit indiquer, parmi 4, quelle est la configuration qui correspond à la phrase qu'on lui présente oralement (3 distracteurs). Ex. *l'arbre n'est pas renversé.*
– D.2. (village) : comme pour D.1. Pour certains items, on peut avoir 2 bonnes réponses.

2. Production

Procédure :

a) Production spontanée : 2 échantillons de langage :
1) 1 enregistrement de 10 minutes (entretien individuel entre l'enfant et un familier. Conversation libre. Ne pas corriger les erreurs grammaticales).

2) 1 enregistrement effectué en classe scolaire lors d'une activité de langage oral.
– Segmenter les énoncés en énoncés grammaticalement analysables : calcul de la Longueur Moyenne de Production Verbale (LMPV).

b) *Production dirigée* : 30 items
– *Consigne A* : complètement de phrases.
Le sujet doit compléter un énoncé commencé par l'examinateur (amorçage : groupe nominal, pronom, verbe, adverbe, proposition, conjonction,etc).
Ex. *Hier, nous sommes...*
– *Consigne B* : énoncés lacunaires.
Le sujet doit trouver le mot ou la partie d'énoncé manquant dans la production de l'examinateur : soit un pronom, une conjonction, un verbe conjugué, ou une proposition entière.
Ex. *Marie et toi... un dessin.*

3. Détection/Correction d'erreurs grammaticales

Procédure :

On avertit l'enfant qu'on va lui proposer des phrases et que certaines d'entre elles contiennent des erreurs. Après chaque phrase, il devra dire si elle est juste ou fausse et, en ce cas, quelle est l'erreur. L'examinateur inscrit la réponse de l'enfant. La cotation est basée sur la détection de l'erreur et la justesse de la correction apportée.
– *Types d'erreurs* : ordre des mots, pluriel irrégulier, accord en genre, accord sujet-verbe, choix de l'auxiliaire, conjugaison des verbes irréguliers, flexions verbales, emploi de au/chez.
Ex. *Tu montrerons le chemin à nos amis.*

B. *Matériel* :

1. *Compréhension* : 1 carnet de 10 dessins en couleurs; 1 carnet de 16 planches de 4 dessins chacune; 1 carnet de 16 planches de 4 images chacune; 3 raviers en carton et 25 jetons; configuration Playmobil (plusieurs objets); configuration Village (plusieurs objets).

2. *Production* :
Production dirigée : utiliser directement les feuilles de cotation.
Production spontanée : enregistreur, feuilles de transcription du matériel enregistré, fiches de dépouillement.

3. *Détection/Correction d'erreurs grammaticales* : liste des phrases, feuille de cotation.

Normalisation

En cours de réalisation

6. ÉPREUVE D'ÉVALUATION DES STRATÉGIES DE COMPRÉHENSION EN SITUATION ORALE (0-52)

Auteur : Khomsi, A.
Affiliation : Université de Nantes
Année de publication : Non spécifié
Editeur et édition : Editions du Centre de Psychologie Appliquée, Paris

Contenus

A. *Epreuve :*
− Comprend 52 énoncés

− *Procédure* :
Désigner une image sur une planche. Dire : *On va jouer à montrer des images. Moi, je vais te dire une phrase et toi, tu vas me montrer l'image qui va avec cette phrase.*
La planche 0 sert à s'assurer que l'enfant à compris.
− En cas d'échec : répéter la consigne et la phrase.

B. *Matériel :*
− 30 planches, comportant chacune 4 images

− *Feuilles de cotation* :
Sur les 2 pages intérieures de la feuille de notation, on trouve les 52 énoncés et 7 colonnes d'enregistrement (calcul de 7 des 10 notes).
D.1. L   colonne 1 : permet d'évaluer les capacités d'utilisation des stratégies lexicales
         M-S   colonne 2 : stratégies morpho-syntaxiques
         C   colonne 3 : énoncés à contenu diversifié (morpho-syntaxique, narratif et/ou méta-discursif)
D.2.   colonne D.2. : sert à enregistrer les réponses données en 2e présentation (en cas d'échec)

         P   colonne P : sert à comptabiliser le nombre de persévérations
         D.A.   colonne 1 : désignations aberrantes en 1ère présentation
                colonne 2 : désignations aberrantes en 2e présentation
10 notes sont obtenues : L, M-S, D.A.1, D.A.2, N.1 (L + M-S +C), N.2

= N.1 + D.2, P, A-C (auto-correction) et C-D (changements de désignation non adéquats).

– Six niveaux de compréhension sont identifiés : it. (0-19), (20-26), (27-34), (35-39), (40-44), (45-52).

Normalisation

A. *Nombre de sujets* : – 521 enfants
B. *Origine* : – Ecoles maternelles et élémentaires d'Indre-et-Loire
C. *Niveau socio-économique* : – Non spécifié

7. TEST DE CLOSURE GRAMMATICALE POUR ENFANTS DE 3 À 9 ANS (T.C.G. 3-9)

Auteur : Deltour, J.-J.
Affiliation : Université de Liège
Année de publication : 1992
Editeur : Presses Universitaires de Liège (Belgique)

Contenus

A. *Epreuve* :

– *Test de production grammaticale* :
– phrases négatives, passives et interrogatives ;
– comparatifs, pronoms ;
– propositions relatives et complétives.

– Une planche de *démonstration*; *52 planches de testing*

– *Consigne* : *Je vais te montrer des images et tu vas continuer la phrase que j'ai commencée. Regarde, c'est facile.*
Démonstration : *Ici, un oiseau vole, là...* Compléter si l'enfant ne dit rien.
52 planches : plus aucune aide n'est accordée à partir de l'item 2. Répéter seulement l'item.
– Règle d'arrêt : 10 items consécutifs échoués ; it. 36 pour les enfants de 3 ans ; it. 42 pour les enfants de 4 ans.
– Pour les enfants de 6 ans et plus, commencer à l'item 19 (créditer les 18 précédents) si l'enfant réussit 5 items consécutifs.
Ex. : it. 26 *Ici, le sachet est plein, là il est (vide).*
Ex. : it. 41 *Ici, le vélo est à côté du mur, là il est (contre) le mur.*

B. Matériel :
– Un *magnétophone*, les 52 planches plus celle de *démonstration*; une feuille de *cotation* séparée en 2 colonnes : une colonne pour noter le point accordé pour une bonne réponse, une colonne pour noter une autre réponse éventuellement donnée.

Normalisation

A. *Nombre de sujets* : – 500 enfants (60 sujets par tranche annuelle d'âge entre 3 et 5 ans; 80 sujets par tranche d'âge annuelle entre 6 et 9 ans).

B. *Origine* : – Belgique francophone

C. *Niveaux socio-économiques* :
– Catégorie I : professions libérales : 25,5 %
– Catégorie II : employés : 34,4 %
– Catégorie III : ouvriers qualifiés : 26 %
– Catégorie IV : chômeurs : 14,1 %

8. TEST DES DÉTERMINANTS
(T.D.D.)

Auteurs : Deltour, J.-J. & Monseur, M.
Affiliation : Université de Liège
Année de publication : En cours de publication; *cf.* Deltour, J.-J. (1995), Les premières acquisitions morpho-syntaxiques : Le Test des Déterminants, *in* M. Nicolay-Pirmolin (éd.), *Actes des Journées d'Etudes du Service de Logopédie du Centre Hospitalier Universitaire. La pratique des tests de langage oral et écrit en logopédie* (p. 103-112), Liège : Université de Liège (non publié).
Editeur : Non spécifié

Contenus

A. *Epreuve :*

– *Constituée de 30 items* :
- 4 articles (*une, des, le, la*)
- 12 substantifs (dont 2 pluriels)
- 14 adjectifs épithètes (*gentil/gentille, gros/grosse*, etc.)

– *Consigne* : it. 1 : *Ceci est un pantalon, ceci est... (une) jupe.*

– *Présentation* : it. 1 : dessin d'un pantalon, à côté dessin d'une jupe.

B. *Matériel* :
- 30 planches de dessins
- Feuille de cotation

Normalisation

A. *Nombre de sujets* : – 200 enfants (50 sujets par tranche annuelle d'âge entre 5 et 8 ans).
B. *Origine* : – Région liégeoise (Belgique)
C. *Niveaux socio-économiques* : – Echantillon représentatif des différents niveaux socio-économiques de la région liégeoise.

9. TEST DES RELATIONS TOPOLOGIQUES (T.R.T.)

Auteur : Deltour, J.-J.
Affiliation : Université de Liège
Année de publication : 1982
Editeur : Editions Scientifiques et Psychologiques, Issy-Les-Moulineaux (Paris)

Contenus

A. *Epreuve* :
Ce test étudie la maîtrise de certains concepts spatiaux en évaluant l'utilisation et la compréhension de 25 locatifs, à partir d'images.
1. *Epreuve de dénomination* : Cette épreuve comprend une liste de 20 objets (entités) sous forme de dessins.
Consigne : Nous allons jouer à un jeu facile. Tu vois, il y a ici toute une série de dessins. Tu vas me dire chaque fois ce qu'ils représentent.
Epreuve A : uniquement pour les jeunes enfants (3-4 ans).
2. *Planche de démonstration* : cette planche utilise une procédure de désignation basée sur l'emploi du locatif *en face de*.
Consigne : Tu vois, il y a ici plusieurs dessins. Ecoute bien ce que je vais te dire : montre-moi le jouet qui est en face de la petite fille.
3. *Utilisation et compréhension* : (25 items : recto des planches pour l'utilisation, verso pour la compréhension).
Consigne : Ecoute bien ce que je vais te dire et essaie de continuer. Voici un cube qui est à côté de la table (montrer le cube qui est sur l'illustration de gauche). *Voici un cube qui est...* (laisser la phrase en suspens et montrer l'illustration de droite).

Le test reprend les 25 locatifs suivants : *contre, sous, à droite, au bout, à gauche, après, au centre, à travers, sur, dans, en haut, derrière, en bas, près de, au-dessus, autour, devant, en-dessous, loin, au milieu, haut, au coin, à l'intérieur, à côté* et *entre*.

B. Matériel :
- 25 planches de dessins et une planche de démonstration
- Feuille de cotation

Normalisation

A. *Nombre de sujets* : – 240 enfants des deux sexes (âgés de 3, 4, 5 et 6 ans).

B. *Origine* : – Région liégeoise (Belgique)

C. *Niveaux socio-économiques* : – Echantillon représentatif des différents niveaux socio-économiques de la région Liégeoise.

Remarques

– *Durée* : 20 à 30 minutes

– *Arrêt* : après 5 échecs consécutifs passé le 3e item en utilisation comme en compréhension.

– *Cotation* :
Dénomination : 2 points pour une réponse correcte, 1 point pour une réponse approchante, moins précise, 0 point pour une réponse fausse.
Compréhension : 2 points pour une réponse correcte, 0 point pour une réponse fausse, A pour un antonyme.

10. TEST DE LANGAGE PRODUCTIF POUR ENFANTS DE 5 À 10 ANS
(T.L.P.)

Auteurs : Caracosta, H., Piterman-Scoatarin, S., Van Waeyenberghe, M. & Zivy, J.
Affiliation : Centre A. Binet, Paris
Année de publication : 1975
Editeur : Editions Scientifiques et Psychotechniques, Issy-Les-Moulineaux (Paris)

Contenus

A. *Epreuves* :

1. *Les lexèmes* : (éléments sémantiques et richesse du lexique), 10 items.
Passation : L'examinateur présente une image et entame le discours avec une formulation déterminée ; l'enfant complète l'énoncé à l'aide de l'anecdote mise en évidence par le dessin.
– Ex. it. I.3 : l'examinateur demande à l'enfant de dénommer les objets représentés en lui disant : *Tout ça, c'est pour éclairer, dis-moi comment ça s'appelle. Torche, ampoule, lampe, lampadaire, lanterne.*

2. *Les circonstants* : (éléments linguistiques constituant un syntagme circonstanciel et constituants négatifs), 11 items.
Passation : idem.
– Ex. it. II.4 : *Je commence la phrase, toi, tu la termines. Il est venu pour cueillir des pommes et il est bien étonné car il y en a partout <u>sauf</u> en désignant l'arbre sans pommes.*

3. *Les co-référents* : (termes aphoriques qui évitent la répétition des substantifs) 14 items.
Passation : idem.
– Ex. it. III.1 : *Tu vois le garçon n'a pas de livre, alors le maître lui en donne... (<u>un</u>).*

4. *Les flexions* : (modifications morpho-syntaxiques portant sur le verbe et l'article), 12 items.
Passation : idem.
– Ex. it. IV.6 : *Tu vois, c'est dangereux, si la petite fille se penchait encore un peu, elle... (<u>tomberait</u>)*, l'examinateur continue : *mais si on la retient par sa jupe, elle... (<u>ne tombera pas</u>).*

B. *Matériel* :

– Un manuel explicatif avec les tableaux de résultats

– Un cahier de consignes (avec les réponses admises et les erreurs ainsi que la cotation).

– 57 images en 4 séries

– Les feuilles de dépouillement (1 feuille de réponses et 1 feuille de résultats).

Normalisation

A. *Nombre de sujets* : – 160 enfants de 5 à 10 ans (80 garçons, 80 filles ; 40 enfants par classe d'âge : 5, 6, 8 et 10 ans).

B. *Origine* : – Classes maternelles et primaires des établissements publics de Paris

C. *Niveaux socio-économiques* : – Non spécifié

Remarques

– *Durée* : 30 à 40 minutes
– *Cotation* :
1. lexèmes : 10 items pour 16 points
2. circonstants : 11 items pour 11 points
3. co-référents : 14 items pour 14 points
4. flexions : 12 items pour 16 points
– au total : 47 items pour 57 points

11. ÉPREUVES POUR L'EXAMEN DU LANGAGE
(de 4 ans à 8 ans)

Auteurs : Chevrie-Muller, C., Simon, A.-M., Le Normand, M.-T. & Fournier, S.
Affiliation : Institut National de la Santé et de la Recherche Médicale, INSERM, Paris
Année de publication : 1975
Editeur : Editions du Centre de Psychologie Appliquée, Paris

Contenus

A. *Epreuves :*

1. *Objet des épreuves :*

Articulation : forme P et G
But : capacités à reproduire l'articulation d'un phonème dans le contexte le plus simple.
– 6 syllabes à répéter constituées de consonnes constrictives (*fa, va, cha, ...*)

Phonologie :
– *Dénomination d'images* : formes P et G
But : apprécier la réalisation de la parole au niveau du mot dans la séquence qui constitue le mot. Pour 28 des 33 mots : décodage iconique.
– *Répétition de mots faciles* : formes P et G
Opération de décodage : aux 33 mots de l'épreuve précédente, sont ajoutés 13 mots que l'enfant doit décoder, encoder puis répéter.
– *Répétition de mots difficiles* : forme P : 5 mots; forme G : 12 mots

Idem que pour l'épreuve précédente avec des mots n'appartenant pas au langage des enfants, avec des mots dont la longueur est augmentée.

Linguistique :

Expression

– *Vocabulaire-dénomination* : formes P et G
Capacité à évoquer un mot à la vue de 29 images et de 2 parties du corps.

– *Récit d'une histoire courte* : forme G
L'enfant formule des phrases et les organise en un récit qui se rapproche de celui donné par l'examinateur (apprécier le nombre de mots produits par l'enfant).

– *Récit sur images «la chute dans la boue»* : formes P et G
Les performances au plan morpho-syntaxique et sémantique sont évaluées à partir de l'expression spontanée induite par 5 images formant une suite logique.

– 6 variables ont été étalonnées : causalité, nombre d'idées, de redoublements du sujet par un pronom, chronologie, rapport du nombre de phrases complexes au nombre total de phrases, nombre de temps employés.

– *Epreuve des couleurs* : forme P
Aptitude lexicale à dénommer à l'aide d'un adjectif, 4 jetons circulaires de couleurs différentes (rouge, bleu, vert, jaune).

Compréhension

– *Epreuve des canards* : formes P et G
Exécuter des ordres simples par la manipulation de 4 canards.

– *Epreuve des jetons* : formes P et G
Comprendre 2 phrases simples, 2 complexes.

– *Epreuve différence* : forme G
Exige une réponse orale (contrairement aux 2 précédentes);
évalue la compréhension du mot abstrait *différence*.

– *Epreuve pareil* : formes P et G
Epreuve semblable à la précédente avec l'adjectif *pareil*.

– *Compréhension verbale* : formes P et G
Compréhension des mots interrogatifs insérés dans des phrases interrogatives portant sur des situations représentées dans le récit *La chute dans la boue*.

– *Désignation d'images* : formes P et G
Teste, par la désignation, les mêmes mots que ceux sélectionnés dans l'épreuve *dénomination d'images*.

Rétention :

– *Répétition de chiffres* : formes P et G
L'enfant doit répéter 3 suite de 3 à 5 chiffres.

– *Les phrases du clown* : forme P

Mémorisation d'un matériel chargé de signification ;
examine la compétence et les performances syntaxiques (15 phrases de 10 à 19 syllabes).
– *Epreuve des phrases* : forme G
L'enfant doit répéter 4 phrases sans lien entre elles.
– *Reproduction de structures rythmiques*
Aptitude à décoder, stocker, et réorganiser dans le temps une séquence non-verbale.
2. *Applicabilité* :
– *Forme P* : s'applique aux enfants de 4, 4 1/2 et 5 ans inclus.
– *Forme G* : enfants de 5 ans (inclus), 5 1/2, 6, 7 et 8 ans.

B. *Matériel* :

Le matériel est fourni dans une boîte de plastique transparent. Cette boîte est utilisée (sans couvercle) pour un item de l'épreuve *canards* dans la forme P de la batterie.
Le matériel comprend :
– 28 images pour l'épreuve *phonologie-dénomination*, 2 de ces images sont en noir,
– 5 objets : 1 pomme, 1 glace, 1 bougie, 1 bouton, 1 allumette (destinés à cette même épreuve),
– 29 images pour l'épreuve *vocabulaire-dénomination* et pour la *désignation d'images*,
– 6 images «pièges» pour l'épreuve *désignation d'images*,
– Une série de 5 images constituant une «histoire» (coloriées par l'expérimentateur) pour les épreuves *récit sur images* et *compréhension verbale*,
– 4 canards (2 «marchent», 2 «nagent») et 2 bassins pour l'épreuve *canards*,
– 3 boîtes de jetons pour les épreuves *couleurs* et *jetons*,
– 10 images pour les épreuves *différent* et *pareil*.

Normalisation

A. *Nombre de sujets* : – 708 enfants (âgés entre 4 et 8 ans, et répartis par tranche de 6 mois d'âge).

B. *Origine* : – Milieu urbain et banlieue de Paris, écoles maternelles ou primaires, généralement écoles publiques.

C. *Niveaux socio-économiques* :
– profession ouvrières,
– professions salariées, non ouvrières,
– professions libérales, enseignantes.

Remarque

– *Durée* : entre 2 h et 2 h 1/2 pour les enfants de 5-6 ans

12. ÉPREUVES DE REPÉRAGES DES TROUBLES DU LANGAGE UTILISABLES LORS DU BILAN MÉDICAL DE L'ENFANT DE 4 ANS (E.R.T.L.-4)

Auteurs : Roy, B. & Maeder, C.
Affiliation : Nancy
Année de publication : 1996
Editeur : ORTHO édition

Contenus

A. *Epreuves :*

1) *Répétition de mots et de logatomes* :
Dire à l'enfant : *Est-ce que tu connais l'histoire de Blanche-Neige ? Dans cette histoire, il y a 7 nains ; il y a Atchoum, ...* (inciter à répéter en énumérant à l'aide des doigts), idem pour les logatomes.
2) *Répétition de phrases* :
Dire à l'enfant : *Je vais te dire quelque chose et toi, tu me rediras exactement pareil.*
3 phrases dont la 3ᵉ peut être lue à voix chuchotée en cachant la bouche.
– Ex. *Il fait froid, j'ai bien sommeil.*
3) *Usage du lexique topologique* :
Dire à l'enfant : *Là, le petit chien est sur la niche* (insister sur le mot « sur »), en pointant l'image 1. Pointer ensuite l'image 2 : *Et là, il est...* (*sous*).
4) *Appréciation du langage de l'enfant* :
Poser chaque question. Cocher les cases correspondant aux « mots-outils » dès que l'enfant les utilise correctement.
– Ex. *Que font les enfants ? Il, elle.*
5) *Voix* : Ecouter la voix tout au long de la passation.
6) *Débit verbal* : Apprécier le débit verbal au long de la passation.

B. *Matériel :*

Une farde comprenant :
– un résumé de l'épreuve
– un ensemble de fiche de suivi à adresser à un orthophoniste si nécessaire

— un dessin pour l'épreuve 4
— un fascicule de présentation du test
— un ensemble de fiches de correction des items

Normalisation

A. *Nombre de sujets* : — 330 enfants (âgés de 4 ans)
B. *Origine* : — Meurthe et Moselle (France)
C. *Niveaux socio-économiques* : — Non spécifié

13. ÉPREUVE DES GNOSIES AUDITIVO-PHONÉTIQUES (G.A.P.)

Auteurs : Tardieu, G., Chevrie-Muller, C., Ballan, B., Simon, A.-M., Oddos, Y., Hourdin, C. & Houssin, N.
Affiliation : Institut National de la Santé et de la Recherche Médicale, INSERM, Paris
Année de publication : 1979
Editeur : Editions Scientifiques et Psychologiques, Issy-Les-Moulineaux (Paris)

Contenus

A. *Epreuves :*

1) *Epreuve auditive* : propose à l'enfant des mots unisyllabiques comportant des phonèmes à composantes acoustiques graves et aiguës.
Consignes :
— Montrer à l'enfant la première planche : *Tu vois, il y a un petit garçon qui scie du bois. Quand je te dirai de me montrer l'image, je te dirai : montre-moi celui qui scie.*
— Désigner une image. Dire : *Qu'est-ce que c'est?* (compréhension)
— Se placer derrière l'enfant (à 1 mètre), dire à voix chuchotée : *Montre-moi celui qui scie* (éviter la lecture labiale).

2) *Epreuve des gnosies auditivo-phonétiques* :
Consignes :
— Montrer une planche composée de 2 ou 3 images. Dire : *«près»* : *Le petit garçon est près de son ours. Quand je te dirai près, c'est cette image que tu dois me montrer.*
Au préalable, expliquer les 2 ou 3 images.
— Demander à l'enfant de dire pour chaque image le mot entendu.
Procéder ainsi pour les 4 planches de la série 1.

- En voix conversationnelle normale, demander la désignation d'une image de chaque planche.
La planche est présentée 4 fois, les autres planches 3 fois.
- Passer à la série suivante (en tout 6 séries).
3) *Epreuve d'articulation* : peut se faire au cours de l'épreuve précédente : lorsqu'on explique les images aux enfants et qu'on leur fait répéter les mots correspondants.

B. *Matériel* :
- *Pour l'épreuve auditive* : 8 images disposées sur fond coloré.
- *Epreuve des G.A.P.* : 54 images sur fond coloré.

Normalisation

A. *Nombre de sujets* : – 192 enfants (48 garçons et 48 filles âgés de 4 ans ; 48 garçons et 48 filles âgés de 5 ans).

B. *Origine* : – Région parisienne

C. *Niveaux socio-économiques* : – Non spécifié

Remarques

- *Durée* : 30 minutes

- *Cotation* : 1 point par réussite, 0 par échec
Epreuve 1 : SI TI TU SU : 8 points ; ROU RO LOU LO : 8 points
Epreuve 2 : G.A.P. 78 points (13 par série)
Epreuve 3 : 54 points

14. ÉVALUATION DES APTITUDES SYNTAXIQUES CHEZ L'ENFANT

Auteurs : Adaptation française du NorthWestern Syntax Screening Test de Lee, L., par Weil-Halpern, F., Chevrie-Muller, C., Simon, A.-M. & Guidet, C.
Affiliation : Institut National de la Santé et de la Recherche Médicale, INSERM, Paris
Année de publication : 1983
Editeur : Editions du Centre de Psychologie Appliquée, Paris

Contenus

A. *Epreuves :*

On évalue l'expression et la compréhension nécessitant l'intégration de structures syntaxiques simples et la mise en rapport d'oppositions référentielles (images) avec les oppositions correspondantes des formes grammaticales.

– *Pour la compréhension* :
Principe des images « pièges »
- 2 images illustrent les 2 phrases correspondant à une opposition morpho-syntaxique; les 2 autres sont des pièges.
Consigne : Je t'explique ces images. Tu vois, je te dis « le garçon a un ballon - la fille a un ballon ». Maintenant, je dis « la fille a un ballon ». Quelle image tu me montres ?
(signaler la présence de 2 images pièges).

– *Pour l'expression* :
Les 2 phrases correspondant à l'opposition sont illustrées chacune par une image. Elles sont prononcées par l'examinateur. L'enfant doit répéter la phrase correspondant à celle des images qu'on lui désigne.
Consigne : Ici, je te dis : « la fille mange une pomme - le garçon mange une pomme ».
Toi, quand je te montre cette image, tu me dis...
Un item de démonstration est proposé avant chaque partie et expliqué jusqu'à ce que l'enfant comprenne la consigne.

B. *Matériel :*

– 20 planches comportant chacune 4 images pour le versant compréhension
– 20 planches de 2 images pour le versant expression

Normalisation

A. *Nombre de sujets* : – 476 enfants (âgés de 5 ans, 5 ans et 6 mois, 7 ans, 8 ans; moitié garçons et moitié filles par groupe d'âge).

B. *Origine* : – Région parisienne

C. *Niveaux socio-économiques* : – Pour chaque groupe d'âge, 3 échantillons représentant 3 niveaux socio-culturels (favorisés, moyens, défavorisés).

Remarques

– *Durée de passation* : 15 à 20 minutes

– *Cotation* : 1 point par phrase réussie; sur 40 points en expression, et sur 38 points en compréhension.

15. ÉCHELLE DE VOCABULAIRE EN IMAGES PEABODY (E.V.I.P.)

Auteurs : Dunn, L.M. & Theriault Whalen, C.M.
Affiliation : Non spécifié
Année de publication : 1993
Editeur : Editions Psycan (Canada)

Contenus

A. *Epreuve :*

– Comprend 2 formes A et B constituées de façon similaire :
- 15 planches d'entraînement,
- 170 planches (items rangés par ordre de difficulté croissant).
Pour chaque planche : 4 dessins en noir et blanc (choix multiple).
– *Consigne* : le sujet doit choisir parmi 4 images celle qui illustre le mieux la signification du mot-stimulus prononcé à haute voix par l'examinateur.
– Les mots se regroupent en 18 catégories sémantiques : activités, animaux, vêtements, émotions et sentiments, fruits et légumes, climats, etc.

B. *Matériel*

– 5 planches de démonstration et 170 planches de test par forme
– Feuille de cotation

Normalisation

A. *Nombre de sujets* : – 2175 sujets (âgés de 2 ans et 6 mois à 18 ans)

B. *Origine* : – Non spécifiée

C. *Niveaux socio-économiques* : – Non spécifié

Remarque

– Durée de passation : 15 minutes

16. TEST DE VOCABULAIRE ET DE LANGAGE (LOTO)

Auteurs : Limbosch, N. & Wolf, C.
Affiliation : Non spécifié
Année de publication : Non spécifié
Editeur : néant

Contenus

A. *Epreuve* :
– Dénomination sur images
– Définition

B. *Matériel* :
– 4 cartons portant les illustrations correspondant aux 43 items du test
– Liste des réponses acceptées et leur cotation pour l'épreuve des définitions

Normalisation

A. *Nombre de sujets* :
– Jardin d'enfants : 34 filles et 29 garçons (âgés de 4 ans et 6 mois à 5 ans et onze mois).
– 1re année primaire : 87 garçons et filles (âgés de 5 ans et 9 mois à 6 ans et 11 mois).
B. *Origine* : – Ecoles de la ville de Bruxelles
C. *Niveaux socio-économiques* : – Non spécifié

17. ÉTENDUE DU LANGAGE À L'ÉCOLE MATERNELLE POUR ENFANTS DE 2 À 7 ANS

Auteur : Descœudres, A.
Affiliation : Non spécifié
Année de publication : 1961
Editeur : Editions Bourrelier, Paris

Contenus

A. *Epreuves* :

1) 20 contraires avec objets ou images
Ex. 1 grand et 1 petit champignon, 1 maison haute et 1 basse, 1 photo d'un grand-père et d'un bébé (jeune), ...
It. 10 : mettre dans les mains d'un enfant 1 boîte lourde, une légère (d'aspect identique).

2) 10 lacunes dans un texte
Consigne : Je vais te lire une histoire, tu écouteras bien, et quand je ne lirai plus, c'est toi qui devineras.
Ex. *Il fait beau, le ciel est* bleu, *le soleil est* brillant.

3) Faire répéter des chiffres, des séries de 2, 3, 4, 5 chiffres inférieurs à 10 et non consécutifs (si difficultés, 3 essais du même nombre de chiffres possibles).

4) Six métiers
Consigne : qui vend le lait? le pain? la viande? les gâteaux? les macaronis? le sucre? et le savon? les remèdes?

5) Six matières
Consigne : en quoi sont les clés? les tables? les cuillers? les vitres? les souliers? les maisons?

6) Huit contraires (sans objet)
Consigne : ne pas employer le mot contraire mal compris
Ex. *Quand ta soupe n'est pas chaude, elle est...*
demander les contraires de chaud, sec, joli, méchant, propre, grand, léger et gai.

7) Nommer 10 couleurs (rouge, vert, noir, rose, blanc, violet, gris, jaune, brun et bleu).
Consigne : Tu vois toutes les jolies couleurs. Comment s'appelle celle-ci? et celle-ci?

8) Trouver 12 verbes
Consigne : Tu vas me dire ce que je fais et l'on exécute les 6 actions suivantes : tousser, frotter, chanter, jeter, bâiller, respirer.
Pour les 6 actions suivantes, demander à l'enfant d'imiter le mouvement qu'on vient d'exécuter : écrire, s'accouder, se balancer, se lever, sauter, pousser.
Immédiatement après, demander à l'enfant : *Qu'est ce que tu as fait?*

9) Vocabulaire (25 mots)
maison, bateau, parapluie, tonneau, avaler, dindon, inondation, statue, affiche, palmier, paupière, ligoter, ivoire, pâture, dossier, sourcil, perpétuel, paquebot, médiocre, colline, frayeur, sécateur, balustrade, crépuscule, calorifère.
Consigne : poser une question qui permet de savoir si l'enfant comprend le mot.
Ex. *Quand est-ce qu'on prend son parapluie? Qu'est-ce qu'on met dans un tonneau?*

B. *Matériel :*
– Epreuve 1 : 9 cartons sur lesquels on a fixé des couples d'objets ou d'images, 1 boîte lourde et 1 légère d'aspect identique
– Epreuve 2 : le texte lacunaire
– Epreuve 4 : la liste des questions sur les métiers

- Epreuve 5 : la liste des questions sur les matières
- Epreuve 6 : la liste des contraires
- Epreuve 7 : sur un carton, 10 bandes collées de papier de couleur
- Eprevue 8 : la liste des verbes à exécuter
- Eprevue 9 : la liste des 25 mots de vocabulaire

Normalisation

Non spécifié

Remarques

– *Cotation* :
A l'épreuve 3, la note attribuée est celle du nombre de chiffres de la plus longue série réussie; pour les autres épreuves : 1 point par réponse correcte.
– La réussite d'une épreuve par 75 % des enfants d'un âge donné est considérée comme caractéristique du niveau de performance à cet âge.

18. ÉTENDUE DU LANGAGE À L'ÉCOLE PRIMAIRE POUR ENFANTS DE 8 À 14 ANS

Auteur : Descœudres, A.
Affiliation : Non spécifié
Année de publication : 1961
Editeur : Editions Bourrelier, Paris

Contenus

A. *Epreuves :*

1) Noms de métiers (12 items)
Ex. *Qui vend le riz, le sucre, le café ? Qui vend les saucisses ? Qui bâtit les maisons ?...*

2) Les matières (15 items)
Ex. *Avec quoi couvre-t-on les toits rouges ? Les toits gris ? Avec quoi blanchit-on les plafonds ? En quoi est ce un bouton ?* (montrer un bouton de nacre), ...

3) Les couleurs (9 couleurs)
Ex. montrer du papier doré, argenté, orange, mauve ou lilas, grenat ou carmin, beige, des cheveux roux, châtain, du papier crème.

4) Les verbes (11 items)
Ex. s'accorder (geste : *Qu'est-ce que je fais?*) pétrir, frictionner, égratigner, s'étirer, grelotter, tâter, aligner, aspirer, cligner, braire.

5) Les contraires (17 items)
(avec les petits) : d'épais, de dur, de solide, de frais, de triste, de calme, de large, de lisse, de courageux, de raide, de fainéant, de brillant, (classe aisée) : de sucré, de lent, de reconnaissant, d'utile.

B. *Matériel :*

– Epreuve 1 : liste des noms de métiers
– Epreuve 2 : liste des matières et leur question
– Epreuve 3 : papier de couleur et liste des couleurs
– Epreuve 4 : liste des verbes et propositions d'aide
– Epreuve 5 : liste des contraires et propositions d'aide

Normalisation

Non spécifié

19. ÉPREUVES DE COMPRÉHENSION

Auteur : Descœudres, A.
Affiliation : Non spécifié
Année de publication : Non spécifié
Editeur : Non spécifié

Contenus

A. *Epreuves :*

1) Exécuter 10 ordres faciles
1. debout; 2. assis; 3. va vers...; viens; 4. halte; 5. ouvre; ferme (la fenêtre); 6. lève les bras; 7. étends les bras de côté; 8. étends les bras en avant; 9. tape du pied; 10. ouvre la bouche et ferme les yeux.

2) Montrer 10 objets
1. crayon, 2. encrier, 3. fenêtre, 4. planches, 5. plafond, 6. nez, 7. yeux, 8. coudes, 9. genoux, 10. épaules.

3) Exhiber des images et demander à l'enfant de pointer le doigt vers : la chemise d'homme, le tablier d'un enfant, la cravate, la cruche, le canapé, le miroir, le bassin, le seau, etc (60 images au total).

B. *Matériel* :
- Epreuve 1 : liste des ordres
- Epreuve 2 : avoir à portée de soi les 10 objets
- Epreuve 3 : cahier 1 du Bildersaal, édité par Orell Füssli, Zurich, pp. 1, 2, 6, 7 et 8.

Normalisation

Non spécifié

Remarques

– Cotation de l'épreuve 1 :
- compter le nombre d'ordre correctement exécutés (1 point par ordre), si 2 ordres dans 1 même question : 0,5 point par ordre correctement exécuté.
– Pour l'épreuve 1 : le plus souvent à 2 ans : 7 réussites, à 7 ans : 10 réussites.
– Cotation de l'épreuve 2 : 1 point par réponse correcte.
– Cotation de l'épreuve 3 : 1 point par réponse correcte.

20. BATTERIE D'ÉVALUATION PSYCHOLINGUISTIQUE POUR ENFANTS DE 2 ANS 9 MOIS À 4 ANS 3 MOIS (B.E.P.L.)

Auteurs : Chevrie-Muller, C., Simon, A.-M., Le Normand, M.-T. & Fournier, S.
Affiliation : Institut National de la Santé et de la Recherche Médicale, INSERM, Paris
Année de publication : 1988
Editeur : Editions du Centre de Psychologie Appliquée, Paris

Contenus

A. *Epreuves* :

La partie A comprend 23 sous-tests; la partie B consiste en une séance de jeu libre.

Partie A : évaluer la motricité oro-faciale, l'articulation, l'organisation visuo-spatiale, la rétention verbale immédiate, les capacités phonologiques, lexicales et sémantiques et syntaxiques.
Le chiffre apparaissant à côté de chaque sous-test, dans le texte ci-dessous, en spécifie l'âge d'application.
1 = 3 à 4 ans

2 = 3 ans et 6 mois à 4 ans
3 = 3 ans à 3 ans et 6 mois
4 = 4 ans

A) *Aptitudes cognitives et visuo-spatiales*
1. Epreuve du bonhomme reprise à Goodenough : prise de conscience du schéma corporel (1).
2. Figures géométriques : analyse puis reproduction d'un modèle (croix, cercle, ...) (1).
3. Assemblage de jetons : classer des jetons selon un critère de couleur et reproduire dans l'espace une structure proposée par l'examinateur (1).
4. Epreuve d'éléments discrets : 20 jetons de 2 formes et de 2 couleurs différentes; l'enfant doit les classer selon les 2 critères (4).
5. Epreuve des pantins : orientation d'une petite image en deux dimensions; l'enfant doit reconnaître puis reproduire la position du pantin (4).

B) *Aptitudes cognitives-sémantiques*
1. Epreuve des animaux-cris : capacité à accéder à la représentation, par un signe, d'une réalité familière (onomatopée) (8 jouets correspondants à 8 animaux) (3).
2. Les animaux-images : 8 animaux (cf B.1.) à mettre en correspondance avec leur représentation imageée (3).
3. Le complément de phrase : 3 séries de 3 images illustrant une histoire (1).
4. Epreuves des paires d'images : l'enfant doit effectuer une généralisation en appariant 2 images congruentes choisies parmi une série de trois images (1 et 2).

C) *Aptitudes langagières : motricité-praxies*
1. Praxies bucco-faciales : mobiliser précisément et de manière coordonnée les organes qui participent à la phonation (1 et 2).
2. Epreuve articulatoire : 8 consonnes constrictives à reproduire (la consonne figure dans une syllabe en compagnie de la voyelle *a*). A partir de 3, 6 mois : 7 items en plus : consonne + consonne + *a* (1 et 2).

D) *Aptitudes langagières : expression*
1. Phonologie-dénomination : 25 images et 6 objets à dénommer (1 et 2).
2. Phonologie-répétition : répéter les items de D.1. dont les réponses n'ont pu être créditées d'un point (4).
3. Couleur-dénomination : 6 adjectifs dénommant la couleur de 6 jetons (bleu, vert, rouge, jaune, blanc, noir) (1).
4. Morpho-syntaxe-expression : 6 phrases illustrant 3 contrastes portant sur : le genre du pronom à la 3e personne du singulier, la négation, le

nombre de l'article. L'enfant doit indiquer celui des 2 énoncés proposés qui correspond à l'illustration désignée par l'examinateur (1 et 2).
E) *Aptitudes langagières-réception-compréhension*
1. Gnosies auditivo-phonétiques : l'enfant doit percevoir une différence de signification liée à la substitution d'un seul phonème et désigner, successivement, les quatre mots phonétiquement proches qui sont illustrés sur chacune des 11 planches (2 et 3).
2. Vocabulaire-compréhension : 3 séries de mots dont certains sont sémantiquement proches (1). Sont proposés :
- série A : parties du corps que l'enfant est prié de désigner (4 images)
- série B : vêtements (8 images)
- série C : référents divers (8 images).
3. Prépositions : l'enfant dispose d'un cube qu'il doit situer par rapport à une boîte (*sur, à côté, sous, derrière, dans*).
4. Couleur-désignation : 6 adjectifs désignant la couleur de 6 jetons (1).
5. Jetons-combien : tester la compréhension du mot *combien* (4).

Partie B : jeux libres (expression langagière spontanée).
Le jeu du bain des poupées.
Grilles de réussite de l'enfant concernant :
1. La richesse du vocabulaire
2. La morpho-syntaxe
3. Les aspects psycholinguistiques et pragmatiques.

B. *Matériel :*

Partie A :
− A.1. : matériel du test du bonhomme (Goodenough)
− A.3. : 4 paires de jetons rectangulaires en plastique de 4 couleurs différentes
− A.4. : 20 jetons de 2 formes et de 2 couleurs différentes
− A.5. : image d'un pantin
− B.1. : 8 jouets correspondants à 8 animaux
− B.2. : 8 jouets correspondants à 8 animaux
− B.3. : 3 séries de 3 images illustrant une histoire
− C.2. : liste des consonnes constrictives
− D.1 : 25 images et 6 objets
− D.3. : 6 jetons (bleu, vert, rouge, jaune, noir et blanc)
− D.4. : liste des 6 phrases présentant les 3 contrastes morpho-syntaxiques
− E.1. : 11 planches
− E.2. : 1 série de 4 mots sur les parties du corps, 1 série de 8 mots sur les vêtements, 1 série de 8 mots (référents divers)
− E.3. : 1 cube, 1 boîte

– E.4. : 6 jetons de couleurs différentes
– E.5. : 4 jetons.

Normalisation

Non spécifié

21. TEST D'ANALYSE GRAMMATICALE DU LANGAGE

Auteurs : Moog, J., Kozak, V. & Geers, A.
Traduit de l'américain et adapté au français par Lafon, J.C. et Charton, S., Faculté de Médecine, Université de Franche-Comté, Besançon.
Affiliation : Central Institute for the Deaf (St Louis, Missouri, USA)
Année de publication : 1990
Editeur : Non spécifié

Contenus

A. *Epreuves :*
Compréhension, production induite et imitation :
– Activité 1 : le bonhomme patate : établir la relation avec l'enfant.
– Activité 2 : tirer les animaux : évaluer la compréhension de l'enfant
- Dire : *Tire*. L'enfant doit jeter l'animal dans l'attrape-jouet.
– Activité 3 : bébés et chats : évalue la différenciation des mots *bébé* et *chat*.
– Activité 4 : le jeu du PEGBOARD (surface où on peut déplacer des pions) : imitation d'actions de déplacement.
Mots isolés :
– Activité 5 : identifier les objets : l'enfant doit identifier des objets et des jouets communs (score de compréhension).
– Activité 6 : nommer les objets (score de production induite et imitée).
Association de mots :
– Activité 7 : manipuler des jouets (score de compréhension dans un contexte de phrases).
– Activité 8 : manipulation de jouets (score de production induite et imitée). L'enfant doit produire des associations de mots.

B. *Matériel :*
– Bonhomme patate comprenant 2 souliers bleus, 1 casquette verte, 2 oreilles roses ; 1 nez rouge, 2 yeux blancs, 2 bras avec mains, 1 dentier
– 1 sachet avec 8 chats, 1 sachet avec 8 poupées
– 1 sachet avec des animaux
– 1 sachet avec des formes qui s'emboîtent : 5 jaunes, 5 rouges, 5 vertes,

5 bleues, 5 oranges
- 1 sachet avec 1 paire de lunettes, 1 moustache, 1 langue
- 1 boîte avec 1 lit blanc, 1 chaise jaune, 1 table, 1 monsieur, 1 madame, 1 boîte en plastique avec 1 chien, 1 pomme, 1 chapeau-buse, 1 livre
- 1 tapis bleu à trous
- 1 panier de basket en tissu avec support métallique
- 1 boîte casier comprenant : 1 balle, 1 avion, 1 voiture, 1 fleur, 1 bonbon, 1 bateau, 1 poisson, 1 pomme, 1 pantalon, des chaussettes, 1 bébé, 1 verre, 1 cuillère, 1 pain, 1 cheval, du lait, 1 chaise, 1 train, 1 chapeau, 1 vache, 1 lit, 1 chien, 1 pull, 1 livre, 1 chaussure, 1 banane, 1 fourchette, 1 éléphant, 1 gâteau, et 1 table.

Normalisation

A. *Nombre de sujets* : – 150 enfants (âgés de 3 à 5 ans et 6 mois)
B. *Origine* : – Non spécifié
C. *Niveaux socio-économiques* : – Non spécifié

22. TEST DE LANGAGE

Auteur : Sadek-Khalil, D.
Affiliation : Non spécifié
Année de publication : 1968
Editeur : Delachaux et Niestle, Neuchâtel

Contenus

A. *Epreuves :*

1) *Noms et verbes* : accords, articles, conjugaison, différenciation substantif-verbe
2) *Articles et pronoms* : article et pronom (sujet-complément)
3) *Contraires* : objets différents
4) *Quatre opérations* : compréhension du langage à travers l'arithmétique
5) *Dessin géométrique et expression* : expression des rapports spatiaux
6) *Interrogations et indéfinis* : déduire un mot interrogatif à partir de la réponse
7) *Temps des verbes* : simultanéité et successivité
8) *Ordre chronologique et ordres des énoncés* : classement chronologique et emploi dans un texte
9) *Compréhension et utilisation des prépositions*
10) *Conjonction, noms collectifs, noms d'état et d'action*

11) *Emploi des pronoms*
12) *Style direct-indirect*

Normalisation

Non spécifié

Remarque

— Durée de passation : 3/4 heure

23. TEST DE LANGAGE ET D'ORTHOPHONIE POUR ENFANTS DE 5 ANS ET 6 MOIS À 9 ANS ET 6 MOIS

Auteur : Borel-Maisonny, S.
Affiliation : Institut des Sciences de l'Education de l'Université de Genève
Année de publication : 1978
Editeur : Publié par Dubois, G. et collaborateurs (*cf.* l'item 36 de ce Catalogue) à partir des notes et indications de S. Borel-Maisonny et d'une standardisation et normalisation effectuées par les auteurs cités, *Revue de Laryngologie*, 1978, 99, 169-257, 447-451.

Contenus

A. *Epreuves* :

Expression
— Les canards : l'examinateur déplace des canards par rapport à 2 bassins.
L'enfant doit commenter de façon explicite.
— 3 épreuves sur images : le café, la brouette, la caisse. L'enfant doit classer les 4 images en séquence chronologique.

Compréhension et mémoire
— Le nageur, le maître et la servante. Les deux récits sont racontés à l'enfant.
Il est prié de mémoriser et ensuite de les reproduire.

Articulation (logatomes)
10 logatomes de 2 syllabes,
10 logatomes de 3 syllabes,
8 logatomes de 4 et 5 syllabes,
6 logatomes de 6 et 7 syllabes.

B. *Matériel* :
- Des canards en plastique, 2 bassins
- 3 séries de 4 images
- 2 récits : le nageur, le maître et la servante
- Liste des logatomes

Normalisation

A. *Nombre de sujets* : – 664 enfants (âgés de 5 ans et 6 mois à 9 ans et 5 mois).
B. *Origine* : – Région bordelaise
C. *Niveaux socio-économiques* :
- Milieu favorisé : 40 %
- Milieu moyen : 29 %
- Milieu défavorisé : 31 %

Remarques

– Pour les épreuves en images :
- 1 point par idée exprimée,
- cotation par rapport à la complexité syntaxique.

– Pour les logatomes :
- 2 points si le logatome est entièrement réussi,
- 1 point si l'erreur porte sur un seul phonème,
- 0 point s'il y a plus d'une erreur,
- arrêt après 50 % d'erreurs dans une série.

24. TEST RELATIF AU TOUT DÉBUT DU LANGAGE

Auteur : Borel-Maisonny, S.
Affiliation : Institut des Sciences de l'Education de l'Université de Genève
Année de publication : Non spécifié
Editeur : Non spécifié

Contenus

A. *Epreuves* :

– *Exemple d'image présentée à l'enfant* : Un enfant tenant un chien en laisse; couleur des vêtements : culotte bleue, chaussure rouges, chaussettes bleues, chemise blanche à pois bleus et col bleu.
Consignes : dire :

1. *Qu'est-ce que tu vois là ?*
2. *Qu'est-ce que c'est que ça ?* (montrer chaque détail de l'image).
3. En cas de non réponse à la consigne 2, demander : *Montre-moi...* – sur l'image ou l'enfant lui-même : la tête, les bras, les pieds, ... *sa* culotte, *ta* culotte, *ses* chaussures, *tes* chaussures, ... – sur le chien : sa tête, ses oreilles, ...
4. *Qu'est-ce qu'il y a devant le petit garçon ? devant toi ?*

B. *Matériel* :
– Images éducatives de Thiberge (au total 17 planches).

Normalisation

Non spécifié

Remarques

– Durée de passation : 20 minutes
– Transcription phonétique de ce que dit l'enfant souhaitée.

25. DÉMARCHE DE L'ÉVALUATION PSYCHOLINGUISTIQUE CHEZ L'ENFANT DE MOINS DE 3 ANS

Auteur : Le Normand, M.-T.
Affiliation : Institut National de la Santé et de la Recherche Médicale, INSERM, Paris
Année de publication : 1991
Editeur : *Glossa*, 1991, 26, 14-21

Contenus

A. *Epreuves :*

– *Observation* du langage spontané en situation de jeu entre l'enfant et l'examinateur ;
– *Description* et *analyse* des productions spontanées (pas de test, ni de questionnaire).
– L'examinateur doit être attentif à la communication verbale et non-verbale et plus précisément aux intentions et aux efforts de communication de la part de l'enfant. On analysera la diversité des conduites de l'enfant (gestes sensori-moteurs symboliques, visuo-spatiaux, visuo-moteurs), la communication des émotions et des informations linguistiques (impératives, déclaratives, interrogatives, négatives) ; on notera les onomatopées

et les interjections produites. On analysera également les requêtes en action, en information, la dénomination, les commentaires, les dialogues, et les manifestations d'humour. On analysera enfin les productions du point de vue phonologique, lexical, morphosyntaxique. Pour évaluer la maturité syntaxique, on utilise la longueur Moyenne de Production Verbale (LMPV).

B. *Matériel :*
– Enregistreur, caméra
– Jeu de type Fisher-Price ou dispositif du même genre, comprenant : 1 maison, 4 figurines, 1 chien, 16 objets miniatures.

Normalisation

A. *Nombre de sujets* : – Non spécifié

B. *Origine* : – Non spécifié

C. *Niveaux socio-économiques* : – Deux milieux contrastés : parents favorisés et peu favorisés.

D. *Autres particularités* :
– *Age* : de 2 à 3 ans
– *Sexe* : moitié garçons, moitié filles

Remarque

– Durée de passation : 20 minutes

26. DÉPISTAGE PRÉCOCE DES TROUBLES DE DÉVELOPPEMENT DU LANGAGE À 3 ANS ET DEMI

Auteurs : Chevrie-Muller, C., Simon, A.-M., Dufouil, C. & Goujard, J.
Affiliation : Institut National de la Santé et de la Recherche Médicale. INSERM, Paris
Année de publication : 1993
Editeur : Revue *Approche Neuropsychologique des Apprentissages chez l'Enfant* (ANAE), 1993; 5, 82-91

Contenus

A. *Epreuves :*

1) *Compréhension du langage* :
- désignation d'images (exploration d'un vocabulaire concret)
- désignation des couleurs

- consignes incluant des prépositions (notions topologiques)
- oppositions syntaxiques

2) *Expression* :
- articulation de consonnes en syllabes isolées
- dénomination d'images (capacités phonologiques)
- dénomination des couleurs
- répétition de phrases (capacités sémantiques et syntaxiques)

3) *Mémoire à court terme* :
- répétition de séries de chiffres
- répétition de phrases

4) *Capacités cognitives et aptitudes grapho-motrices* :
- dessin d'un bonhomme
- copie de figures géométriques
- appariement de jetons
- appariement d'images appartenant au même champ sémantique

B. *Matériel* :

– Matériel de la BEPL (Batterie d'Evaluation Psycholinguistique, fiche 20 dans le présent catalogue).

Normalisation

A. *Nombre de sujets* : – 480 enfants (âgés de 3 ans et 6 mois).

B. *Origine* : – Ile-de-France

C. *Niveau socio-économique* : – Non spécifié

27. DEPISTAGE PRÉCOCE DES TROUBLES DU DÉVELOPPEMENT DU LANGAGE À 3 ANS ET DEMI
(Questionnaire)

Auteurs : Chevrie-Muller, C., Simon, A.-M., Dufouil, C. & Goujard, J.
Affiliation : Institut National de la Santé et de la Recherche Médicale, INSERM, Paris
Année de publication : 1993
Editeur : Revue *Approche Neuropsychologique des Apprentissages chez l'Enfant*, 1993, 5, 82-91

Contenus

Epreuve :

– *Objectif* : obtenir des renseignements sur le développement du langage, sur les aptitudes motrices et graphiques, et sur les comportements de l'enfant lors de la communication avec un adulte ou d'autres enfants.

– *Questionnaire* (99 items)
- Voix et parole (12 items)
- Langage compréhension (22 items)
- Langage expression (10 items)
- Motricité, graphisme, mémoire (12 items)
- Comportement : jeu et activité scolaire (24 items)
- Comportement : interaction verbale (7 items)
- Informations diverses (12 items)

Reponses

A. *Nombre de personnes ayant participé à l'enquête* : – 2060

B. *Origine* : – Hérault, Indre, Paris XIV, XV, Haut-de-Seine, Val-de-Marne (France)

C. *Niveaux socio-économiques* : – Non spécifié

28. TEST DE VOCABULAIRE
(en modalité écrite)

Auteurs : Binois, R. & Pichot, P.
Affiliation : Non spécifié
Année de publication : 1958
Editeur : Editions du Centre de Psychologie Appliquée (Paris)

Contenus

A. *Epreuve (collective)* :

Consigne :
Vous allez recevoir une épreuve de connaissance du vocabulaire. Chacun de vous va recevoir une feuille comme celle-ci. La montrer. *Gardez les feuilles devant vous sans les ouvrir et attendez.* Faire inscrire nom, prénom, ... *Lisons les instructions de la première page : au premier exemple, on vous montre le mot souhaitable puis 6 mots. Quel est celui des 6 qui a le même sens que souhaitable? C'est désirable. Vous devez souligner le mot désirable.* Traiter ainsi le deuxième exemple.

B. *Matériel* :
- Liste de 44 mots avec 6 synonymes proposés pour chaque mot, dont un seul est correct.
- Ex. it. 28 : *affligé* : *-intrépide-contristé-dépenaillé-sénile-empressé-fatigué*
- Les 44 mots sont :
commencement-pot-craintif-piloter-autrefois-tremblant-vérification-piège-déchirer-ancien-durer-triomphe-troquer-audacieusement-carnet-se moquer-franchement-meurtre-choc-concasser-temporaire-extraordinaire-se blottir-entrave-héler-feindre-succinct-affligé-inintelligible-plausible-lubie-convenir-comparse-échapper-interpoler-mystérieux-panégyrique-postérité-marasme-miasme-complexion-élucubrer-alléger-girandole

Normalisation

A. *Nombre de sujets* : − 782 enfants et adolescents par groupes d'âge : 11 ans : 214 sujets; 12 ans : 203 sujets;13 ans : 188 sujets;14 ans : 177 sujets.

B. *Origine* : − France

C. *Niveaux socio-économiques* : − Non spécifié

29. ÉPREUVE DE VOCABULAIRE PRODUCTIF (E.V.P.)

Auteur : Comblain, A.
Affiliation : Université de Liège
Année de publication : Non publié
Editeur : Non publié

Contenus

Epreuve :

− *Evaluation de la production de 732 items lexicaux*

− Les items sont répartis selon les catégories sémantiques suivantes :
1. animaux (114 items)
2. fruits (36 items)
3. légumes (21 items)
4. vêtements (51 items)
5. mobilier/maison (166 items)
6. moyens de transport (26 items)
7. jouets (35 items)

8. outils (77 items)
9. parties du corps (43 items)
10. instruments de musiques (17 items)
11. fleurs (39 items)
12. actions (72 items)
13. aliments (35 items)

— L'expérimentateur présente au sujet les 732 images en couleur (format : 8,5 cm x 6,5 cm) représentant les items lexicaux, dans un ordre aléatoire, en le priant de les dénommer avec précision.

Normalisation

En cours de réalisation

30. ÉCHELLE D'INTELLIGENCE DE WECHSLER POUR LA PÉRIODE PRÉSCOLAIRE ET PRIMAIRE FORME RÉVISÉE
(W.P.P.S.I.-R., sous-test de vocabulaire)

Auteur : Wechsler, D.
Affiliation : New-York University College of Medicine (New-York)
Année de publication : 1995
Editeur : Editions du Centre de Psychologie Appliquée, Paris

Contenus

A. *Epreuves* :

— Items d'images : it. 1 à 3 : nommer les objets présentés sur les images.
— Items verbaux : it. 4 à 25 : fournir une définition verbale des items lexicaux présentés oralement par l'examinateur.
- Ex. it. 6 : *Qu'est-ce qu'un tableau ?*

B. *Matériel* :

— Items d'images (1 à 3) se trouvent dans un carnet de stimuli
— Items verbaux (4 à 25) sont repris dans le Manuel du test

Normalisation

A. *Nombre de sujets* : — 1200 enfants (garçons et filles ; âgés de 3 ans à 7 ans et 3 mois).

B. *Origine* : — France

C. *Niveaux socio-économiques* : — Non spécifié

Remarques

– *Cotation* :
- it. 1 à 3 : 1 point pour chaque bonne réponse (maximum 3 points).
- it. 4 à 25 : 0, 1 ou 2 points (maximum 44 points).
– *Début* : commencer à l'item 1 pour tous les enfants.
– *Arrêt* : après 5 échecs consécutifs à partir de l'item 4.

31. ÉCHELLE D'INTELLIGENCE DE WECHSLER POUR ENFANTS
(W.I.S.C.-III, sous-test de vocabulaire)

Auteur : Wechsler, D.
Affiliation : New-York University College of Medicine (New-York)
Année de publication : 1991
Editeur : Editions du Centre de Psychologie Appliquée, Paris

Contenus

A. *Epreuve* :
– *Définition verbale* de 30 items lexicaux présentés oralement par l'examinateur.
– *Consigne* : *Je vais te dire des mots. Ecoute bien et dis-moi ce que chaque mot veut dire.*
- Ex. it. 8 : *Que veut dire furieux ?*

B. *Matériel* :
– Liste des mots :
bouchon-vache-camion-horloge-abeille-plume-alphabet-furieux-baleine-portrait-île-discret-obscur-absorber-périmé-se vanter-nomade-tolérer-initiative-précéder-héréditaire-combustible-spirituel-iminent-apogée-aberrant-chronique-pertinent-polémique-mécène.

Normalisation

A. *Nombre de sujets* : – 1120 enfants et adolescents (garçons et filles ; âgés de 6 à 16 ans).

B. *Origine* : – France

C. *Niveaux socio-économiques* : – 8 catégories selon la profession des parents :
- C.1. : agriculteurs
- C.2. : artisans, chefs d'entreprises
- C.3. : cadres, professions intellectuelles supérieures

- C.4. : professions intermédiaires
- C.5. : employés
- C.6. : ouvriers
- C.7. : retraités
- C.8. : sans activité professionnelle

Remarques

– *Cotation* :
- 2 points : réponse précise et complète : bon synonyme, emploi principal.
- 1 point : imprécision, réponse vague, peu pertinente, emploi mineur.
- 0 point : réponse incomplète, incorrecte, fausse ou manifestant une incompréhension.
- *Arrêt* : après 4 échecs consécutifs.

32. ÉCHELLE D'INTELLIGENCE DE WECHSLER POUR ENFANTS FORME RÉVISÉE
(W.I.S.C.-R., sous-test de vocabulaire)

Auteur : Wechsler, D.
Affiliation : New-York University College of Medicine (New-York)
Année de publication : 1993
Editeur : Editions du Centre de Psychologie Appliquée
Contenus

A. *Epreuve :*

– *Définition verbale* de 32 items lexicaux présentés oralement par l'examinateur.
– *Consigne* : *Je vais te dire des mots. Ecoute bien et dis-moi ce que chaque mot veut dire.*
- Dans les cas où il est difficile de savoir si le sujet connaît ou non le sens du mot, il est permis de dire : *Explique-moi ce que tu veux dire* ou *Dis-m'en un peu plus.*

B. *Matériel :*

– *Liste des mots* :
bouchon-marteau-essence-caramel-camion-paresseux-librairie-furieux-locomotive-canif-gencive-gravier-fable-contagieux -espion-doublure-appétissant-gendre-citadin-valid e-restituer-rivalité-oblitérer-combustible-

séquestrer-biographie-insinuer-imminent-apogée-chronique-polémique-pertinent

Normalisation

A. *Nombre de sujets* : – 1066 enfants et adolescents (garçons et filles; âgés de 6 ans et 6 mois à 16 ans et 6 mois).
B. *Origine* : – France
C. *Niveaux socio-économiques* : – 7 catégories :
- C.1. : agriculteurs, exploitants
- C.2. : patrons de commerce
- C.3. : professions libérales
- C.4. : cadres moyens
- C.5. : employés
- C.6. : ouvriers
- C.7. : autres catégories (armée, police, artistes, etc.)

Remarques

– *Cotation* :
- 2 points : réponse précise et complète : bon synonyme, emploi principal.
- 1 point : imprécision, réponse vague, peu pertinente, emploi mineur.
- 0 point : réponse incomplète, incorrecte, fausse ou manifestant une incompréhension.
- *Arrêt* : après 5 échecs consécutifs.

33. ÉCHELLE D'INTELLIGENCE DE WECHSLER POUR ADULTES
(W.A.I.S., sous-test de vocabulaire)

Auteur : Wechsler, D.
Affiliation : New-York University College of Medicine (New-York)
Année de publication : 1970
Editeur : Editions du Centre de Psychologie Appliquée, Paris

Contenus

A. *Epreuve :*

– *Définition verbale* de 40 items lexicaux présentés oralement par l'examinateur.
– *Consigne* : *Je voudrais que vous m'expliquiez ce que veulent dire ces mots. Commençons par... Que veut dire...?*

Commencer par le mot 4 sauf dans le cas où le sujet semble être d'un faible niveau verbal.
- Ex. it. 5 : *Que veut dire instruire?*

B. Matériel :
− Liste des mots :
fauteuil-bol-arbuste-grouper-instruire-réparer-portion-fade-clôture-arracher-empoigner-aumône-périr-miel-tanière-couperet-masure-sanction-prévenir-édifice-médire-persévérer-bienfait-badaud-chanceler-embûche-incinérer-falsifier-monopole-félonie-hâbleur-émulation-caduc-éhonté-hétérogène-apologie-conjecture-anachorète-ingambe-parangon

Normalisation

A. *Nombre de sujets* : − 2000 sujets (des deux sexes ; 200 sujets dans chacun des dix groupes d'âge entre 13 et 64 ans).
B. *Origine* : − France
C. *Niveaux socio-économiques* : − 10 catégories :
- C.1. : agriculteurs
- C.2. : salariés agricoles
- C.3. : patrons
- C.4. : professions libérales
- C.5. : cadres moyens
- C.6. : employés
- C.7. : ouvriers
- C.8. : personnel de service
- C.9. :   autres catégories
- C.10. : sans profession

Remarques

− *Cotation* :
- 2 points : réponse précise et complète : bon synonyme, emploi principal.
- 1 point : imprécision, réponse vague, peu pertinente, emploi mineur.
- 0 point : réponse incomplète, incorrecte, fausse, manifeste une incompréhension.
- *Arrêt* : après 5 échecs consécutifs.

34. TEST DE CONSCIENCE SYNTAXIQUE

Auteur(s) : Lacert, P., Chauvin, B., Gauthier, M. & Poiree, A.
Affiliation : Service de Neurologie et Rééducation Infantile, Hôpital Raymond-Poincaré, Garches (France)
Année de publication : 1986
Editeur : Non spécifié

Contenus

Epreuve :

– Présentation de 33 phrases courtes dont 23 sont sémantiquement incorrectes; on évalue la conscience intuitive des règles grammaticales (jugement «correct», et «pas correct»), le niveau d'utilisation du code et des règles morpho-syntaxiques (corrections apportées par l'enfant).

Normalisation

A. *Nombre de sujets* : – Non spécifié (enfants âgés de 5 ans et 6 mois à 8 ans et 6 mois).

B. *Origine* : – Non spécifié

C. *Niveaux socio-économiques* : – Non spécifié

35. TEST DE CONSTRUCTION DE PHRASES (T.C.P.)

Auteur(s) : Murphy, E., Sagar, D. & Gerard, C.
Adaptation française d'un sous-test de la Batterie américaine CELT-R (Wiig & Semmel, San Antonio, Texas, Psychological Corporation, 1987)
Affiliation : Service de Psychopathologie de l'Enfant et de l'Adolescent, Hôpital Raymond-Debré, Paris
Année de publication : 1990
Editeur : Non spécifié

Contenus

Epreuve :

– L'enfant doit construire une phrase à partir d'un mot cible présenté oralement : les mots cibles ont été choisis dans les catégories grammaticales suivantes : noms, verbes, adjectifs, prépositions, pronoms, et conjonctions.

Normalisation

Nombre de sujets : – Non spécifié (l'épreuve s'adresse aux enfants de 7 à 10 ans).

36. TEST DE LANGAGE

Auteur(s) : Dubois, G., Salez, A.M. & Gonzalez, J.P.
Adaptation des épreuves de S. Borel-Maisonny, S.
Affiliation : Centre de Phono-audiologie de l'Université de Bordeaux
Année de publication : 1978
Editeur : *Revue de Laryngologie*, 1978, *99*, 169-257, 447-451

Contenus

A. *Epreuves :*

Le test propose 12 épreuves :
- 5 épreuves de compréhension : jouets, armes, jetons, Indiens, canards compréhension ;
- 4 épreuves d'expression : canards expression, café, brouette, caisse ;
- 2 épreuves d'expression-compréhension-mémoire : le nageur, le maître et la servante ;
- 1 épreuve de logatomes.

1. **Compréhension**
a) *L'épreuve dite « les canards »* : l'examinateur manipule les canards, ensuite l'enfant les manipule lui-même en suivant les consignes fournies par l'examinateur.
b) *Les Indiens* :
- Consigne : *Les indiens vont faire prisonnier un des soldats de notre armée ; ils l'enferment dans la tour ; les nôtres vont le délivrer.*
L'enfant doit exécuter la consigne avec le matériel proposé. Au préalable, l'examinateur décrit le matériel à l'enfant.
c) *Les armes* :
- Consigne : *Voici des armes pour ces soldats et leur officier. Celui-ci ordonne qu'on lui réserve un revolver, qu'on distribue un fusil par homme et qu'on mette le reste de côté.*
L'enfant est prié d'exécuter la consigne sur base du matériel fourni.
d) *Les jouets* :
- Consigne : *J'ai préparé des jouets pour ces petits enfants. Donnes-en 4 à chacun d'eux, sauf à l'un d'eux qui doit n'en avoir que trois. Il en restera peut-être.*
Même procédure que précédemment.

e) *Les jetons* : exécuter 6 consignes différentes portant sur des termes de classement, de catégories... et de disposition spatiale, inclus dans des phrases relativement simples et faciles à retenir.

2. Expression

a) *L'épreuve « les canards »* :
L'examinateur fait évoluer les canards. L'enfant doit verbaliser ce que les canards font avec le plus de détails possible.

b) *Le café, la brouette, la caisse* : (3 épreuves sur images)
Les images sont données en vrac pour une histoire ; l'enfant doit les classer et raconter l'histoire.

c) *« Le nageur » et « le maître et la servante »* :
Un récit est lu à l'enfant. Pour bien le raconter, il devra le comprendre et le mémoriser. La première histoire sera lue aux jeunes enfants, la seconde aux plus grands.

3. Logatomes

– Répétition de syllabes sans signification (2 à 7 syllabes).

B. *Matériel :*

1. Compréhension

a) *L'épreuve dite « les canards »* : 2 petits canards qui nagent, 2 petits canards qui marchent, 2 bassins.

b) *Les Indiens* : 4 indiens en costume, 3 soldats blancs avec 1 officier et 8 petits parallélépipèdes de bois destinés à construire 1 tour.

c) *Les armes* : photos de petit matériel : 3 soldats, 1 officier, 6 fusils, 6 revolvers.

d) *Les jouets* : 4 portraits d'enfants et 5 cartes représentant des groupes de jouets.

e) *Les jetons* : 24 jetons circulaires et rectangulaires de petite et grande dimension, et de 4 couleurs différentes au moins.

2. Expression

a) *L'épreuve dite « les canards »* : idem qu'en compréhension.

b) *Le café, la brouette, la caisse* : images des trois suites (4 images par suite).

c) *« Le nageur » et « le maître et la servante »* : les 2 récits relatifs aux 2 épreuves.

3. Logatomes

– Liste des logatomes

Normalisation

A. *Nombre de sujets* : – 664 enfants [âgés de 6 à 9 ans ; répartition par groupe d'âge : 6 ans (134 sujets) ; 7 ans (105 sujets) ; 8 ans (190 sujets) ;

9 ans (235 sujets); groupes d'âges de passation pour l'épreuve des logatomes : 4 ans et 6 mois à 9 ans et 6 mois].

B. *Origine* : – Région bordelaise

C. *Niveaux socio-économiques* :
– Milieu favorisé : 40,06 %
– Milieu moyen : 28,90 %
– Milieu peu favorisé : 31,04 %

Remarques

– *Cotation* :
1. Compréhension
a) *L'épreuve dite « les canards »* : 1 point par manipulation correcte (total sur 10)
b) *Les Indiens* : 2 points pour chaque exécution correcte (total sur 12)
c) *Les armes* : selon la distribution : 10, 8, 3 ou 0 point(s) (total sur 10)
d) *Les jouets* : exécution parfaite : 10 points (autres distributions : 2 points ou 0)
e) *Les jetons* : 2 points pour chaque exécution correcte (total sur 12)
2. Expression
a) *L'épreuve dite « les canards »* : 1 point par idée exprimée (total sur 15)
b) *Le café* : 1 point par idée exprimée (total sur 10)
La brouette : 1 point par idée exprimée (total sur 10)
La caisse : 1 point par idée exprimée (total sur 11)
c) *Le nageur* : 1 point par idée exprimée (total sur 8)
Le maître et la servante : 1 point par idée exprimée (total sur 13)
3. Logatomes
- Note maximale : 96 points
2 points lorsque le logatome est entièrement réussi
1 point lorsqu'il y a une erreur portant sur un seul phonème
0 point lorsqu'il y a plus d'une erreur

Table des matières

Préface 7

Introduction 9

Chapitre 1
Evaluer quoi ou qu'est-ce que le langage ? 13

Chapitre 2
Fonctions langagières 19

Chapitre 3
Principes de mesure, d'inférence et qualités des tests de langage 27

Chapitre 4
Problèmes liés à la pratique des tests 47

Chapitre 5
L'analyse du langage spontané 121

Chapitre 6
L'interprétation des données langagières 161

Conclusions 163

Bibliographie 167

Catalogue des principaux tests de langage en langue française 173